中国国际问题研究基金会丛书

国际问题研究报告

STUDIES ON INTERNATIONAL ISSUES

2016—2017

主　　编：刘古昌
执行主编：沈国放
副 主 编：郭崇立

世界知识出版社

编委会名单

序 言

2016年落幕，世界迈入2017年。过去一年多国际形势最突出的特点是“乱”和“变”。这种表象的实质是冷战后国际格局和国际秩序的调整发展到新的转折点。世界经济复苏乏力，全球化进程遭遇逆流；大国地缘战略博弈升温，围绕国际话语权、规则制定权的争斗日趋激烈；美国霸权体系裂痕加深，新兴大国和发展中国家总体实力增强，主动参与全球治理体制改革，“冷战后美国的全球支配地位逐渐归于终结”。

俄美关系跌至冷战后新低，但总体斗而不破。美国“亚太再平衡”战略接连受挫。美国对中、俄“双遏制”加快中俄战略走近。中美亚太博弈加速地区格局重组。欧洲陷入多重危机，欧盟发展的不确定性增加。美国、欧盟内部深层次矛盾暴露，英国脱欧和“非常规”美国大选冲击世界。

中国周边稳定是主流，存在不安全因素，总体可控。中菲关系实现转圜对缓和南海局势是一大利好。美国和日本假手菲律宾搅乱地区的图谋破产，也为中国与东盟国家进一步深化合作扫除障碍。朝鲜半岛乱象迭出，美国对朝政策错误取向是主因，中国在稳定半岛局势中发挥着中流砥柱的作用。虽然美国

“亚太再平衡”战略遭遇挫折，但加大对华战略压力不会放松。美国新任总统特朗普对华显示强硬姿态，未来挑战“一中”底线、在台海生事的可能性不能排除。

中东地区形势乱中有稳。多数国家致力于稳定政局，振兴经济和改善民生。伊朗核协议得到贯彻执行。“伊斯兰国”由盛转衰。尽管巴以和平进程受阻，叙利亚危机继续发酵，也门内战未停，但对地区局势影响有限。在叙利亚问题上，美国和俄罗斯博弈激烈，但也有合作意愿。

在撒哈拉以南非洲地区，和平、稳定、发展的局面得到巩固，“逢选易乱”现象进一步改善，实现工业化和经济多元化意识和动力增强。与此同时，地区经济艰难前行，债务压力加大，安全形势存在不稳定因素。由于美国等西方国家政策内顾倾向增强，非洲和平发展面临的负面因素增加。

拉美地区政治格局“左退右进”态势明显，但现有民主体制得以维护，地区政局总体保持稳定。地区经济虽连续出现负增长，但各国积极应对，有望触底回升。地区一体化进程有所放缓，政治领域步履维艰，经济领域驱动力增强，发展方向面临转型。对外关系有所转向，但多元务实取向未变。美国加大对拉美介入，但未能完全实现其战略目标。

在以习近平同志为核心的党中央领导下，2016年中国外交攻坚克难，奋力作为，不仅有力维护了中国发展的良好外部环境，并且全面提升了中国的地位影响和制度性权利。中国特色大国外交全方位推进，取得一系列重要成果。习近平主席成功主持二十国集团杭州峰会，首次将发展问题纳入全球宏观政策框架，并制定了行动计划。为达成《巴黎协定》这一全球气候治理史上的里程碑作出重大贡献。“一带一路”倡议得到100多个国家和国际组织的支持，成为中国贡献的最大“国际公共产品”。

周边环境进一步稳定向好。中国与菲律宾关系全面改善，推动南海问题重回对话协商解决的轨道。中国与缅甸关系实现平稳过渡。中国同斯里兰卡的重要合作项目重新恢复。习近平主席出席上海合作组织峰会，推动上合组织发展进入新阶段。中国—东盟建立对话关系25周年纪念峰会书写双方关系新篇章。澜沧江—湄公河合作机制正式启动，与中日韩合作重启相互呼应。中方主动提出半岛无核化与停和机制转换“双轨并行”的解决方案，坚决反对在半岛部署“萨德”反导系统。

中美元首二十国集团杭州峰会“西湖长谈”，彰显中美共同利益远大于分歧、合作远大于摩擦。习近平主席同美国当选总统特朗普的通话，为中美关系平稳过渡发出积极信号，也为应对两国关系可能出现的困难预留迴旋空间。中俄元首一年内五次会晤，“一带一路”与“欧亚经济联盟”建设协调对接，促使中俄全面战略协作伙伴关系迈向更高水平。中法、中德各领域交流合作机制取得新成果，打造中英关系“黄金时代”的共识得到加强。习近平主席与“金砖国家”领导人果阿会晤为加强金砖国家合作提供强劲动力。

中国与发展中国家伙伴关系网日益完善。习近平主席首访中东地区，有力提升中阿集体合作水平。中非合作论坛约翰内斯堡峰会成果落实协调人会议，推动中非友好合作迈向更高水平。习近平主席第三次访问拉美，为中拉关系发展开辟更广阔前景。

在《国际问题研究报告2016—2017》（蓝皮书）出版发行之际，作为主编，我愿借此机会重申我们的初衷：希望通过蓝皮书这一品牌性专著，达到资政、育人、促学的综合学术目标。同时，特别要向为本书作出宝贵贡献的各位知名专家学者和资深外交官表达深切的谢意。并诚恳希望广大读者对本书编辑中的不足和缺点给予批评指教。

中国国际问题研究基金会高级指导

2017年2月

目 录

第一章 国际形势动荡多变 世界经济低于预期

第二章 美国大选冲击全球 经济缓升国债剧增

第三章 俄美博弈斗而不破 中亚形势稳中有变

第四章 英国脱欧惊动世界 欧洲陷入多重困境

第五章 亚太热点潮起潮落 半岛局势持续紧张

第六章 中东形势乱而可控 俄美博弈前景不明

第七章 非洲政局总体稳定 拉美经济可望触底

第八章 中国外交攻坚克难 开拓进取彰显特色

第九章 “一带一路”重在对接 反恐形势不容乐观

第十章 塑造南海构建和平 能源治理大有可为

第一章

国际形势动荡多变
世界经济低于预期

乱象纷呈中折射出国际格局和国际秩序的深刻转型

杜起文

【内容提要】2016年国际形势的表象是“乱”和“变”，实质是冷战后国际格局和国际秩序的调整发展到一个新的转折点。世界经济复苏乏力，全球化进程遭遇逆流；美国、欧盟内部深层次矛盾暴露，社会撕裂、政治迷失继续发展；大国地缘战略博弈升温，美国霸权体系裂痕加深；新兴大国和发展中国家总体实力增强，全球治理体制改革破冰启航；中国大国崛起步伐稳健，国际地位和影响进一步增强。

【关键词】国际格局　国际秩序　全球化　多极化　全球治理　中国崛起

【作者简介】外交部政策咨询委员，外交史学会会长，中央外办原副主任。

2016年国际形势最突出的特点是“乱”和“变”，“黑天鹅事件”层出不穷，“历史在不确定性中展开”，人们观察形势的角度和传统思维模式受到冲击。然而，放在世界大变革的时代背景下考察，上述种种乱象恰恰反映出，冷战后国际格局和国际秩序的调整在量变积累中发展到一个新的转折点上。

一、世界经济复苏乏力，全球化遭遇挫折

全球金融危机爆发已过去九个年头，世界经济仍迟迟未能走上稳定复苏的轨道。国际货币基金组织（IMF）2016年10月发表的《世界经济展望》预计，2016年、2017年全球经济增速分别为3.1%和3.4%，低于过去35年全球平均增速。世界银行（WB）的预测更为悲观，认为2016年世界经济增速只有2.3%，降至全球金融危机以来新低，2017年将为2.7%。[①] 与此同时，根据世界贸易组织（WTO）的统计，2016年世界贸易增速进一步下降为1.7%。全球贸易已从1990—2008年年均增长7%降至2009—2016年的不到3%，这期间多数年份低于全球经济增速，陷入20世纪80年代以来历时最长的贸易停滞。岁尾年初，全球经济积极迹象增多，国际金融机构对2017年的预测趋于谨慎乐观，认为全球经济可能出现低位回升，增速比2016年有所提高。但各方同时指出，风险聚集和不确定因素增多将是2017年世界经济形势的突出特点。美国特朗普政府内外政策的外溢效应、美联储加息、英国脱欧、法国选举、德国选举和意大利政局给欧盟经济带来的严重不确定性，都将对全球经济和贸易增长带来冲击和影响。

近年来，受金融危机影响，美国和不少欧洲国家经济持续低迷，国内贫富差距拉大、深层次社会矛盾上升，民族主义、民粹主义、保护主义思潮泛滥，反主流、反建制、反全球化主

① 《世界银行全球经济展望》，2017年1月。

张大行其道。在这股风潮中入主白宫的特朗普甚至提出“买美国货、雇美国人”的极端口号，用赤裸裸的手段向贸易伙伴施压，胁迫美国企业将境外投资迁回本土。然而，全球化是世界经济发展的必然要求，是不可阻挡的潮流。20世纪80年代开始的新一波全球化进程，正是由美国和西方主导的，美国利用其在全球经济和金融体系中的优势地位获取了巨大利益。无视问题的实质，企图以民粹主义、保护主义的办法解决全球化带来的经济社会错位和矛盾，对内是缘木求鱼、饮鸩止渴，对外是给全球经济复苏和贸易发展带来伤害，同时也将不可避免地导致美国国际地位和影响力的衰落。

引人注意的是，2016年新兴市场国家逐步走出经济停滞的阴影，预计将实现4.2%的增长，为6年来增速首次加快。国际货币基金组织总裁拉加德指出，近年来发展中经济体对世界经济的贡献率超过3/4，是世界经济增长的主要引擎。其中，亚洲发展中经济体2016—2018年的增速预计分别为6.6%、6.5%和6.3%，约为全球增速的2倍。按购买力平价（PPP）计算，2014年新兴市场和发展中国家的经济总量已超过发达国家。今后若干年，全球经济力量对比将继续朝这一方向加速调整。

二、大国地缘战略博弈升温，世界多极化进程深入发展

2016年是大国地缘战略争夺加剧的一年。俄罗斯和美国围绕叙利亚激烈拉锯，围绕乌克兰问题持续对峙，俄美关系跌至冷战后新低。美国“亚太再平衡”战略接连受挫，炒作南海问题向中方发难被中方坚决顶回，假手朝核问题拉紧美日韩同盟遭遇朴槿惠执政危机，推动“跨太平洋战略经济伙伴协定”

（TPP）因政府更迭而搁浅。美国对中国、俄罗斯“双遏制”加快中俄战略走近，中美亚太博弈加速地区格局重组，中东乱局延宕加剧恐暴外溢和移民浪潮，继续冲击地区和全球安全稳定。

与以往不同，2016年美欧国内形势发展聚焦了国际上越来越多的目光，其对外产生的负面效应也越来越具有全局性。美国国内政治极化、贫富分化、阶层对立等深层次矛盾在总统选举中暴露无遗。人们担心，一个社会撕裂、沉浸在迷茫焦虑气氛中的美国，施政上将更加内顾、保守，外交上更加难以预测和富于冒险性。美国共和党资深人物、前众议长金里奇宣称，特朗普当选可能成为美国历史的分水岭，他将努力冲破华盛顿旧体制，反传统、除积弊，让美国再度伟大。但美国和外部世界多数人显然没有被说服。特朗普的一套行得通吗？他主政下的美国将向何处去？给世界带来的又将是什么？在2017年开年之际，诸如此类的问题像梦魇一样挥之不去。在经历了2016年英国脱欧公投和意大利宪改公投等“黑天鹅事件”后，人们对新的一年欧洲形势同样不敢乐观。英国脱欧谈判将如何进行？法国、德国、荷兰等国选举会否发生意外？欧盟经济能否出现期盼已久的转机？难民危机和安全形势将呈何种发展态势？唯一可以确定的是，在诸多难题困扰下，和美国一样，欧盟对内凝聚力下降、对外吸引力受损的趋势还会继续发展下去。

2016年，建立在结盟对抗基础上的美国霸权体系经受前所未有的冲击。历来被视作美国在西亚地区重要盟国的土耳其与美国分道扬镳，在叙利亚问题上与俄罗斯密切合作。沙特、埃及等中东传统盟友与美国距离拉大。在欧洲，盟国对特朗普政府的内顾倾向和要求多交“保护费”的扬言惶惑不安。在东南亚，菲律宾杜特尔特政府坚决不做美国的“小跟班”，积极同中国发展关系，融入区域一体化进程。在亚太，奥巴马苦心经营“跨太平洋战略经济伙伴协定”（TPP）宣告流产。特朗普当选后，日本安倍政府表现得惶惶不可终日，原因就在于作为美国在东亚联盟体系的最重要伙伴和受益者，日本已经感受到迎面而来的危机。美国联盟体系裂痕的扩大、多极化趋势的深入发展，使美国国家情报委员会在四年一度的《全球发展趋势报告》中得出结论：“福也罢、祸也罢，国际形势的演变意味着冷战后美的全球支配地位逐渐归于终结。”①

三、全球治理体制改革破冰启航，合作共赢主张深入人心

进入新世纪后，人类社会面临的全球性挑战增多，全球化在过去几十年突飞猛进发展中形成的种种严重失衡逐渐显现。改革和完善现存全球治理体制，使之更加符合新的时代条件和各国和平与发展的需要，已经提上国际社会的议事日程。近年来，气候变化、可持续发展、联合国改革、区域性和跨区域自由贸易安排等问题不断升温，围绕大变革时期的国际话语权、规则制定权和议程设置权的博弈日趋激烈。

二十国集团取代七国集团成为国际经济金融治理的主要平台，标志着西方工业化国家在全球经济金融治理中的主导地位风光不再。2016年9月二十国集团杭州峰会的巨大成功，进一步鼓舞了新兴市场和发展中国家参与全球治理体制改革，推动全球发展合作的信心。在2016年1月生效的国际货币基金组织投票权份额改革中，中国占比从以前的3.996%上升为6.394%，

---

① 美国国家情报委员会：《全球发展趋势报告》，2017年，第4页，概论。

排名从第6位上升为第3位。2016年10月1日，人民币正式加入国际货币基金组织特别提款权货币篮子，人民币加快走向国际化步伐。亚洲基础设施投资银行、金砖国家新开发银行和丝路基金的顺利运行，则进一步打破了西方国家长期以来在国际金融领域的垄断地位。与此同时，广大发展中国家在气候变化、可持续发展等问题上的团结合作不断增强，发展中国家之间的区域一体化合作以及跨区域合作与对话保持强劲发展势头。

围绕全球治理体制改革的斗争，首先是理念之争：是逆潮流而动，实行保护主义和反全球化的政策，还是积极开展全球合作，推动全球化朝公正、合理、包容、普惠的方向发展？是继续搞零合博弈、赢者通吃的一套，还是做大共同利益的蛋糕、互利共赢？是坚持“美国优先”、搞“小圈子主义”，还是开放包容、平等合作？是口惠而实不至，回避应尽的国际义务和责任，还是勇于担当，为实现共同发展多做实事、好事？新形势下，这些问题将日益成为检验大国政策取向并决定其在国际上人心向背的标准。在这方面习近平主席提出的“一带一路”倡议取得的巨大进展是最有说服力的例证。在三年多一点时间里，“一带一路”倡议得到100多个国家和国际组织的支持，成为中国贡献的最大“国际公共产品”。“一带一路”的强大生命力正在于其“共商、共建、共享”和“政策沟通、设施联通、贸易畅通、资金融通、人心相通”的思想和政策内涵。

四、中国大国崛起步履稳健，国际影响力继续提升

2016年是中国改革发展取得显著成绩，国际地位和影响大幅提升的一年。中国经济克服严重下行压力，实现国内生产总

值增长6.7%，对全球增长的贡献率约40%。中国已是世界第一大货物贸易国和125个国家的最大贸易伙伴。2016年前11个月，中国对外投资1617亿美元，首次超过吸引外资，成为资金净输出国。预计全年赴境外旅游1.4亿人次，出境旅游消费1100亿美元。中国同“一带一路”沿线国家、东南亚、南亚邻国以及非洲等发展中地区国家的中长期投资合作蓬勃发展。在低迷动荡的世界经济大环境中，中国经济砥柱中流，发挥了“稳定器”和“发动机”的作用。

国际战略学界认为，在当今世界大变革的背景下，大国之间的竞争在深层意义上，是关于改革的竞争，看谁能在经济社会发展、对内对外政策方面改革做得最好，最能适应新的时代条件，培养新的竞争优势。缺乏推进改革的社会共识和相应的领导力，将是今后相当长时期困扰美欧社会的核心问题。与之形成鲜明对照，在以习近平同志为核心的党中央领导下，13亿中国人民按照“五位一体”的总体布局和“四个全面”的战略布局，在实现民族振兴的伟大征程中迈出的坚实脚步，正在世界上赢得越来越多赞许和钦佩的目光。面对诡谲多变的国际形势，国际社会更加看重中国在促进世界和平与发展事业中所发挥的积极建设性作用。达沃斯世界经济论坛创始人兼执行主席施瓦布在为欢迎习近平主席出席论坛年会撰写的专文中，充分表达了这一心声。他说，“如今世界正进入多极化转型时期，达沃斯更期待听到中国的声音，倾听习近平主席诠释如何在国际事务中施展有责任的领导力。”[①]

① ［瑞士］克劳斯·斯瓦布：《时代呼唤应势而为、勇于担当的领导者》，《人民日报》，2017年1月13日，第3版。

世界经济新变化中的新预期

谷源洋

【内容提要】2016年世界经济发生了与以往三年不同的新变化：发达国家利率政策呈现更大的差异化；国际原油市场接近供需平衡的初期阶段；新兴市场国家初露经济复苏迹象；经济全球化和经济区域化“逆风而行”。全球经济继续复苏，部分经济体抗风险能力加强，增长新动能开始出现。2017年，世界经济将略有起色，但充满变数，不确定性加剧，特朗普执政后的内外经济政策有助于全球经济改善抑或反之，需要冷静观察，沉着应对。

【关键词】世界经济　货币政策　经济全球化　经济区域化　新变化　新预期

【作者简介】中国国际问题研究基金会世界经济中心主任，中国社会科学院荣誉学部委员。

步入“十三五”开局之年，人们对世界经济增长预期大体有三种判断：一是全球GDP增长率稍高于上年；二是全球GDP增长率与上年持平；三是全球GDP增长率低于上年。由于国际经济金融权威机构的统计方法存有差异以及对世界经济不确定性的认知不同，各方提供的数据亦有所差别，其趋同性是2016年世界经济增长率低于预期，主要依据是：美联储步入加息周期；原油等大宗商品价格急剧下挫；新兴市场国家特别是中国经济持续下行；地缘政治危局造成经济破坏；欧洲难民潮对经济的冲击；英国“脱欧公投”；美国总统大选；等等。然而，上述抑制性因素并未都朝着恶化方向发展，与其世界经济增长紧密相关的几个重要因素出现了值得关注的新变化。

一、全球量化宽松的“盛宴”尚未散席

美日欧等发达国家为走出国际金融危机困局，先后启动量化宽松购债措施。量化宽松的货币政策成为美日欧经济复苏的“动力”，然而，各国宏观经济形势不同致使各国货币政策迥异，加剧了货币政策分化程度。

首先，美联储已于2014年10月结束了资产购买计划，丢掉量化宽松（QE）“拐棍”只是紧缩货币的起步，远非宽松政策的终结。日本央行和欧洲央行与美联储相比，不仅没有收缩银根迹象，且出现了加码宽松之势。日本央行年度资产购买规模已从70万亿日元扩大到80万亿日元，安倍首相和黑田行长宣称“必要时会毫不犹豫地进一步加大质化和量化宽松力度和规模”，而市场却普遍认为在安倍经济学“已达到极限”的背景下，新出台的28万亿日元的经济景气刺激计划依旧难以通向日本经济增长的前路。预计2016年日本实现国内生产总值增长率为0.6%—0.9%，低于1月预估的1.7%。日本央行不得不放弃2年内把通胀率提高到2%的时间表，采取“利率曲线控制”的所谓新政，亦即通过调整长短期不同的债券利率替代货币增发

政策。

欧盟和欧元区经济表现稍好于日本，为保持2011年以来的渐进式增长趋势，欧洲央行于2016年3月10日把每月购买债券规模从600亿欧元增至800亿欧元，并推行其负利率政策。欧洲央行行长德拉吉强调，在一段较长的时间内欧元区的利率都要维持在低位，而且维持低利率的时间甚至远远超过资产购买计划结束的日期。欧盟委员会2016年11月9日发布的《秋季经济展望报告》，预计2016年欧盟和欧元区经济分别增长1.8%和1.7%。德拉吉称，欧元区经济已恢复到2008年金融危机前的水平。

其次，发达国家利率政策呈现更大的差异化。分为三种类型：（1）央行降息。自2008年9月美国雷曼兄弟公司破产以来，全球已降息约700次，全球利率处于历史最低点。全球各银行已购买资产金融债务12.3万亿美元，全球央行的资产负债表高达23.4万亿美元，相当于美国与日本国内生产总值之和，[①] 其中有超出13万亿美元的负利率债券。澳大利亚、新西兰、加拿大等国曾多次宣布维持现有利率不变，但最终还是维持不住，不得不先后降息。英国脱欧公投后，英国央行于8月初把资产购买规模从3750亿英镑增至4350亿英镑，并将基准利率从0.5%降至0.25%，加入了降息的行列。（2）央行实施负利率。日本央行和欧洲央行分别于2016年2月和6月实施负利率政策，考虑到国际社会反应，年内没再轻易加码负利率。全球有五个国家正式宣布实施负利率。但有不少新兴市场国家的通胀率高于存款利率，银行利率追不上通胀水平，成为“实际负利率国

---

① 《美银美林：全球利率几乎处于史上最低水平》，http://www.bjcankao.com/html/dianzibao/kr/2016/0620/114773.html.

家”。(3)央行启动加息进程。美联储结束资产购买计划后，立刻释放加息预期，并于2015年12月首次加息25个基点，但随后受多种因素变化驱使，美联储由“鹰派”立场转向“鸽派”立场，放缓了加息节奏，年内加息预期由3—4次变为1次。主要原因：一是经济形势不稳定。2016年第一季度美国经济表现欠佳，第二季度反弹力度不足，第三季度国内生产总值增长率为3.2%，较前一季度加快了一倍之多。全年美国经济表现比其市场预期要好，增速虽不及2015年的2.4%（国际货币基金组织的数据为2.6%），但或许能超出2%，失业率降至4.6%，通胀率上升，核心通胀水平超过2%。美联储主席耶伦认为，“美国的经济数据正朝着预期的方向改善”，为12月中旬美联储再加息25个基点做了铺垫。二是加息推动美元指数上扬。美元升值削弱其产品国际竞争力，抑制其出口；美元走高使其进口商品价廉，不利于提升通胀率；美元走强增加企业借贷成本，影响企业获利性；美元升值意味着债务利息的增值，加重约19万亿美元政府债务偿债负担。在美联储结束资产购买计划、释放加息预期及启动加息的三重作用下，美元指数曾几次突破100大关。据美国彼得森国际经济研究所的研究成果，每当美元指数上涨10%，美国贸易赤字就增加2000亿美元。英国脱欧后，全球避险情绪增强，资金流向美国购买美元资产，加速推动美元指数上扬。从历史经验看，美联储步入加息周期期间，美元指数多是走软而非走强。这次美元指数变化曲线也大体如此。在美联储释放加息预期的14个月里，美元指数升值幅度最高，而加息后的美元指数则上下波动，升值幅度不如加息释放期。美联储再度加息预期，特朗普的胜选效应推动美元指数再次走高，但不太可能长久停留在100的高位，更不会出现西方学者所说的美元指数将升至120。三是美联储加息遭遇到外部的强大压力。国际货币基金组织总裁拉加德以美国存在着劳动生产率下降及收入分配进一步两极分化等“逆风”，警告美国不要再“突然加息”。世界大型企业研究会提供的数据显示，2011年至2015年美国年均劳动生产率增幅为0.34%，远低于1990年至2010年的年均增长1.8%，2016年美国劳动生产率可能出现0.2%的降幅。美联储主席耶伦出席参议院的听证会时也曾表示过，困扰美国经济增长的劳动生产率增速低迷的状况可能还要持续下去。此外，美国经济还受到劳动力供给下降、社会贫富差距扩大及贫困人口占比处于高位等结构性问题困扰。美联储货币政策正常化，已不再单纯取决于美国自身经济数据的变化，加息的频率还要受制于国际环境。美联储加息使新兴市场国家出现不同程度的资本流出、货币贬值、外汇储备减少、经济下滑。因此，美联储要在国内经济与非美经济之间进行权衡与选择。加息带来负面溢出效应，但有助于抑制资产泡沫，加速结构性改革进程。

再次，负利率成为2016年全球金融界关注的重要话题。从理论层面看，负利率政策对实体经济发展有正面作用，包括降低企业借贷成本，刺激企业投资欲望，促使货币贬值，增加出口，又有逆向反作用，包括银行业收入减少甚至亏损，养老金投资收益率下降，家庭储蓄意愿低落，大量囤积现金，加剧通缩压力。负利率的实质是经济增长疲软，负利率不一定能使流动性进入实体经济，对其经济产生有效刺激作用。相反，负利率将加剧流动性泛滥，加大金融风险和推高资产价格泡沫。最直接的受害者是负利率货币的现金持有者和货币基金的持有者。负利率困局使推行负利率的国家（包括欧盟和日本）内部出现了意见分歧，因而年内欧洲央行和日本央行基本维持现有负利率不变。

当前，发达国家抑或新兴市场国家的货币政策空间日趋收窄，继续依赖于非常规的货币政策和单一货币政策已难以激励经济增长。经合组织警告“货币政策已超载”，高盛公司则认为货币政策在一定程度上已陷入凯恩斯所说的“流动性陷阱”，各国央行需要考虑货币政策与其他政策配合使用，平衡的货币和财政政策组合要比单独使用货币政策工具对经济的提振作用或许更好。在中国召开的二十国集团财长和央行行长会议以及二十国集团领导人峰会强调，要使用各种政策工具——包括货币政策、财政政策及结构性改革，带动各国经济和全球经济增长。鉴于货币政策边际效应递减，财政政策将会在支持经济增长和结构性改革中发挥越来越重要的作用。需要警惕的是全球货币宽松及负利率导致全球债务持续膨胀，152万亿美元的全球债务规模埋下了引发危机的火种。债务风险是当今经济运行中的大问题，世界主要经济体央行需要严防不发生系统性金融风险。值得引起关注的潜在变化是自2016年第三季度起发达国家经济增速加快，伴随通胀逐渐回升，一些发达经济体央行可能效仿美联储的做法，逐步削减资产购买规模和提升基准利率，届时全球将迎来银根紧缩和借贷成本升高的年代。全球流动性能否出现这样的拐点及何时出现，值得密切关注。

二、国际原油市场接近供需平衡的初期阶段

自2014年中期开始，国际油价直线下跌，到2016年1月，油价降至每桶26美元。与20世纪70年代以来国际油价经历的五次大跌相比，这次油价下跌幅度更深、持续时间更长。国际油价下跌的原因是多重的、复杂的，包括：国际原油市场供大

于求；多种因素推动美元指数升高；国际资本的不断恶性炒作；欧佩克内部严重失和，沙特与伊朗博弈加剧；沙特从以往的减产保价转向加速生产与出口，扩大原油市场占有份额。沙特石油策略变化使美国油井数量持续减少，原油产量从2015年5月的日产960万桶降至2016年8月的860余万桶。低油价导致美国失业人口增加，并影响美国通胀率上升。

油价是经济的风向标，油价下跌的本质是国际财富的转移，亦即从原油出口国向原油进口国转移一部分经济利益。国际货币基金组织预测，2015年中东“石油美元”减少了3900亿美元，2016年石油收入及其他经济损失将高达5000亿美元。石油收入锐减转化为预算赤字增加及经济下行或衰退。海湾合作委员会六国的经济增长率已从2015年3.3%放缓至2016年的1.8%。尽管产油国富有，拥有巨额“石油美元”，但也难以承受低油价长期化。沙特2015年财政预算赤字高达980亿美元，2016年将超出1000亿美元。由于陷入财政困境，沙特被迫首次面向国际市场发售175亿美元债券，以阻止经济持续下行。当今油价变动走势已主要不是由经济因素主导，而是受政治因素左右，是欧佩克内部、欧佩克成员与非欧佩克成员（尤其是沙特和伊朗、沙特和美国）之间的意志较量，因而油价变化莫测，令人难以捉摸，油价涨跌预期大相径庭，许多著名投行对油价的预测均陷入“预测漩涡”或“预测危机”。

国际原油市场始终存在油价持续下跌与反弹上涨的两种趋势博弈。油价有涨就有跌，有跌就有涨，供求关系总是在不平衡中走向平衡，在平衡中走向不平衡。油价跌、产量增是逆规律现象，无疑是不可持续的。预期油价触及底部的声音越来越强，国际能源署等机构均认为国际原油市场供求即将接近平衡的初期阶段，主要依据是伊拉克、伊朗重回国际原油市场，伊朗日产原油已接近制裁前水平，欧佩克成员原油产量已达到八年来的高点，未来持续增产可能性较小，另一方面，非欧佩克成员原油产量减幅超过欧佩克成员原油增产幅度，特别是美国原油产量稳定下降，一些高成本的油井正在自然检修和关闭，原油产量的增产效应递减，致使全球原油总产量较上年减少。更为重要的因素是，世界经济仍在继续复苏和增长，新兴经济体和发展经济体对原油需求旺盛。国际能源署预计，2016年全球原油需求增长120万桶/日，2040年前原油需求将持续增长，只要产油国不再增产就具备油价上涨的条件。

沙特和俄罗斯分别占全球原油产量的13%和12.4%，年内两国已多次接触，共同联手推动产油国“冻产”甚至“限产”，这是一个值得重视的新动向和新变化。2016年9月28日，在阿尔及尔国际能源论坛后召开的非正式会议上，欧佩克达成了共识，同意将日产目标设定在3250万—3300万桶。11月30日，欧佩克决定将原油日产量减少120万桶，这是该组织2008年来的首次减量。俄罗斯等非欧佩克产油国也做出相应的减产承诺，但市场普遍认为由于利益各有所求，产油国从达成共识到签署协议难，即使签署了协议，遵守和执行协议也难。但不管限产或减产最终能否成为现实，国际原油市场最坏的时期已过。预计2016年平均油价高于2015年，大约在每桶40—50美元，没有出现高盛、摩根士丹利所预测的国际油价将跌至每桶20美元以下，更没有出现渣打银行所预测的跌到10美元的状况。但市场主流观点强调，一旦原油价格长期维持在每桶60美元以上，势必会刺激页岩油重新增产，加上特朗普的“能源开发政策”，有可能再次打破供需间的平衡，推动油价下行。国际原油市场由供给方和需求方组成，需求方要的是供给安全，供给方要的是需求安全，维持“中性油价”对产油国、消费国以及世界经济均为有利。

三、新兴市场国家初现经济复苏迹象

2016年新兴市场国家依然面临不确定性，各有各的难处，但与其年初相比已发生许多变化。中国经济基本面呈现缓中趋稳、稳中有进、进中向好的态势，在上年增长6.9%的基点上，2016年又可增长6.6%—6.8%，对世界经济增长的贡献率在25%以上。美国耶鲁大学杰克逊全球事务研究所高级研究员斯蒂芬·罗奇认为“没有中国，世界经济肯定将陷入衰退”。[①]可以预期，一旦渡过“三期累加”的特殊时期，中国经济将会变得更好，继续发挥“经济航空母舰”发动机的关键作用。值得关注的变化是，伴随经济结构调整的进行及国际油价一定程度的回暖，2016年俄罗斯和巴西经济状况有所改善。巴西财政部认为，在连续两年陷入衰退后，企业和消费者信心的增强已对多个经济领域产生了促进作用，尽管2016年巴西经济增长率为-3.3%—-3.5%，但其衰退幅度收窄，小于2015年的-3.8%，2017年巴西经济可能“触底反弹”，但通胀率和基准利率尚高，通过货币政策、财政政策及结构改革重振经济并不容易。

2016年俄罗斯经济形势远强于巴西，主要有四点新变化：（1）经济增速加快。越来越多的人认为“俄罗斯经济衰退正在结束，即将出现缓慢的经济增长态势”。俄罗斯经济发展部预测，2016年前三季度国内生产总值下降0.7%。俄罗斯央行专家

---

① 《美经济学家罗奇：没有中国的世界经济将暗淡无光》，http://finance.ifeng.com/a/20161027/14966083_0.shtml.

认为，2016年经济仍将下降1.8%，但远高于2015年的负3.7%。俄罗斯经济发展部和央行均预测，2017年经济恢复到正增长的概率增大，但其经济增幅依然较低。（2）外汇储备有所增加。经济形势改善及国际油价回升，扭转了前两年外汇储备锐减的颓势。据俄罗斯央行公布的数据，截至2016年8月1日，俄罗斯外汇储备约3940亿美元。卢布兑美元汇率从暴跌转向稳定回升。（3）债务规模不大，主权债务占国内生产总值的13%。为弥补财政赤字，正在不断拓展新的资金来源。未来3年计划出售国有企业股份以筹资160亿美元。（4）粮食产量增加。2016年俄罗斯粮食产量预计达到1.13亿—1.16亿吨，与其2014年粮食产量基本持平，但高于2015年的1.05亿吨。[①] 俄罗斯粮食联盟预计，2016年7月1日至2017年6月30日俄罗斯粮食出口量将达3850万吨，[②] 恢复粮食出口的大国地位。上述新变化为俄罗斯社会安定和市场稳定创造了必要条件，使俄罗斯应对欧美制裁更加有底气。

尤其值得关注的是在特朗普胜选前新兴市场国家资金状况发生了系列新变化:（1）全球市场对资金从新兴市场国家撤离的担忧程度降温，资金净流入规模扩大，致使新兴市场国家的流动性处于近几年来的最好水平;（2）新兴市场国家股市和债市的收益率高于发达国家，英国脱欧公投结束后新兴市场国家债市、股市依然表现较好，国际投行加速进入寻求高收益投资。美国媒体宣称“新兴市场不是天堂，但它们是一个有吸

---

① [俄罗斯]《2016年俄粮食总产量为1.2亿吨，创历史新高》，连塔网，2016年8月16日。

② 同上。

引力的选择”。[①]（3）受全球货币宽松预期影响，新兴市场国家货币看涨，2016年1—9月，除少数新兴市场国家货币下跌外，其他国家货币普遍上涨或保持相对平稳。然而，一些新兴市场国家央行通过降息等途径向市场注入流动性，美联储再加息以及美国股市仍具吸引力等因素，让新兴市场国家货币难以延续强势。（4）基于对投资报酬率的追求，资金的避险投向发生改变，包括欧洲的一些国家和对冲基金将原先主要把资金投向美元和日元债券进行避险，而2016年避险资金却涌向新兴市场国家，新兴市场国家高收益债券成为资金投资的避险港湾。（5）新兴市场国家的外汇储备经历18个月下滑后开始恢复增长。摩根士坦利的数据显示，2016年1—7月，31个新兴市场国家的外汇储备总和增加了1000多亿美元，外汇总储备达到6.75万亿美元。[②]（6）人民币加入国际货币基金组织特别提款权（SDR）货币篮子，开启了人民币国际化新里程，加大人民币成为国际储备货币、贸易结算货币和直接投资货币的力度。

鉴于上述利好新变化，国际货币基金组织将2016年新兴市场国家的经济增长率从4.1%调升到4.2%，高于2015年的4.0%，而把发达国家的经济增长率从2015年的2.1%下调到2016年1.6%。尽管临近年末经合组织（OECD）上调了发达国家增长预期，但难以改变经济下行状态。新兴市场国家经济前景改善，法国《世界报》撰文称，“南北之间的经济增长差距自2011年以来持续缩小，但如今再度拉大”。[③]

---

① [美]《为什么新兴市场发展得顺风顺水》,《华尔街日报》网站，2016年7月22日。

② [英]《新兴市场外汇储备下滑18个月后恢复增长》,《金融时报》网站，2016年8月17日。

③ [法]《新兴国家重新吸引外资》,《世界报》, 2016年8月17日。

需要关注的是，伴随美国大选尘埃落定，一个不确定性的消失带来了更多的不确定性，新兴市场国家货币市场又在发生逆向变化，带来新烦恼、新挑战。今后新兴市场国家和发展中国家仍将不断受到来自多方面的冲击，但增长的潜力和空间尚存，“南高北低”的增长趋势不会逆转。

四、经济全球化和经济区域化“逆风而行”

国际经济金融机构把英国脱欧视为世界经济复苏与增长的不确定性因素。国际货币基金组织官员称如果没有英国脱欧公投，他们原本打算上调世界经济增长预期，但英国脱欧拖累了世界经济。

来自各方面的评估报告显示，英国脱欧造成三重经济影响：（1）对英国经济的影响。国际货币基金组织评估报告认为，2016年和2017年英国国内生产总值增长率分别为1.7%与1.3%，比公投前预测值降低0.2和0.9个百分点。德意志银行发布的《全球宏观经济展望》报告则将2016年和2017年英国国内生产总值预期下调至1.7%和0.9%。欧盟委员会的《秋季经济展望报告》改变了早先脱欧将使英国经济“大幅减速”的预判，把2016年英国国内生产总值增长率预期从1.3%—1.6%上调至1.9%，但保留2017年英国国内生产总值增长1.0%—1.1%的预期不变。英国预算责任办公室提供的数据较为乐观，2016年英国经济增长预期为2.1%。英国财政大臣菲利普·哈蒙德表示，脱欧将使英国经济经历一段不确定时期，2017年经济将放缓至1.4%。（2）对欧元区经济的影响。英国脱欧通过“不确定性、投资、贸易和难民”等渠道抑制欧元区经济增长，欧盟委员会预计，2016年欧元区国内生产总值增长率为1.7%，2017年降为1.5%。(3)对世界经济的影响。英国作为单一国家在世界经济中的分量不是很重，脱欧对全球经济可能造成的影响不大，脱欧公投结果发布后，国际货币基金组织仅将2016年和2017年世界经济增长预期各下调0.1个百分点，分别为3.1%和3.4%。其他评估报告提供的数据同上述数据并无多大差异，但各评估报告显示出四个趋同点：一是脱欧对英国经济的负面影响大于对其他经济体的影响；对欧元区的经济影响大于对美国、日本和新兴经济体的影响；脱欧作为区域性事件加大了世界经济的不确定性，但其影响力较为有限；二是年内不会启动脱欧进程，对英国、欧元区乃至世界经济的抑制作用稍微轻些，实际经济表现比市场早先预期要好，但2017年脱欧影响将会有所加重；三是脱欧进程缓慢，不确定性持续的时间越长，各相关方付出的过渡成本就会越高。在英国国内，有人支持“软脱欧”，力主尽最大力量和努力获得欧盟单一市场准入，有人则支持“硬脱欧”，强调英国“收回主权”，牺牲欧盟单一市场准入也要加强移民管控。英国首相特蕾莎·梅指出，所谓“软脱欧”与“硬脱欧”是一种错误的二分法，是一些人还不能接受英国公投脱欧的结果。这一表述意味着特蕾莎·梅倾向于“硬脱欧”。欧盟依然坚持人口自由流动、资本自由流动、商品自由流动和服务自由流动不可拆分的原则，只要英国限制人口自由流动，就不可能享有欧盟单一市场的资本自由流动、商品自由流动和服务自由流动的权益。熊掌与鱼不能兼得。不管英国选择“软脱欧”还是“硬脱欧”，都势必促发资产外流、通货膨胀率上涨、债务负担加重、经常项目赤字增加及英镑走软，但英国出走欧洲大家庭对英国、欧盟和欧元区并非只有害而无利，需要从利弊两个方面权衡脱欧影响；四是英国脱欧加剧全球化和区域化两大趋势的受挫感。

经济是保障欧洲一体化的基石和保障，继美国金融危机之后，欧洲不时出现债务危机以及一波又一波的难民潮，这加重了欧洲困局，包括高失业率、低增长率、低通胀、民众生活水平下滑，已将欧盟和欧元区推入信任危机。英国“脱欧派”指责欧盟人口自由流动政策导致英国工作岗位流失及社会福利减少，卡梅伦首相利用“脱欧派”指责和人民不满情绪进行“脱欧”或者“留欧”公投的“政治赌局”，旨在施压欧盟给予英国更多的优惠。实际上，长期以来英国作为欧盟成员一直在与布鲁塞尔“讨价还价”。

2016年7月，美国民主党和共和党先后公布的竞选纲领，进一步加剧了反全球化和区域化逆流涌动。民主党纲领宣称，“反对不支持美国就业、增加工资和改善国家安全的贸易协定”，共和党纲领说得更加直白，“美国经济最伟大的资产是辛苦劳动的美国人，共和党的首要工作就是创造就业，帮助他们回到工作岗位”。[①] 特朗普指责“跨太平洋战略经济伙伴协定”（TPP）没有能够保障美国的国家利益和民众利益，不支持国会通过TPP。希拉里出任国务卿时曾把TPP描绘成自由贸易协定的“黄金标准”，并把TPP作为美国“重返亚太”战略的一个经济跳板。但在总统选举期间，希拉里对TPP的态度发生了180°大转变。英国《金融时报》撰文称，“美国领导的全球化伴随TPP一同死亡”，[②] 西方某些人士甚至鼓吹所谓大象曲线

① 陆振华：《从新党纲看美国两党贸易政策》，http://epaper.21jingji.com/html/2016-08/03/content_44487.htm.

② ［英］爱德华·卢斯：《美国领导的全球化随着TPP死亡而死亡》，《金融时报》网站，2016年7月27日。

理论，即中国、印度等新兴市场国家是全球化和区域化的最大受益者，而发达国家则是受损者。实际上，全球化抑或区域化不是零合游戏，西方跨国公司在全球化中吃得饱饱的。TPP关于知识产权、劳工标准及原产地等条款已经充分体现了美国的国家利益及跨国公司利益，提高了新兴市场国家和发展中国家市场准入门槛，然而，特朗普和希拉里仍认为这些实惠远远不够。共和党纲领指出，“我们需要将美国放在第一位来谈判更好的贸易协定。当那些协定没有充分地保护美国利益、美国主权时，那就拒绝它们”。[①] 特朗普甚至公开表明，“美国主义而非全球主义，将成为我们的信条”。[②] 美国政客和精英的言论与欧洲民粹主义隔海呼应，将反全球化和区域化的浪潮推向了新浪头。

反全球化和区域化的实质是美国主导的全球化和区域化遭受到的挫折，但其影响却是全球性的。最为明显的表现是最近几年市场保护等多重因素导致国际贸易额增速低于世界经济增速，世界贸易组织（WTO）将2016年国际贸易增幅从2.8%下调到1.7%。因此，我们必须正视反全球化和反区域化现象或逆流，认真总结全球化和区域化的教训，推动全球化和区域化沿着正确方向发展。我们需要动员全球力量反对形形色色的贸易和投资保护主义，支持贸易和投资自由化、便利化；我们需要动员全球力量建立共享、协调、开放、包容的经济全球化和经济区域化机制，把区域自由贸易和全球多边贸易统筹起来，加快构建以全球价值链为指向的贸易治理体系；我们需要动员全

① 陆振华：《从新党纲看美国两党贸易政策》，http://epaper.21jingji.com/html/2016-08/03/content_44487.htm.

② ［西班牙］《国家报》网站，2016年8月20日。

球力量加强全球金融监管，力促金融监管政策的国际协调与合作，提高国际金融市场韧性和应对突发事件的挑战能力；我们需要动员全球力量坚定对全球化和区域化信心，继续推动全球化和区域化深入发展。欧盟依然是全球经济、贸易、投资发展及金融秩序调整的重要力量。英国与欧盟是打断骨头连着筋的关系，特蕾莎·梅已表示将寻求英国和欧盟“机遇最大化”，欧盟则声称不会对英国采取报复措施，因而不必担忧英国脱欧会像美国金融危机那样迅速演化成为国际金融危机。但欧盟和欧元区需要重视并解决经济增长乏力、失业高企、债务膨胀、难民流入、恐怖袭击或威胁以及南北欧发展不平衡等问题。2016年12月4日，意大利宪法改革公投失败，总理伦齐辞职，如果“五星运动党”掌权可能推动脱欧公投。2017年，法国和德国将进入选举年，极右翼党派和其他类似政党有可能利用业已存在的种种问题，加深民众对欧洲一体化的反感与疑虑，使欧洲处于较长时间的动荡期。

经济全球化和经济区域化是世界经济发展的客观趋势，欧美出现的逆全球化和区域化现象，其实是全球化和区域化进程中的利益再平衡。英国首相特蕾莎·梅称在脱欧后将把英国变成自由市场的捍卫者，美国共和党也难以废弃自由贸易政策。实际上，支持TPP的共和党人比民主党人还要多，只不过是给自由贸易加上了“美国利益优先”的前提条件。不管特朗普上任后对其竞选时做出的承诺能够兑现多少，作为美国新总统，在对外经济关系中他会争取美国利益最大化，把就业和资金带回美国，对全球化和区域化的态度将比奥巴马更加强硬，因而必然导致美国同日本、欧洲及新兴市场国家贸易和投资矛盾加深。今后一段时期，经济全球化进度将不如以往那么快速，经济区域化会出现局部反复甚至倒退，全球化和区域化将“逆风而行”，但全球化和区域化不会发生实质性变化而“成为过去”。根据WTO数据，在WTO备案的各种称谓的自由贸易协定达277个，全球企业并购红红火火，货物贸易增速下降，而美国等西方国家占优势的服务贸易在过去10年年均增长6.5%，远远超过全球名义GDP和全球商品出口的增长。更令人关注的变化是，在全球化和区域化暗流涌动时刻，欧盟和加拿大签订了自由贸易协定，新兴经济体仍在继续推动贸易和投资自由化、便利化，韩国已与中美洲六国达成自贸协定，中国与新西兰启动自贸协定升级谈判，继续大力支持区域全面经济伙伴关系（RCEP）和亚太自贸区（FTAAP），亚太经合组织（APEC）已完成FTAAP集体战略研究；在特朗普宣布上任后即退出TPP之际，一些TPP成员国表示愿意加入RCEP，等等。市场保护主义是零合博弈，短期对市场保护国有利，但长期必然是双输或多输，加剧世界经济发展的不稳定性。

基于上述分析判断，全球经济继续复苏，部分经济体抗风险能力加强，增长新动能开始出现。[①] 按国际货币基金组织统计标准衡量，2016年世界GDP增长率不应低于3.1%，但经济增长弱于预期，不及过去8年年均3.5%的增长水平。英国货币金融机构官方论坛（OMFIF）顾问委员会主席梅格纳德·德赛认为，“金融危机前的大缓和时代（1985—2007年）已经成为过去式”。在世界经济版图持续变化和全球经济动能转变的重要时期，不确定因素、风险、挑战、矛盾、投机等无处不在，世界经济形势越是复杂多变，越是需要有信心，没有信心比失去黄金更危险。李克强总理8月22日同世界银行、国际货币基金组织、世界贸易组织及经合组织领导人举行圆桌对话会时说：

---

① 《二十国集团领导人杭州峰会公报》，2016年9月5日。

“尽管当前全球经济面临的不稳定和不确定因素增多，但世界市场有潜力、人类有智慧攻坚克难，把发展经济、改善民生放在优先位置，把实现强劲、可持续、平稳增长作为一致努力的目标。”《二十国集团领导人杭州峰会公报》更是指出：“我们坚信，二十国集团建立更紧密伙伴关系，携手行动，将为世界经济增长传递信心，提供动力，增进合作，促进普遍繁荣，造福各国人民。”2017年，世界经济将略有起色，但充满变数，不确定性变化加剧。特朗普执政后的经济政策有利于全球经济改善抑或反之，需要冷静观察，沉着应对。

发达国家经济低速的原因和影响

李长久

【内容提要】发达国家经济形势自2016年下半年起趋于好转，但诸多制约因素仍然存在。全球金融市场仍在大动荡并面临爆发新一轮金融危机的风险；需求不振和保护主义增多，影响贸易和投资扩展；科技创新驱动动力不足，各国都在等待新一次技术革命高潮到来；新自由主义模式已经不灵，新的治理和发展模式尚未找到。因此，发达国家经济低速增长还将持续五年甚至更长时期。发达国家经济持续低速将影响世界经济，新兴经济体和发展中国家要协力推动全球治理体制改革，深化国内改革、加快结构改革，保持经济持续较快发展。

【关键词】发达国家经济　诸多制约因素　持续低速和影响　深化治理体制改革

【作者简介】中国国际问题研究基金会研究员。

一、发达国家经济持续低速增长

经济学家们界定，经济增长率在2.5%以下为低速增长。国际货币基金组织（IMF）2016年10月发表的报告《世界经济展望》中的数据显示，发达国家经济增长率2009年为-3.4%、2010年达到3.1%，2010—2016年，年均经济增长率都在2.5%以下，报告预测，2021年发达国家经济增长率为1.7%。[①] 世界大型企业研究会《经济展望报告》预测，发达国家实际国内生产总值（GDP）年均增长率2014—2018年为1.9%、2018—2025年为1.6%。

多数研究机构的统计和预测显示，发达国家经济增速呈下行趋势。20世纪80年代，发达国家经济年均增长率为3.1%，90年代为2.7%，从2000年到2008年全球金融危机前也是2.7%。2009年世界性经济衰退后，发达国家经济一直在低谷徘徊，2011—2015年年均经济增长率仅为1.6%。自2016年下半年起，发达国家经济形势趋于好转。经济合作与发展组织（OECD）2016年11月21日公布的数据显示，该组织成员（其中多数为发达国家）GDP前三季度合计较2015年同期增长1.7%。国际货币基金组织预测，2016年发达国家经济增长率为1.6%。

美国是世界上最大的发达国家、最大的市场和对外投资最多的国家。因此，美国经济形势变化不仅对发达国家经济而且对世界经济都有巨大影响。2007年美国次货危机引发了20世纪30年代大萧条以来最严的2008年全球金融危机和1945年第二次世界大战结束以来最严重的2009年世界性经济衰退。引人关注的是，美国经济增速呈大幅放慢之势。据统计，20世纪后50年，美国经济年均增长率达3.6%。二战后世界经济快速增长的“黄金时代”主要是在美国经济带动下实现的。据统计，

① 本文中数据除注明外均来自国际货币基金组织。

1950—1979年美国经济年均增长率高达4%。经历了20世纪70年代“滞胀”期后的1980—2010年美国经济年均增长率降至2.7%。2011—2015年美国经济年均增长率低于2.5%。

2016年下半年以来，美国经济呈现增速加快之势。按年率计算，2016年第三季度经济增长率高达3.2%，明显高于第一季度0.8%和第二季度1.4%的增长水平。这一指标超过了华尔街估计的3%。随着雇主新增17.8万个工作岗位，11月美国失业率降至4.6%的九年新低，美国的广义失业率（涵盖被迫放弃找工作和从事兼职工作的人）下降0.2个百分点至9.3%，创下2008年4月以来的新低。作为美国经济产出的一个关键要素，消费增长率从之前的2.1%调高至2.8%。美联储预测，2016年美国经济增长率为1.8%。OECD预测，2016年、2017和2018年美国经济增长率分别为1.5%、2.3%和3.0%。国际货币基金组织预测，2016年、2017年和2021年美国经济增长率分别为1.6%、2.2%和1.6%。

特朗普在美国总统竞选期间承诺将企业税税率从35%降至15%，在未来10年投资1万亿美元用于基础设施建设与学校和医院发展，从而使美国经济增长率达到3.5%。据穆迪分析公司测算，未来10年，如果把公共投资维持在实际GDP1.9%的历史平均水平，美国各级政府将需要在现有水平上增加8630亿美元开支，每年为860亿美元。假定其乘数效应为1.78，在10年内创造的名义GDP将达到1.5万亿美元和增加1270万个就业岗位。美国基础设施老化，奥巴马政府和国家经济委员会共同撰写的《交通基础设施投资经济分析报告》指出，当前美国全国约有65%的主要道路亟待维护或重修，25%的桥梁已经不能满足交通需要。美国有6.5万座桥梁结构有缺陷。白宫最近发布的一项报告显示，在总长2400公里的华盛顿公路网中，约有

45%路况欠佳。特朗普2017年1月入主白宫后实施减税和加强基础建设，将刺激企业投资和经济发展，未来几年美国经济形势将继续好于欧盟和日本经济形势，美国经济增长率可能高于国际货币基金组织的预测水平。

欧盟扩大和欧元区形成并未推动欧洲经济较快发展。长期以来，欧洲经济一直低速增长。1998—2007年，欧盟和欧元区经济年均增长率分别为2.7%和2.4%。2008年全球金融危机重创了欧洲经济。2009年欧盟和欧元区经济分别出现4.3%和4.5%的负增长。2010年以来，欧盟和欧元区经济复苏乏力。据OECD统计，2016年第二季度欧盟28个成员国经济环比增长0.4%、欧元区19国经济环比增长0.3%。OECD将欧元区2016年经济增速预期从1.5%上调至1.7%，将2017年经济增速从1.4%上调至1.6%。欧洲中央银行行长德拉吉表示，2016年将是欧元区GDP恢复到2008年金融危机前水平的第一个完整年份。欧元区当前的经济复苏伴随着劳动力市场扩张，欧元区失业率已降至10%。过去两年，得益于宽松的融资条件，内需对欧元区GDP增长的贡献平均超过1个百分点。

难民涌入、民粹主义风潮和英国脱欧等都在冲击欧洲的稳定和发展，政治家和专家学者们都对欧洲一体化和未来走向表示忧虑。卢森堡前首相、欧盟委员会主席让-克洛德·容克已经在欧盟政界活跃了30年，2016年9月14日他警告意见不一的欧洲人，在英国投票决定退出欧盟后欧盟陷入了“生存危机”，各国领导人必须齐心协力防止欧盟瓦解。他说：“我从未见过中央政府因为民粹主义势力而受到如此严重的削弱，因为在下次选举中落败的风险而陷入如此严重的瘫痪。”英国脱欧不仅削弱了欧洲一体化进程和联合自强能力，而且冲击了英国经济。英国财政大臣菲利普·哈蒙德2016年11月23日在介绍英国脱欧公投后首个预算案时指出，脱欧会让英国2017年经济增长大幅减速，并将给政府发债带来障碍。OECD预测，2016年英国经济增长率为2%。而英国预算责任司已将2017年英国经济增长率从3月预测的2.2%下调至1.4%，2016—2021年英国经济增速将损失2.4个百分点。英格兰银行行长马克·卡尼12月4日警告说，英国经济正在经历1860年以来第一个“失去的十年”。国际货币基金组织预测，2021年欧盟和欧元区经济增长率分别为1.7%和1.5%。2016年5月21—31日，“欧洲晴雨表”民调机构进行的民调显示，一半以上（51%）的法国人和德国人对欧盟未来“完全悲观”。欧盟正处在何去何从的十字口路。欧盟四强中意气风发的英国首相卡梅伦和意大利总理伦齐已告别政治舞台，任期将满的奥朗德成为法国历史上首位放弃竞选连任的总统。德国总理默克尔被称为“欧洲最后一位还站着的领导人”。当前，“脱欧”“疑欧”及各种极端思想在欧洲泛滥，迷茫的“欧洲船队”在惊涛骇浪中没有倾覆，主要是靠欧洲最大经济体德国仍在稳舵。被誉称德国政坛“常青树”的女强人默克尔能否赢得2017年德国大选，实现第四度连任？德国和其他欧洲国家都在密切关注。

美国在线杂志《耶鲁全球化》2016年3月3日发表摩根士丹利原亚洲区主席、耶鲁大学教授斯蒂芬·罗奇的文章《世界陷入了长期停滞》。文章认为：“在很大程度上，世界陷入日本式的长期停滞。”文章介绍，日本经济停滞始于20世纪90年代初，1992—2015年日本实际GDP年均增长率只有0.8%，与之前45年年均7.25%的增长轨迹相比大幅下跌。日本“已经进入第三个失去的十年”。在出口抵销疲弱消费支出影响的情况下，2016年第三季度日本经济按年率计算增长1.2%。国际货币基金组织预测，2016年和2021年日本经济增长率分别为0.5%和

0.6%。“安倍经济学”的“三支箭”已经用尽。法新社2016年11月14日发自东京的一篇报道介绍，“越来越多的经济学家认为，安倍首相为推动日本经济复苏所做的努力因所谓的安倍经济学而无法取得成功，起伏不定的增长趋势令日本官员承受压力。”

二、诸多制约和不确定因素依然存在

发达国家经济持续低速是由于诸多制约和不确定因素依然存在，一些深层次问题不是短期内能够解决的。

(一) 2008年金融危机的影响仍在延续

2007年美国次货危机开始的全球金融危机实质上是杠杆率高升的危机，也就是债务危机。

自20世纪80年代初起，美国放松金融监管，导致虚拟经济恶性膨胀、全球债务急剧增加。国际货币基金组织发布的一份研究报告指出，2015年全球债务——政府、家庭和非金融企业债务——从2002年的67万亿美元、2007年美国次货危机爆发前的112万亿美元增至152万亿美元，其中公司和个人借债占2/3。30多年来，美国各种资金只有15%左右投入实体经济，85%左右的资金集中于投机炒作。其他发达国家的情况大体如此。国际货币基金组织等机构一再警告，要防范发生新一轮金融危机的风险。引人关注的是，在“钱生钱”的炒作中财富越来越被少数富豪占有。在2016年美国总统竞选期间，民主党人希拉里·克林顿指出，在美国最顶层的1%的人得到了全国90%的收入，钱都集中到了他们口袋里。国际货币基金组织总裁拉加德指出，自1980年以来，在国际货币基金组织掌握数据的26个国家中，在24个国家最富有的1%人口的收入份额继续增大。在美国，最富有的1%人口的实得收入份额自20世纪80年代以来上升了一倍，回到“大萧条”前的水平。在英国、法国和德国，私人资本在国民收入中所占份额现在也回到了近一个世纪前的水平。拉加德指出：“全球最富有的85个人，虽然只能塞满一轮伦敦双层巴士，但他们控制的财富却相当于全球一半人口35亿人的全部身家。”

从2015年12月起，美联储步入缓慢加息期，而欧盟和日本仍继续实行超低利率乃至负利率政策。美国《华尔街日报》网站2016年8月9日发表题为《初步迹象表明负利率政策效果或事与愿违》的文章。文章介绍，出于刺激经济这一相同原因，两年来欧洲和日本的决策者都转向实施负利率政策，其结果却让一些经济学家困惑不已，许多消费者和企业非但没有增加支出，反而把更多的钱存了起来。欧洲央行自2015年3月以来已斥资9580亿欧元购买债券，希望降低借贷成本，刺激经济增长，但欧洲仍面临着“凄凉的”经济前景。2016年12月初，欧洲央行行长德拉吉已就低利率对规模10万亿欧元的欧元区经济所构成的风险发出了警告。德拉吉在布鲁塞尔出席欧洲议会会议时表示，长期低利率已经产生了让金融市场滋生风险的沃土，包括债务的不断累积和过度的风险承担行为。

（二）需求不振和保护主义层出不穷

英国《金融时报》网站2016年10月27日发表该报首席经济评论员马丁·沃尔夫的文章《西方引领贸易繁荣的时代结束了》。文章认为，全球化没有逆转，但它失去了动力，尤其是从几十年来充当经济全球化引擎的贸易角度来看。文章援引国际货币基金组织提供的数据显示，1960—2015年，按实际值计算，世界贸易年均增长率达到6.6%，同期全球GDP年均增长率为3.5%。然而，2008—2015年，世界贸易年均增长率仅为3.4%，同期全球GDP年均增长率为2.8%。不仅贸易增速放慢，而且贸易增速与GDP增速之间的差距也急剧缩小。

世界贸易组织（WTO）预计，2016年世界贸易增长率仅为1.7%，明显低于世界经济增长水平。非政府组织全球贸易预警处发布的报告显示，2016年头八个月全球范围内共推行了350项贸易保护主义措施，是2009年的4倍。与之前不同的是，这些措施不再是关税壁垒，也不仅是限制贸易量，而是更多地以贴标签和加密等更不可见的方式出现。世界贸易增速明显放慢的主要原因是发达国家需求不振和保护措施增多。发达国家过去以自由市场经济、自由贸易为旗帜，现在这些国家普遍实行贸易保护，各种保护措施层出不穷。欧洲央行副行长康斯坦西奥表示，没有人清楚美国的政策会在多大程度上发生变化，“如果出现新一轮贸易保护主义，其他国家或将采取相应应对措施，而在世界贸易本已非常疲弱的情况下这无疑是非常危险的”。

（三）科技创新动力不足

2009年发生世界性经济衰退以来，美国、欧盟和日本都制定并正在实施科技创新驱动战略，这些国家在人工智能和互联网等信息技术、生命科学与生物技术、清洁能源开发以及航天技术等领域都取得重大突破和发展。但是，总体上看，科技创新动力依然不足。

科学发现和技术发明引起生产力的深刻变革、经济加速发展。据统计，1000—1820年世界经济年均增长率为0.2%，在第一次技术革命和工业革命的牵动下，19世纪世界经济年均增长率达到1%。虽然爆发了20世纪30年代大萧条和两次世界大战，但在第二、第三次技术革命和产业革命的推动下，20世纪世界经济年均增长率达到3%。当今世界，科技革命和产业变革方兴未艾。2016年1月底在瑞士达沃斯举行的世界经济论坛年会期间，探讨了第四次技术革命和工业革命是否已经到来及其对人类经济社会发展的影响。哈佛大学经济史学者尼尔·弗格森在讨论中指出，第四次工业革命的独特之处在于，它的发展不再是以线性速度，而是呈几何级增长，它不仅改变人类的行为方式，还会改变人类本身。世界经济论坛创始人兼主席施瓦布也认为，和前几次工业革命不同，第四次工业革命呈现出指数级而非线性的发展速度。大国更加重视教育和人才培养以及增加研发投资，哪个国家主导第四次工业革命，哪个国家将引领发达国家乃至世界经济步入新一轮强劲增长期。

（四）新的治理和发展模式尚未形成

20世纪30年代大危机期间，民主党人富兰克林·罗斯福于1933年3月4日就任美国总统后实行“新政”的主要内容是政府加强对经济社会发展的宏观干预，这与英国经济学家凯恩斯运用财政、信贷两个杠杆对宏观经济进行调节的理论不谋而合。因此，罗斯福“新政”与凯恩斯主义被称为“凯恩斯主义模式”，它的基本精神在发达国家经济政策中的支配地位持续到20世纪70年代发达国家经济陷入“滞胀”困境而被新自由主义模式取代。

法国《费加罗报》网站2016年7月8日发表对经济问题专家让-米歇尔·卡特勒普安一篇专访，题为《为欧洲独立而组织一场运动》。卡特勒普安认为，英国脱欧标志着一个持续40

年的周期结束，伴随这一周期的是撒切尔夫人和罗纳德·里根为代表人物的芝加哥学派，这一主义在意识形态上的胜利体现的是米尔顿·弗里德曼思想的实行，即市场的绝对有效性、完全的自由主义和越少的政府参与。到2008年爆发全球金融危机，新自由主义模式走到了尽头。

“特朗普经济学”包括减税、取消或减少监管和保护主义。特朗普2017年1月成为美国第45任总统后内外政策将发生多大变化？特别是他的经济政策是回归凯恩斯主义模式，或者是延续新自由主义模式，还是开拓“特朗普经济学”的新时期？这不仅对美国和其他发达国家，而且将对世界经济和世界格局产生重大影响。

三、主要影响

发达国家人口约占世界人口的13.5%。但是，发达国家经济规模、市场和对外投资都处于主导和优势地位，对新兴经济体和发展中国家经济走势仍将有重大影响。

国际货币基金组织按汇率计算，2015年世界产出735980亿美元，其中发达国家产出445600亿美元，占世界产出的60.5%。国际货币基金组织预测，2020年世界产出将达935990亿美元，其中发达国家产出537240亿美元，占世界产出的57.4%。2015年，美、加、欧、日出口79250亿美元，占世界出口159850亿美元的49.5%。进口87080亿美元，占世界进口163400亿美元的53.3%。2013年，美欧日流入外国直接投资存量为144708亿美元，占世界对外直接投资流入存量254641亿美元的56.8%，流出存量为184694亿美元，占世界流出存量

263126亿美元的70.2%。发达国家经济持续低速、政策变化和不确定性，将对新兴经济体和发展中国家产生影响。

第一，美联储加息、美元升值将吸引全球大量资金流向美国。国际金融协会统计和预测，2015年新兴经济国家的资金净流出达7350亿美元，2016年为4480亿美元。在美元升值期，新兴经济体和发展中国家仍将有大量资金源源不断地流入美国。

第二，发达国家需求不振和实行保护措施以及西方几个大国制造的地缘政治危机严重打击了发展中国家的出口。据世界贸易组织（WTO）统计，2015年北美国家出口减少8%，欧洲出口减少12.5%，中东、独联体和非洲出口分别减少34.7%、32%和29.6%。这种情况在2016年仍将延续。

第三，发达国家实施国内优先政策导致对外投资大幅收缩。联合国贸易和发展会议2016年6月发布的《世界投资报告》指出，2015年全球外国直接投资（FDI）出现危机开始以来最大幅度的增长，总规模达1.76万亿美元，相较前一年增长38%。但在全球经济疲软和地缘政治危机的影响下，预计2016年FDI将出现10%—15%的缩减。

第四，在上述诸多不利因素冲击下，到2016年新兴经济体和发展中国家经济增长率将连续4年低于5%，国际货币基金组织预测2017年和2021年分别为4.6%和5.1%，仍将低于1998—2007年平均5.8%的增长水平。

为减少外部风险的影响，维护新兴经济体和发展中国家的利益，推动全球治理体制变革已是大势所趋。要改革全球治理体制中不公正不合理的安排，推动国际货币基金组织、世界银行和世界贸易组织等国际经济金融贸易组织切实反映国际格局变化，特别是要增加新兴经济体和发展中国家的代表性和发言权，推动各国在国际经济合作中权利平等、机会平等、规则平等，努力使全球治理体制更加平衡地反映和维护大多数国家的意愿和利益。

更为重要的是，新兴经济体和发展中国家要加快经济结构调整和升级。2016年11月21日，联合国工业发展组织在维也纳举行成立50周年庆祝大会之际，联合国副秘书长吴红波介绍："在全世界70亿人口中，生活在后工业化时代的只有10亿人，还有60亿人正在进行工业化的努力，还有一些国家甚至没有开始工业化进程。要想脱贫致富，实现可持续发展，工业化是必由之路。"新兴经济体和发展中国家，既要保持较高的经济增长率、扩大经济实力和提高人民福祉，又要加快经济结构调整和升级，提高竞争力和抗风险能力，减少遭受外部影响的损失，实现经济协调可持续发展和繁荣富强。

第二章

美国大选冲击全球经济缓升国债剧增

特朗普执政对全球地缘政治和中美关系的冲击

钱文荣

【内容提要】2016年美国大选在世人面前彻底暴露了美国内在的政治、经济和社会矛盾及其民主制度的虚伪性，极大地动摇了美国这个超级大国在世界上的“领导”地位。当选总统特朗普提出的内外政策不仅对美国国内政治、经济和社会产生深远影响，也将冲击全球地缘政治格局、国际秩序和国际体系的变革以及中美关系的未来走向，主要体现在国际组织和国际制度将受到较大冲击；军备竞赛或重启，核不扩散机制将遭破坏；修正盟国政策将使盟国的离心倾向增加，美国与盟国的凝聚力进一步下降；美国与俄罗斯关系缓和，拉俄遏华意图明显；中东局势或出现新的动荡；特朗普的减税加息政策或影响全球经济复苏。中美关系将在台湾、南海、经贸和朝核等问题上面临严峻挑战，两国发生严重对抗或重大冲突的可能性很小。我们要尽最大努力争取中美关系不出大的轨道，但仍要做好应对一切可能发生的最坏情况的准备。

【关键词】地缘政治 国际组织 美俄关系 盟国关系 国际经贸秩序 中美关系

【作者简介】中国国际问题研究基金会美国研究中心执行主任，新华视界问题研究中心研究员。

喧嚣了一年多的2016年美国大选终于尘埃落定，共和党候选人唐纳德·特朗普当选为下届美国总统。这次大选把美国政治、经济和社会矛盾及其民主制度的虚伪性在世人面前暴露无遗，极大地动摇了美国这个超级大国在世界上的“领导”（即霸权）地位。正如《纽约时报》专栏作家托马斯·弗里德曼所说，这是一场折射“美国真正开始衰落的悲剧”。[①] 正是在这个背景下，特朗普提出了“美国第一”、“让美国再伟大”的竞选口号，其根本目的是进一步巩固和加强美国的资本主义制度和全球霸权地位。从特朗普迄今发表的一系列政策性言论和举动看，特朗普当政后将对美国今后的内外政策做出重大调整，某些方面可能是颠覆性的。它将不仅对美国国内政治、经济和社会产生深远影响，也必将冲击全球地缘政治格局、国际秩序和国际体系的变革以及中美关系的未来走向。

一、特朗普的外交政策对地缘政治和国际秩序、国际体系的影响

人们都说特朗普没有从政经验，特别是不懂外交。没有从政经验和不懂外交不等于他没有外交政策思想。笔者最近读到了他在2011年和2015年出版的两本书，一本叫《艰难时刻：让

① ［美］托马斯·弗里德曼：《美国能赢得这场选举吗》，《纽约时报》网站，2016年10月19日。

美国再伟大》（*Time to get tough: Make America great again*），另一本叫《瘫痪的美国：如何让美国再伟大》（*Crippled America: How to make America great again*）。据美国研究机构介绍，前者是他为准备参加2012年竞选而发表的，但最终他放弃了参选打算；后者是他为参加2016年大选做准备的。特朗普在这两本书中已经较完整地阐明了他的内政和外交政策思想。我们再结合他2016年竞选过程中发表的有关外交政策的言论，特别是4月27日接受美国《国家利益》杂志专访时提出的外交政策思想，其核心思想概括起来有几个方面：（1）“美国人民的利益和美国的安全高于一切”；（2）在对外经贸政策上美国利益至上；（3）在安全上“以实力求和平”，保持最强大的实力和军事技术和武器上的绝对优势，不做“世界警察”，但要做好战斗准备，战则必胜，“要让我们的盟国感到敬畏，让我们的对手感到害怕”；（4）修正同盟关系，让盟国担负更多责任和经费；（5）“希望与中国和俄罗斯和平友好相处，但不受对手束缚”；（6）在中东问题上主要是反恐，而不是搞政权更迭，但坚决支持以色列，反对巴勒斯坦和伊朗。特朗普在上述两本书中反复强调，“要行动，不要空谈”。看来，他会努力将这些政策付诸行动，至于能做到多大程度还很难说。不过，这些政策的实施无疑将对全球地缘政治、国际体系、国际秩序和大国关系产生重大影响或冲击，某些方面可能是颠覆性的。

（一）国际组织和国际制度将受到较大冲击

首当其冲的是联合国的作用将下降。联合国是在美国主导下创建的。但特朗普将一改美国历来高度重视联合国的政策，将其置于次要地位。2016年3月，他在美国犹太人组织美国—以色列公共事务委员会会议上说：“联合国不是民主的朋友，不是自由的朋友，也不是美国的朋友，也肯定不是以色列的朋友。”他批评联合国“软弱无能”。① 最近，在联合国安理会通过谴责以色列不断在巴勒斯坦西岸建立犹太人定居点的决议后，特朗普表示强烈不满，迅即在推特上回应说：“对于联合国来说，1月20日以后一切都会不同。”这表明特朗普将对联合国的政策做出重大调整。今后只要被特朗普认为不利于美国利益的联合国安理会决议可能会很难获得通过。安理会的高官已忧心忡忡地说，这将严重影响安理会未来的效率和联合国作用的发挥。②

另外，为了推行他的“美国利益至上”战略，特朗普主张废除或重新谈判伊核协议、应对气候变化的《巴黎协议》、《跨太平洋战略经济伙伴协定》（TPP）以及《北美自由贸易协定》等，这些都表明他对多边主义不感兴趣，爱好双边主义，这将严重影响全球治理进程和削弱多边机制的作用。

（二）军备竞赛或重启，核不扩散机制将遭破坏

在实力政策指导下，特朗普将大力加强军备，扩大海陆空三军。军舰将从272艘增加到346艘至350艘，海军陆战队将从18万人扩编到20万人，陆军从48万人增加到54万人，空军战机从1100架增加到1200架。国会通过并经奥巴马签署生效的2017年国防预算为6110亿美元，比2016年增长2.1%。舆论认为这仅仅是开始，在特朗普当政后将会继续增加，并将重启全

---

① Ariella Mendowitz, “Trump: Israel will forever exist as a Jewish state”, http://www.breakingisraelnews.com, March 22, 2016.

② “Trump victory stuns United Nations”, http://www.iol.co.za, Nov.9, 2016.

球主要国家之间的军备竞赛。

尤其引人关注的是，就在俄罗斯总统普京12月22日宣布"要加强战略核力量的军事潜力"仅仅几个小时之后，特朗普也立即宣布"美国必须大力加强和扩大核能力"。这将打破美国有关核不扩散问题的立场，破坏美国倡导建立的核不扩散机制，激起新一轮核军备竞赛。更令人惊讶的是，第二天他竟公然鼓吹说"那就来一场军备竞赛吧"。他还降低了使用核武器的门槛，他说"如果美国不能使用核武器，为什么还要拥有核武器"。这将增加核冲突的风险。特朗普显然想效仿里根的做法，企图用军备竞赛拖垮美国的敌手。我们不能掉入他的圈套。《纽约时报》评论说，这表明特朗普的核政策"将出现重大调整"，"他现在玩的是一场危险的游戏"。①全世界人民应高度警惕和力阻这种趋势的发展。

（三）盟国的离心倾向增加，美国与盟国的凝聚力进一步下降

特朗普提出的修正盟国政策，主要是两个方面：一是要求盟国增加自卫能力，担负更多协防责任，甚至主张日本和韩国发展自己的核武器；二是要求盟国增加保护费。"如果做不到，美国必须准备让这些国家自己去保卫自己。"②这项政策让美国的盟国既担忧不安，又暗中欣喜。这些盟国忧的是担心美国会抛弃他们或增加他们的经济负担，让他们萧条的经济雪上

① 《特朗普冒出军备竞赛的念头》，http:// www.nyt.com，Dec.24，2016.

② "Trump on foreign policy", http://www.nationalinterest.org, April 27, 2016.

加霜。其实，任何时候美国都不可能抛弃它建立的这个同盟体制，这是一帮有用的“打手”，失去了他们，美国就限于孤立境地。特朗普只是提出谈判的要价而已。这些盟国喜的是可能增加他们的独立自主性。但总的倾向是增加了他们对美国的不信任，从而削弱美国与盟国的凝聚力。英国《金融时报》专栏作家菲利普·斯蒂芬斯写道，他在特朗普当选后访问德国，在那里“感受到悲伤与决心的情绪。悲伤，是因为德国把自己被视为遭到特朗普蔑视的战后国际秩序的守卫者。决心，是因为如果特朗普的议程是由白人至上主义者所写，现在德国和现在德国总理将不会支持他”。[①] 另据英国媒体报道，在特朗普当选后，欧盟国家迅即召开国防部长和外交部长会议，决定在军事领域“加强独立自主行动的能力”。[②] 这也是一种独立倾向的反映。

在这方面日本的表现尤为明显。最近，在联合国安理会内就制裁南苏丹和要求以色列在巴勒斯坦西岸停建定居点两决议表决时，日本都先后投了弃权票和赞成票，这违背了美国的意志，表明美国的指挥棒对日本越来越不灵了，日本越来越不听话了。今后日本将利用特朗普要求盟国加强自卫能力之机，更加肆无忌惮地加快发展军事实力。这种趋势发展下去，将给东北亚、东亚乃至整个亚洲带来严重安全威胁和不稳定。

（四）美俄关系缓和，拉俄遏华意图明显

现在看来，特朗普将力排众议、致力于改善与俄罗斯的关系。据报道，他已派特使秘密访俄商讨未来美俄关系的具体

---

① 《金融时报》，2016 年 11 月 17 日。

② 英国广播公司网站，2016 年 11 月 15 日。

安排。特朗普赞赏普京给他的信中提出的改善俄美关系的建议，他说普京的想法“太对了。我希望双方能把这些想法付诸行动”。[①] 他提名与俄罗斯有密切关系的美国埃克森美孚石油公司首席执行官雷克斯·蒂勒森担任国务卿，也与此有一定关系。现在看来，尽管美国和俄罗斯的结构性矛盾不可能解决，两国关系改善的幅度要比我们预想的大。舆论认为，特朗普可能在五个方面改善与俄关系：（1）谋求在叙利亚问题上与俄罗斯联手打击“伊斯兰国”；（2）放松或取消对俄罗斯经济制裁；（3）在克里米亚问题上默认现状；（4）减少对乌克兰的支持和援助，把乌克兰问题交给欧盟和北约去负主要责任；（5）扩大美国对俄罗斯投资和发展经贸关系。

美国媒体最近披露，特朗普改善与俄罗斯关系的思想与基辛格也有一定关系。特朗普在竞选期间已找过基辛格，咨询了他的对外政策意见。特朗普当选后，又与基辛格多次见面交谈。基辛格一直主张要缓和美俄关系，反对奥巴马政府拿乌克兰和克里米亚问题不断恶化与俄罗斯关系。他认为，“乌克兰应置于欧洲和国际安全的格局中，它应成为俄罗斯与西方之间的桥梁，而不是哪一方的前哨。”[②] 现在特朗普提出乌克兰问题不是美国的问题，而是欧盟的问题，应主要由欧盟和北约去处理。这与基辛格上述思想可能有一定关系。

基辛格主张改善美俄关系恐怕仍然基于他的均势理论，防止“俄中结盟”。但特朗普的意图则不然，他显然是在拉俄罗

---

① 《普京对特朗普表示希望改善俄美关系》，http://www.wsj.com, Dec. 23, 2016.

② Nahal Toosi and Isaac Arnsdorf, “Kissinger, a longtime Putin confidant, sidles up to Trump”, http://www.politico.com, Dec. 24, 2016.

斯遏制中国。最近，美国国防部遵照特朗普之命拟定的一份国防重点备忘录中提到了击败“伊斯兰国”、网络战略以及中国和朝鲜，却“丝毫没有提及俄罗斯”。[①] 这绝不是疏忽。

（五）中东局势或出现新的动荡

特朗普一方面想通过与俄罗斯联手“消灭伊斯兰国极端势力”，以消除对美国的恐怖威胁，另一方面主张全力、坚定支持以色列，反对巴勒斯坦和“废除”伊核协议。关于巴以问题，他反对联合国主导下的巴以协议，认为那是联合国“强加的”，“是彻头彻尾的灾难”。他说，“如果联合国要强加任何给以色列带来灾难的协议，他都将授权行使否决权”。他还指责说，“巴勒斯坦人的恐怖主义是以色列当前面临的危机的根源”，他将与以色列一起制止巴勒斯坦人的威胁。他还宣布要将美国驻以色列大使馆从特拉维夫迁到耶路撒冷。在伊核问题上，他计划分三个步骤废除伊朗核协议：第一步是“制止伊朗使地区不稳定并主宰地区的侵略行径”，第二步是“彻底清除伊朗的全球恐怖网”，第三步是即使不废除伊核协议，“至少要强制伊朗全部履行协议条款”。[②] 这些主张一旦实施，必将给整个中东地区带来新的甚至更大的动荡。巴勒斯坦方面已做出强烈反应，说若美国把它的大使馆迁至耶路撒冷，将会摧毁巴以和平进程的前景，“将让这个地区通往混乱、无视法治和极端主义之路”。[③] 此举也将招致整个阿拉伯世界的强烈反对，因为耶路

---

① 《参考消息》，2016 年 12 月 23 日。

② Ariella Mendowitz, “Trump: Israel will forever exist as a Jewish state”, http://www.breakingisraelnews.com, March 22, 2016.

③ 法新社巴勒斯坦伯利恒 2016 年 12 月 16 日电。

撒冷不仅是巴勒斯坦人的圣城，也是全体穆斯林的圣城。伊朗国防部长侯赛因·德甘警告说特朗普的中东政策将使中东面临战争威胁。[①]

（六）特朗普的减税加息政策或影响全球经济复苏

特朗普的减税加息政策将会刺激美国经济增长，但是带来的负面影响也将是明显的。首先，将使美元快速升值，这不仅会减缓美国企业的利润增长和损害美国企业的竞争力，还将加剧发展中国家的资本外流，从而恶化全球经济复苏前景。国际金融协会的数据显示，美国大选以来已有近100亿美元的外国投资流出新兴市场。[②]同时，美元大幅上涨还将导致新兴市场和许多发展中国家的货币大幅贬值，蒙受巨大经济损失，也将打乱世界经济秩序，影响全球经济复苏。最近美国媒体报道，特朗普正在考虑对所有进口商品征收5%的关税。若此项政策付诸实施，不仅将提高美国消费价格，影响消费者的利益，也将冲击整个国际贸易秩序。

二、中美关系面临的挑战与前景

虽然特朗普当选已有一个多月了，在对华态度上发表了一些政策性言论，也做了一些违背“中美三个公报”的动作，但他毕竟还没有正式上任，尚未正式宣布他的内外政策，因此，现在要判断中美关系的前景尚有很大难度。但从这一段时间来

---

① 英国路透社2016年12月19电。

② 《华尔街日报》网站，2016年11月18日。

的事态发展看，特朗普在对华政策上有两个基本思路：一是企图拿台湾问题和“一个中国原则”做交易来压我们，逼我们在贸易、南海和朝核问题上做出重大让步。二是逆向利用中美俄三角关系来孤立我们。过去尼克松打“中国牌”孤立苏联，现在特朗普想打“俄罗斯牌”来打压中国。当然，特朗普要推行这两个思路是不可能得逞的。首先，台湾问题和“一个中国原则”关系到中国领土主权的根本利益，中国绝不可能拿它做交易，否则后果不可设想；其次，即使美俄关系缓和幅度大可能会对中俄关系产生某些不利影响，中俄战略协作伙伴关系基础牢固，不可能有根本改变。然而，从特朗普的对华政策思路来看，新政府将就对华政策做出较大调整，使中美关系面临一系列新的挑战，有时可能是十分严峻的。这种挑战主要表现在四个方面。

（一）台湾问题

特朗普政府将以比以往更大的力度提升美台关系，包括外交和军事关系。在外交上除美台双方议员互访外，可能会让除国务卿之外的其他国务院高官访台，若这一步实现，美方也会允许台湾“行政院”高官进入白宫或国务院。美国已有极右分子提出正式邀请台湾地区领导人“访问”美国。在军事交流方面，奥巴马已经签署了国会通过的《2017年度国防授权法》，其中第1284节明确要求五角大楼推动美台高级将领及资深“国防部”官员间的交流，以改进双方军事交流与防务合作。条文明确规定“资深高级将领”指现役将级军官及挂阶人员，“资深官员”指任职于五角大楼的助理部长及更高级官员。交流项目包括对安全威胁的分析、均势理论、部队计划、情报收集与分析、任务计划以及军事演习。这些都超越了以往的范围。可以预见，今后台湾问题将再次成为中美两国斗争的焦点。

（二）安全

特朗普可能不再使用奥巴马的“亚太再平衡”战略的提法，但仍将亚太作为美国的全球战略重心，将大幅增加在亚太的军事力量，同时也会在南海问题上继续对中方进行挑衅。最近他在涉华言论中多次攻击、指责中国在自己领土和管辖海域进行必要的军事设施建设和部署防御武器是“侵略行为”，甚至无理要求中方撤除这些设施和武器装备。特朗普将会继续而且很可能会加强在南海海空进行所谓的“巡航”。近日，美军太平洋司令部宣布，美国三架战略轰炸机（B52和B1B）和4架F15战斗机、7架空中加油机、1艘宙斯盾舰完成了在南海海域的演习，其规模空前，显然是在对中方进行武力威胁。[①] 这表明南海地区不可能平静，还可能潜伏着更大的风浪。中国和美国在西太平洋的博弈将持续进行下去。

此外，特朗普还就所谓“中国网络攻击”发表了一些攻击言论，表明网络问题也是他对华关系中关注的重点之一。最近美国媒体又在反复炒所谓来自中国的网络袭击问题，也是一个信号。现在看来，网络问题远没有过去。

（三）经贸

特朗普在经贸方面是一个极端民族利己主义者，虽然他提出要对中国商品征收45%的关税不见得会实现，但将对中国商品大幅增加税率是不可避免的。未来中美贸易谈判将十分艰难，我们要有充分思想准备，也要做好打一场低烈度的贸易战

① 中央电视台“今日亚洲栏目”，2016年12月27日。

的准备。在特朗普当选初期，国内普遍认为，既然他优先振兴美国经济，要大搞基础设施建设，这将是扩大我们在美国投资和参与基础设施建设的大好机会。现在看来并不那么容易。我们切勿忽视美国对中国强烈的防范心理。我们要尽量争取，但不要过于乐观，更要做好风险防范。

（四）朝鲜核问题

美国媒体报道说，特朗普上台后，朝核问题将是他的亚洲政策日程上首先要处理的问题。美国前朝鲜核问题“六方会谈”代表团团长克里斯托弗·希尔在特朗普当选后对记者说，如果朝鲜继续进行核导试验，特朗普不会再采用奥巴马的“战略耐心”政策，他“将很快和单方面地批准对朝鲜进行先发制人的军事打击，以摧毁它的洲际弹道导弹和核弹头”。[①] 另一方面，特朗普攻击中国在朝核问题上“没有帮美国的忙”。这完全是睁着眼睛说瞎话。中国自20世纪90年代初应美国政府请求介入和平解决朝核问题以来，在朝核问题上一直发挥着独特的建设性作用。他还说，朝核问题“应由中国来解决”，妄图把责任全部推到中国身上，并把朝核问题也列入拿“一个中国原则”做交易之内。这是一个极大阴谋。他明明知道朝鲜已不可能弃核，却要中国让朝鲜弃核，中国若做不到就要负责。这是一种讹诈伎俩。我们切勿上当，必须坚持朝核问题主要是美国和朝鲜两国之间的事。但无论是美方军事打击还是把责任推到中国头上，都将给中国带来严重挑战和安全威胁。

关于特朗普上台后中美关系的前景，现在人们普遍地都用“不确定性”或“不确定性增多”来描述。我的判断是，特朗

---

① “美国之音”网站，2016年11月16日。

普彻底推翻建交30多来美国历届政府基本执行的“一个中国”政策的可能性很小。这可从特朗普最近说的一句话中看出。他在艾奥瓦州的一次集会上说：“我们必须改善，也不得不改善的一项最重要的关系是我们和中国的关系。”[①]因此，中美间出现严重对抗或较大规模的军事冲突的可能性虽然不能完全排除，但很小。

有人认为中美关系“仍将是总体稳定，机遇大于挑战”，这是一种正统的观点，恐怕已不符合变化了的新形势，过于乐观。做出这种判断的主要依据是中国已成为美国的第一大贸易伙伴，双边贸易额已超过6000亿美元，相互投资继续增加，尤其是中国对美国投资快速增长，经济上的相互依存关系越来越密切。同时，在许多重大地区热点和全球性问题上美国也需要中国的合作。因此，中美共同利益大于分歧，虽然合作与竞争并存，但前者仍是主要方面。这些说法确有一定道理，但不够全面。

但是，决定一个国家对他国特别是大国的政策的基准首先是国家安全（包括领土主权安全与经济利益安全），或者说首先要判断国家面临的主要威胁来自何方，其次才是两国之间政治经济上的依存关系。基辛格在给特朗普政府的建议中说：“新政府首先必须要做的是，对今后美俄、美中关系进行一番梳理。”但他强调，“要思考的问题是包括‘他们要达成什么目标’、‘他们要妨碍什么’、‘其针对的是谁’、‘为了达成该目标，谁会令我们担心’等”。[②]这就是说，国家安全是第一位的。特朗

① 路透社美国艾奥瓦州得梅因2016年12月8日电。

② 《基辛格：特朗普将冲击现有世界秩序》，http://column.cankaoxiaoxi.com/2016/1114/1426173.shtml.

普根据基辛格的建言将作出什么样的政策结论呢？值得我们深思。另外，基辛格美中关系研究所所长罗伯特·戴利说，美中两国之间的影响力已开始发生改变。这种改变主要还是“因为中国的购买力以及作为全球市场所带来的改变”。他感到美国人日益觉得，美国在与中国合作的同时必须意识到，中国也是美国在战略和意识形态上的竞争者。人们在华盛顿感受到的压力是要与中国分离而非接触。[①] 这里讲的就是他们对经济安全的担心。这就是为什么特朗普一再把中国称为“美国的敌人”，也主要指的是经贸关系上的所谓“不平等”。所以，国家领土主权安全和经济安全是制定对他国政策的基准，对美国来说，还要加上他的霸权地位是否受到威胁的因素。因此，这些年来，随着中国的快速崛起，综合国力不断增强和在国际上政治经济影响力不断扩大，尽管两国经贸关系如此密切，而美国对中国的战略疑虑却不断上升，防范和遏制的力度不断加强。特朗普当政后这个趋势不但不会减弱，而将大大加强。

① “美国之音”年终报道：《既合作又竞争的美中关系面临新的变数》，美国之音电台网站，2016年12月21日。

“非常规”的美国大选及国内政治变迁

倪　峰　张　琦

【内容提要】在2016年11月的美国总统大选中，代表共和党参选的地产大亨唐纳德·特朗普以选举人票数上的大幅优势战胜竞争对手、前国务卿希拉里·克林顿，成为美国第58届、第45任总统，共和党还一举拿下参众两院的多数。美国震动，举世震惊。选举结果折射出美国政治生态的一些重大变化，是美国社会阶级矛盾、种族矛盾和城乡矛盾的一次大爆发。特朗普当选是这场前所未有的政治恶斗结出的一颗奇异果实。实质性的较量是在两大力量之间展开：一方以全球化中受损的中下阶层为主体，分别由特朗普和桑德斯代言，持强烈民族主义或民粹主义立场，高举反权势、反精英政治大旗，誓言要从根本上改变现状；另一方是传统的权势集团和精英阶层，竭力维护既得的权力和政治规范，力图将反建制的民粹主义政治势力控制在现行的政治和社会框架中，以便用较为温和的改良方式缓解业已极度激化的政治和社会矛盾。结果，权势集团完全失去控制，代表民粹主义和激进民族主义的力量取得胜利。2016年大选是一场“非常规”的选举，是一场以选举形式展开的政治运动，将给未来美国政治的演进带来高度的不确定性。
【关键词】美国大选 “特朗普现象” “桑德斯现象” 反建制
【作者简介】倪峰：中国社会科学院美国研究所副所长。张琦：中国社会科学院研究生院美国系博士研究生。

美国大选是2016年美国政治的重头戏。大选常常有，2016年不寻常。2016年的美国大选在许多方面创下了纪录。大选之前，从美国主流媒体的民调到专家学者的分析，再到世界多国政府部门的预判，几乎都一致认为希拉里胜券在握。然而，选举结果却令很多人跌破眼镜。这是一次两位主要候选人都不受欢迎的选举。截至选举日那一天，不喜欢希拉里·克林顿的选民比喜欢她的多12.6%，而不喜欢特朗普的选民比喜欢他的更多出21%。这是自20世纪30年代以来从来没有过的纪录。共和党候选人特朗普在竞选中的言辞，不仅挑战美国政治文化中的“政治正确”，更冲撞美国社会的道德底线。大选阶段出现如此惊世骇俗的候选人，在美国总统选举的历史上似乎是没有先例的，然而最后他竟然胜选。撇开以上表象往深处看，2016年选举暴露出美国面临的多重危机：社会不平等的扩大，政治体制在解决一系列困扰美国社会的重大问题上的失灵，公众对体制的不满和失望。大选已尘埃落定，但选举中暴露出的问题有助于我们更好地认识当下的美国。

一、基本选情

2016年的美国大选是金融危机以来一场关键性的选举。由于奥巴马执政已近八年，已不可能再度连任，民主党的老牌政客希拉里早早就瞄上了这个位置，目标是成为美国首位女总统，而在野八年的共和党也跃跃欲试，有高达17人出面竞争共和党总统候选人提名，选举呈现出很强的“开放性”和“竞争性”。而选举的过程更是波澜起伏、波诡云谲、惊奇不断。不论是在两党选出各自总统提名人的初选阶段，还是在由两党所推出的总统提名人进行最终的对决战阶段，各类劲爆场面有如好莱坞大片，“特朗普现象”、“桑德斯现象”、最后的惊天大逆转更是震动美国、震惊世界，让人跌破眼镜、唏嘘不已。

（一）选举的程序与规则

按照惯例，美国总统选举分为初选和大选两个阶段。初选阶段主要是民主、共和两党的参选人在各自党内角逐本党总统候选人提名。大选阶段则是两党总统候选人之间的竞争。2016年年初选的竞选阶段从2月1日艾奥瓦州党团初选开始，到6月7日加州等五个州初选为止。在整个过程中，全美50个州、华盛顿哥伦比亚特区依次举行两党初选。严格意义上讲，初选阶段将在7月18日到21日以及23日到25日分别在俄亥俄州的克利夫兰市以及宾夕法尼亚州的费城举行的共和党、民主党全国代表大会时正式告一段落。在两党全国代表大会期间，通过初选产生的代表其所在州民意倾向的本党代表将进行投票，超过全国代表大会半数代表支持的参选人将成为本党唯一的总统候选人，而总统候选人也有权提名搭档竞选的副总统人选，并正式公布竞选纲领。

在两党召开全国代表大会之后，2016年选举旋即进入大选阶段。两党总统候选人将就具体的内外政策展开讨论与竞争。计划分别在9月20日、10月9日、10月19日举行的两党总统候选人电视辩论，将为两党候选人提供集中阐释内外政策构想的平台，而10月4日还将举行两党副总统人选的电视辩论。

联邦宪法以及相关法律规定，2016年11月8日即11月第一个星期一后的第一个星期二，全美各州将迎来大选投票日。届时，符合资格的注册选民将选举包括总统在内的所有换届的选任公职。与国会议员、州长等计算选民票的制度设计不同，总统选举要计算各州以及华盛顿哥伦比亚特区的选举人团票（各州选举人团与该州所拥有国会参众两院议员数量相同，华盛顿哥伦比亚特区具有三张选举人团票），超过270张选举人团票的候选人将当选总统。按照法律规定，已经在投票日决定了支持倾向的各州选举人团成员即选举人还要在12月第二个星期三之后的第一个星期一即2016年12月19日再次投票，最终在法律意义上正式确认总统当选。

（二）“特朗普现象”

在这次选举中，特朗普无疑是当之无愧的主角，也是最大的赢家。特朗普在竞选之前就是美国著名的地产商人，并且通过亲自主持真人秀节目《飞黄腾达》而获得了相当可观的公众影响力。尽管如此，他没有任何从政经验。因此，2015年6月16日69岁的特朗普在其位于纽约市第五大道的特朗普大厦正式宣布参选下届美国总统时，不少观察家并未将他当作总统宝座的有力角逐者，将此视作特朗普为自己企业别出心裁地打广告。然而，他不仅在共和党初选中接连击败拥有丰富政治经验、被共和党精英寄予厚望的佛罗里达州前州长杰布·布什、参议员卢比奥等人，一举夺下共和党总统提名，而且在最后冲刺阶段，面对实力强大的希拉里、党内的众叛亲离、主流媒体一边倒的攻击、录音门丑闻，特朗普最终上演了惊天大逆袭，完成几乎所有不可能完成的使命。

在选举过程中，特朗普行为乖张、口无遮拦，然而他的政治素人形象和出格的言论却在美国广大的中下阶层中引发共鸣。这表明特朗普抓住了美国社会的痛点和焦虑，并用一种夸张的方式将这些痛点和焦虑激发了出来，为他所用。金融危机以来，美国经济遭受重创，复苏缓慢，各种矛盾不断累积，其中两个最突出的问题是日益严重的不平等以及组织严密的利益集团对政治制度的控制。这些年来，美国的中产阶级在不断萎缩，已从20世纪80年代的60%以上下降到2015年的不足50%，① 相当数量普通民众的收益感也因为低迷的经济形势以及全球化等因素的影响而受到重挫。然而与此同时，精英寡头们却依旧纸醉金迷，整个政治体制对日益扩大的社会问题视而不见或有意回避。当越来越多的普通民众对于生活现状感到不满、试图寻求改变的时候，华府的政治精英依旧忙于利益争斗，以致府院之争、政府关门、预算危机等闹剧屡屡上演，国家的政治机器在空转，本应当造福公众的政府沦为政客的秀场。可以说，近年来美国民众尤其是中下层民众对政治的不满上升到一个前所未有的水平，他们热切希望一个与原先的体制没有多少关系的局外人来打破这样的政治格局。

在美国大选结果出炉之前，2016年世界上出现的第一个“黑天鹅事件”就是英国脱欧。事实上，这次大选的结果与英

---

① 美国的中产阶级，用美国人口普查局的定义，指家庭收入水平是美国家庭收入中位数的2/3到两倍的家庭，高收入家庭和低收入家庭则居于这一收入区间的两端。对美国一个三口之家来说，按照2014年的收入水平，中产阶级家庭的年收入从4.2万美元到12.6万美元。See “The American Middle Class Is Losing Ground: No longer the majority and falling behind financially”, http://www.pewsocialtrends.org/2015/12/09/the-american-middle-class-is-losing-ground/.

国脱欧包含有几乎相同的逻辑，这就是对全球化的反动。冷战结束后，全球化在世界范围内凯歌行进了近30年，在这个进程中西方世界尤其是美国无疑是最大的受益者。然而，这种收益在包括美国在内的西方内部并不均衡，受益者主要是西方国家中的大资本和社会精英。而在资本逐利的驱动下，西方国家的中端技术行业转移到海外，大量技术工人向下滑入低端行业，加之大量第三世界移民的涌入，造成劳工市场的供求关系失衡。在美国国内，受到冲击最大的就是白人蓝领工人集中的传统制造业。对于这些人来说，全球化意味着工作机会减少，实际工资降低，生活水平下降。1991年至2012年，美国劳动生产率平均每年提高2.2%，但劳动者收入年均增长仅1%。[①]而特朗普自其参选伊始就大打反移民、反全球化的牌，应当说他的主张迎合了这些人对全球化越来越强烈的幻灭感。与此同时，特朗普把美国今天遇到的所有问题都归结于外部。在移民问题上，特朗普毫不掩饰对移民的厌恶，他公开表示，他若当选将在美国与墨西哥边界修建一堵高墙，阻挡拉美非法移民入境，并呼吁美国禁止所有穆斯林入境。在经济上，他谴责美国签署的贸易协议对美国有害，并许诺撕毁这些协议，包括奥巴马政府近年来极力推动的TPP。这些举动和表态为他在美国传统制造业的中心地带，也是白人蓝领工人最集中的地区，如威斯康辛、密歇根、宾夕法尼亚州赢得了关键性的胜利，最终登顶白宫宝座。总之，特朗普成功地激发起了美国社会中下层民众的

---

① Jennifer Erickson ed., “The Middle-Class Squeeze:A Picture of Stagnant Incomes, Rising Costs, and What We Can Do to Strengthen America’s Middle Class”, https://www.americanprogress.org/issues/economy/reports/2014/09/24/96903/the-middle-class-squeeze/.

集体焦虑，进而将其转化为一股支持自己赢得选举的基础性力量。

（三）“桑德斯现象”

美国总统初选中，共和党总统竞选人特朗普刮起的“特朗普旋风”成为美国内外舆论焦点。而在民主党初选中，与希拉里·克林顿对垒的伯尼·桑德斯刮起的“桑德斯旋风”同样凌厉。某种意义上，“桑德斯现象”与“特朗普现象”是同一枚硬币的两面，共同暴露了当前美国社会的深度分裂和分化。

初选开始时，以“民主社会主义者”自居的桑德斯无论是名气、资历，还是政治人脉、资金实力，均远不及希拉里。但他一路走来，愈战愈勇，使得希拉里始终无法提前锁定胜局。“桑德斯现象”也因此成为2016年美国总统初选的又一热词。

桑德斯是来自美国东北部佛蒙特州的民主党籍联邦参议员，现年74岁。他年轻时曾积极参加和组织民权运动，并多次被捕。20世纪70年代，他试图组织第三党竞选佛蒙特州的州长和联邦参议员职位，但未获成功。80年代，他作为独立候选人成功地当选佛蒙特州最大城市伯宁顿市的市长，并多次连任。1991年桑德斯当选联邦众议员，2006年当选联邦参议员。担任议员期间，他一直以独立派自居，但通常加入民主党党团投票。2015年4月30日，他宣布将角逐民主党总统候选人，不过直到当年11月他才正式加入民主党。桑德斯的行动和政策偏好体现了其民主社会主义的意识形态。他是支持2011年“占领华尔街”运动的少数政治家之一。在竞选中，他声称自己的目的是在美国掀起一场“政治革命”，并提出了一整套激进政策。他希望建立一套覆盖所有人的、由联邦政府单独支付的医疗保险体系，取消公立大学和学院的学费，拆解华尔街的大银行，加强对大企业和跨国公司的监管，对富人和企业大幅度增税，实施带薪产假，缩短非法移民的归化时间，对污染企业征收碳税，限制区域贸易协定，反对美国介入国际争端和参战，等等。[①] 桑德斯的这些主张在长期以来对于“社会主义”概念过敏的美国堪称异类，但他把矛头直接指向美国越来越严重的经济不平等，认为贫富分化主要是华尔街金融势力以及被其收买的腐败政治精英所造成的，因而在美国中下层尤其是年轻人中引发热烈反响，以美国有线电视新闻（CNN）的密歇根州民主党初选出口民调为例，桑德斯获得了85%的30岁以下年轻选民和56%的白人选民的支持。[②] 按照联邦选举委员会4月初公布的数字，桑德斯已募集到了1.39亿美元，刷新了美国总统竞选小额捐款的最高纪录，希拉里的同期水平也只有1.59亿。[③] 因此，尽管桑德斯本人一直不被民主党主流看好，他却凭借超高的人气和雄厚的竞选资金与希拉里不断缠斗。于是，当特朗普在共和党初选中已经扫平竞争对手、坐等共和党全国代表大会提名之际，民主党主流属意的总统竞选人希拉里仍然不得不一个州接一个州地拼初选，因为她的对手桑德斯发誓要战斗到“最后一票”。

在“桑德斯现象”的作用下，希拉里和民主党建制派已接

---

① David A.Fahrenthold, “How Bernie Sanders’s ‘Political Revolution’ Would Change the Nation”, https://www.washingtonpost.com/politics/how-bernie-sanderss-political-revolution-would-change-the-nation/2016/01/18/4c1c13fa-bde4-11e5-9443-7074c3645405_story.html?tid=pm_politics_pop_b.

② “Michigan Exit Polls”, http://www.cnn.com/election/primaries/polls/mi/Dem.

③ “2016 Presidential Race”, http://www.opensecrets.org/pres16/.

受了其部分主张，尤其在公立大学学费、全民医保和贸易保护等议题上，希拉里的竞选主张显著地向桑德斯靠拢。桑德斯所代表的力量也将成为未来民主党内的一股重要的新兴力量。

（四）惊天大逆转

尽管在共和党初选中特朗普势如破竹，但在大选决战阶段特朗普面临着极为复杂的局面。首先，在共和党初选阶段，特朗普主要面对的是本党的基础选民，他们与特朗普理念接近，更容易被调动起来。而在决战阶段，特朗普主要面对的是尚未表态的中间选民，他们相对理性，更多地看政策的实效，而特朗普没有任何的从政经历。其次，在初选中共和党分裂严重，共和党建制派对特朗普离心离德，其组织资源几乎无法为特朗普所用。再次，在决定胜负的选举人团的分布上希拉里享有巨大的优势，在对9个摇摆州的争夺中希拉里只要赢得1个大州外加1个小州就可以轻松地锁定胜局，而特朗普只有几乎拿下所有的摇摆州才有可能赢得大选。

进入决战阶段后，尽管特朗普在选举策略上比之于初选时期的口无遮拦略有改善，但是总体而言他的竞选方式没有实质性的转变。从7月中下旬到10月底的这段时期，特朗普在民调上多落后于竞争对手希拉里。而在9—10月所举行的三场电视辩论中，尽管特朗普的辩论表现一场好过一场，但通过三场辩论他与希拉里在主流民调支持率上的差距还是很难得到弥补。特别值得一提的是，进入决战阶段之后，此次大选中频频出现的负面竞选愈演愈烈，在第二场电视辩论之前特朗普被曝出10年前侮辱女性的恶劣言论，从而引发了从主流媒体到美国政坛几乎是一边倒的口诛笔伐，这一事件的发生对于特朗普本就饱受诟病的个人形象造成了严重的负面影响，甚至再度引发了共和党内部的反特朗普热。然而，随着接下来两场辩论的进行，特朗普基本稳住了阵脚，但并没有改变民调仍以较大比分落后于希拉里的局面。

10月22日，特朗普发起绝地大反击，在宾夕法尼亚州的葛底斯堡发表了自参选以来最重要的演讲。1863年11月，美国前总统林肯正是在那里发表了著名的“葛底斯堡演说”。在演讲内容方面，特朗普也一改往日即兴发挥的“大嘴”风格，每个用词似乎都经过反复考量。在这段长约45分钟的演讲中，特朗普呼吁民众为他投票，美国应以当年林肯的例子为鉴，弥合美国社会现存的巨大分歧。“我们的制度已经漏洞百出，变革从外界而来，”他说，“我和我的团队就代表着这种变革，这个机会一辈子只有一次”。特朗普表示，民主党总统候选人希拉里并不是在和自己对抗，而是在和“变革”对抗。他称：“我们现在站在一个非常特别的十字路口。为了我们伟大、亲爱的祖国，我们是要选择过去的错误老路，还是选择尚未谱写的美好未来？我相信你们会做出正确选择。”[①] 同时他抛出了“百日新政”计划：政治上，将为国会议员设立任期限制；国会议员离任后五年内不得从事游说工作；前白宫官员终身禁止代表外国政府游说；禁止外国游说者为美国选举募集资金；联邦政府冻结招聘新雇员；等等。经济上，特朗普表示将在10年时间内创造2500万个新就业岗位，将商业税率从35%减少到15%，重新进行谈判或废除北美自贸区协定等美国现有国际贸易协议，解除美国能源生产限制，撤销基础设施投资障碍，将应对气候变暖的资金用于其他环境项目，阻止美国电话电报公司（AT&T）

① http://www.spreaker.com/user/radiosmyth/breaking-donald-j-trump-gettysburg-addre.

和时代华纳合并等。[1] 有分析认为，在最后一场总统候选人辩论后，特朗普在葛底斯堡发表演讲、提出新政，没有集中火力抨击对手希拉里，而是努力向选民展示他执政的能力，表明他希望在距投票日只有十多天时做最后冲刺。

10月28日，在主流民调上领先特朗普已近10个百分点的希拉里也迎来了不利消息，联邦调查局（FBI）宣布重启对于“邮件门”的相关调查。这一表态距离大选投票只有十天多的时间，同样引发了媒体的震荡。尽管在大选投票前两天，FBI出面宣布有关调查结束，并且维持之前不起诉希拉里的结论，但葛底斯堡演讲和“邮件门”相叠加，在美国选民中产生了微妙的化学反应，至此时为止，希拉里与特朗普之间的民调差距已经缩小到3个百分点以内，属于误差范围之内。

11月8日，美国总统选举投票正式进行。经过全美50个州与华盛顿特区的一系列投票，最终结果显示，特朗普虽然在普选票上以59590426落后于希拉里的59796805票，但是却在选举人票上以306票对232票取得胜利。具体而言，特朗普赢得了30个州的选举人票，并且在备受瞩目的多个摇摆州中除弗吉尼亚之外全部取得胜利，他不仅守住了共和党的基本盘，赢得了多个摇摆州，而且将过往十余年里始终属于民主党的密歇根、威斯康辛州收入囊中，几乎拿下了整个大湖地区。而在特朗普赢得总统选战的同时，共和党也获得了参众两院的多数票。至此，历时近两年时间的2016美国大选基本画上了句号，而在整个竞选过程之中始终引发争议的非主流候选人特朗普赢得了胜利，他将于2017年1月正式成为美国第58届、45任总统。

---

① http://www.spreaker.com/user/radiosmyth/breaking-donald-j-trump-gettysburg-addre.

（五）希拉里输在哪里?

在这次选举中，如果说特朗普是最大的赢家，那么希拉里就是最大的输家。一般认为，在选举中希拉里占尽天时地利人和。她不仅拥有丰富的从政经历，先后担任过纽约州的联邦参议员与奥巴马政府的首任国务卿，而且依据美国的政治版图她所在的民主党在选举人票方面一直就握有巨大的优势，其赢得总统选举的难度也相对较小。除此之外，在整个竞选过程中，希拉里所筹集的竞选经费是特朗普的两倍，其民调数据在大多数时间里也都领先于特朗普，并且还获得了主流媒体几乎是一边倒的支持。然而，本次选举的最终结果却是希拉里输掉了这场选举。那么，到底是哪些原因导致了希拉里的失利呢，归纳而言可能有以下几点：

首先，希拉里“最大建制派”的身份成为她最大的负担。在此次选举中，希拉里无疑是所有参选人中最大的建制派。从政30年，拥有非常丰厚的政商、社会团体、媒体各界的人脉，这些因素无一不是她身为体制内主流人物的雄厚资本。然而面对这场充满了反精英、反建制氛围的“非常规”选战，上述资本却转而成为她最大的负资产。对于在此次选举中发挥了重要影响力的中下层选民而言，正是以希拉里为代表的身处华府、高高在上的体制内政治人物的冷漠、卖官鬻爵、与大资本沆瀣一气，致使近年来美国社会问题丛生。与此同时，以CNN为首的主流媒体对特朗普进行了全方位的攻击，而对希拉里则加以袒护，部分媒体甚至筛选和删除不利于希拉里的信息；然而在社交媒体高度发达的情况下，选民得以发现主流媒体的偏袒行为，更加深了本次竞选“精英对抗群众”的印象。在竞选的冲刺阶段，特朗普团队及其支持者甚至将竞选包装为一场普通民众从腐败官僚手中拯救美国的“民主圣战”。事实证明，美国的反精英势力投票热情比对手更高，甚至部分民主党支持者也选择弃权，以与希拉里进行切割。

其次，希拉里在选举过程中一直丑闻缠身。尽管希拉里在整个竞选过程中始终以高大上的竞选形象示人，但实际上，在其于2015年正式宣布参选之前，包括“邮件门”等丑闻的曝出就对其形象造成了严重的负面影响。特别是在距离选举投票还有10天之时，FBI二度宣布启动有关调查，这一突发情况不能不说对于最终的选情具有重要影响。与此同时，在过去一年多的选举过程中，以维基解密为代表的网络组织不断曝出有关希拉里的各种猛料，诸如“克林顿基金会”、“希拉里与民主党全国委员会联手‘做掉’桑德斯”等，这些消息的出现无一不给希拉里带来了负面效果。值得一提的是，在2016年7月民主党全国党代会召开前夕，民主党全国委员会主席就是因为有关民主党全国委员会可能在初选过程中试图抹黑桑德斯的消息被放出而被迫辞职。除了上述相对集中的丑闻之外，在网络媒体上关于希拉里及克林顿的各种未经考证，甚至是耸人听闻的“秘闻”更是铺天盖地，虽然这些所谓的“秘闻”多数为子虚乌有，但在客观上还是对希拉里的形象与选情造成了冲击。

二、2016年美国大选的主要特点

2016年的美国大选之所以是近几十年来少有，不仅因为它跌宕起伏、意外不断，更主要的是它所表现出的多方面不同以往的选举特点。

（一）本次总统选举是一场“非常规”意义的选战

其一，三个老人之间的“战争”。2016年是一场开放性选举，有20多位参选人加入选战，但纵观选举的全过程，主要是以三个老人为主线索展开的，分别是70岁的特朗普、69岁的希拉里和74岁的桑德斯。如果说这一现象纯属偶然的话，那么这三个老人与其主要支持者之间的组合则更为奇特。特朗普是一个亿万富豪，属于典型的大资产阶级，而他最核心的支持群众却是蓝领白人男性；希拉里所在民主党在传统上更多地代表中下层的利益，而在这次选举中希拉里获得的大公司、大企业的捐款是最多的；桑德斯是其中岁数最大的，他最坚定的支持者却是以“千禧一代”为主的年轻人。这种奇怪组合构成了2016年大选中各种社会力量之间巨大的张力，使得选举过程波澜起伏、惊心动魄，将美国政治的剧变演绎得淋漓尽致。

其二，在本次选举中政治圈外人、边缘人成为选举舞台上的主角。身为地产商、电视明星的特朗普，正是凭借他多年以来广为人知的圈外人身份在参选伊始就吸引了选民的关注，而他在选举过程中的强势表现也在一定程度上得益于他局外人的身份。与此同时，另一位在选举中掀起风云的候选人桑德斯，尽管在华府浸润多年，但却始终保持着独立党派人士的身份，属于政治圈的边缘人。然而，在此次选举中，正是这两位圈外人、边缘人极大地影响、甚至左右了选举的进程，特朗普冲破初选的重重围堵并且最终赢得了大选，而桑德斯尽管未能赢得民主党内提名，但却迫使希拉里在竞选纲领上有所让步。可以说，政治圈外人、边缘人的异军突起，“特朗普现象”“桑德斯现象”的出现，对于长期占据美国政治舞台的“建制派”造成如此之大的冲击，这是历次美国大选中十分少见的现象。

其三，在本次选举中，消极竞选成为一大主要特色。在长达一年半多的竞选过程中，鲜少看到理性的问题探讨和像样的政策辩论。相互抹黑成为这次选举过程中从头到尾的主旋律。不论是在初选阶段还是在最终决赛期间，对于政治对手出言不逊、雇人砸对方的场子、各种谣言满天飞、深挖各种个人隐私、虚假投票，各种消极竞选的手段无所不用其极。上述这些竞选动作将美国选举政治的道德水准拉到了新低，选举下来，一地鸡毛。而借用此次选举的一个热门表述就是“没有最Low、只有更Low”。

（二）本次选举中美国社会中下层民众的不满构成了选举的主色调、社会分裂状况加剧

在“非常规”特点之外，本次选举的另一大特点就是在美国政治中被传统政治忽视的草根阶层强力地介入美国政治，这也正是“特朗普现象”“桑德斯现象”得以产生的重要基础。我们知道，特朗普的主要拥趸是白人男性蓝领。在中产阶级塌陷的过程中，白人蓝领深受其害。从1968年到2015年，30—40岁男性白人蓝领的劳动参与率从96%下降至79%，已婚率从86%下降至52%。其结果是白人男性的预期寿命缩短，白人社区的未婚生育、吸毒等社会问题趋于严重。[①] 而桑德斯的主要支持者是年轻人，这些人或者是经济全球化的受损者，或者在其中处于不利的地位。他们是带着一种愤懑的情绪，也就是民粹主义情绪介入选举的，这使得选举中各种极端的言论大行其道，极大地冲击了美国政治文化中所谓“政治正确”的底线。

---

① Charles Murray ,“Trump’s America”, Feb. 12, 2016 , http://www.wsj.com/articles/donald-trumps-america-1455290458.

这将对未来美国内外政策的走向产生持久的影响。

值得注意的是，在此次选举中，面对中下阶层草根民众的“造反”，美国的传统政治精英基本上没有采取正向回应的态度，而是消极抵制。在初选阶段，不论是特朗普还是桑德斯都分别受到共和、民主两党建制派的层层阻击。到了特朗普与希拉里对决的阶段，美国的传统政治精英可以说形成了某种对特朗普的合围，主流媒体几乎是一边倒地支持希拉里，许多共和党大佬也纷纷与特朗普划清界限。上述来自政界、媒体等精英阶层的消极抵制在某种程度上恰恰激发了特朗普的支持者，加剧了精英群体与草根民众之间的撕裂。

而透过此次选举，不仅可以看到美国社会中精英群体与普通民众之间的撕裂，民主、共和两党之间的对立也在加深，而且两党内部的分裂也在扩大。共和党方面，由于特朗普的强势介入，已逐渐形成了以圈外人、新建制派、老建制派为主的三类群体。而在民主党方面，“婴儿潮一代”与“千禧一代”的分野也日益明显。可以说，党间斗的传统在加深，而党内斗的趋势在显现。

综上，不论是草根民众与政治精英之间的撕裂，还是党派之间、甚至是政党内部的问题都在加剧，2016年的美国大选不仅不能成为聚集共识的契机，反倒进一步放大了美国社会中的分裂倾向。

（三）媒体、金钱等选举中传统因素的变化也是本次大选的一大特点

媒体在美国选举中历来都扮演着重要的角色，而通过此次选举媒体的影响力虽然依然强大，但是媒体的作用却在发生变化。一方面，自媒体、互联网正在深刻改变美国的选举政治。

2016年的大选是在自媒体蓬勃发展的环境下举行的一场选举。在选举的过程中各种爆料层出不穷、绵绵不绝，将隐藏在选举背后的重重黑幕不断抖露出来，让本来就跌宕起伏的选情变得更加扑朔迷离，有如一部现世版的《纸牌屋》，让美国和世界的观众唏嘘不已。而作为选举中最受瞩目的参选人，特朗普也充分发挥了他在推特等互联网媒体上的优势，成功吸引了选民的注意，将网络平台变成了自己动员选民的主战场。截至大选投票日，特朗普在推特上的关注者超出了希拉里400万，同时他也是在推特和脸谱网站上被提及频率最高的候选人。[①]而另一方面，传统媒体尽管依然在选举中占有重要地位，但是却更为深入地介入了选举。在选举的最后阶段，传统媒体几乎是一边倒地支持希拉里，尽管最终的选举结果有包括“邮件门”等事件的影响，但是广大主流媒体对于希拉里的“捧杀”不能不说是一个重要因素。而当选结果出炉后，媒体在此次选举中的影响与作用也引发了广泛的反思。

此外，金钱因素在此次选举也出现了一些不同以往的变化。一方面，选举经费再创新高。尽管在初选阶段两位不走寻常路的参选人特朗普、桑德斯分别采取各自独有的方式完成选举经费的筹集，但是进入选举最后阶段选举经费迅速攀升，有望再破历史纪录。另一方面，桑德斯在初选阶段采取的小额众筹的筹款方式或将在未来被更多人效仿。桑德斯因其独特的政治理念在众多参选人中独树一帜，也因其政治理念的特殊使得他很难依靠传统方式筹得竞选资金。在初选阶段，小额众筹成

① Laeeq Khan, “Trump Won Thanks to Social Media”, Nov. 15, 2016, http://thehill.com/blogs/pundits-blog/technology/306175-trump-won-thanks-to-social-media.

为桑德斯最主要的筹款途径，而事实证明，这种方式恰恰成为桑德斯的有力武器，他不仅获得了足够他完成选战的资金支持，同时也强化了自身的政治魅力，金钱因素在此次选举中以一种不同以往的方式发挥了作用。

2016年美国大选与上半年的英国脱欧一起被称为2016年的两起“黑天鹅事件”，美国震动，举世震惊。选举结果折射出美国政治生态的一些重大变化，是美国社会阶级矛盾、种族矛盾和城乡矛盾的一次大爆发。“黑天鹅事件”最基本的含义就是发生概率小，但如果发生就将发生重大影响的事件。美国的大选已尘埃落定，然而这幕热闹的大戏可能只是一部更宏大叙事的序曲。一位没有任何从政经历、不按常理出牌的强人当选新一届美国总统，对美国意味着什么？对世界意味着什么？整个美国和世界都笼罩在一种高度不确定性的气氛中，未来的局势如何演变值得我们高度关注。

奥巴马这八年

沈雅梅

【内容提要】2016年大选为美国社会提供了一次全面反思和评价奥巴马政府八年来执政得失的机遇，对于外界研判美国内政外交的新动向有重要参考意义。外交上，奥巴马奉行全球层面的战略再平衡，对外交理念、外交布局、策略手段等进行调整，力图把注意力转向修复自身实力。在国内，政治分裂和党派纷争极大地约束了他推进各项政治议程的能力。同期，随着中方运筹中美关系的主动性不断上升，中美关系走过了一段合作更为密切、竞争有所加剧、彼此认知趋向成熟的发展历程，这为中美关系的长期稳定发展奠定了坚实的战略基础。无疑，奥巴马执政得失成为当选总统特朗普今后领航美国时所置身的一个客观现实和起点。

【关键词】美国外交　极化政治　中美关系　再平衡战略

【作者简介】中国国际问题研究院美国研究所副所长、副研究员。

回顾美国总统奥巴马的执政生涯，人们依然能够重温，当奥巴马八年前怀揣“无畏的希望”、许下“变革”的承诺、当选美国历史上首位黑人总统时，曾在这个国家乃至世界燃起的巨大热情。人们那时以为，美国将由此步入“后种族时代”，美欧将迎来“蜜月期”，美国和伊斯兰世界的交往将翻开“新篇章”……这位政坛新星的“人气”如此之旺，以至于他仅仅凭借止戈休兵的“努力”而不是“成绩”就折桂2009年度诺贝尔和平奖。

当前，历史尚未走到为奥巴马任期盖棺定论的时刻。虽然奥巴马自2016年年初以来已经提前进入自我“盘点”状态，多次接受美国主流媒体采访或为之撰写长文，回顾执政生涯，梳理内政外交遗产，他甚至高调宣称：“地球上每个国家都认为，今天的美国比八年前更强大，更令人尊重。”① 但总体上，美国媒体对奥巴马执政答卷的评价是毁誉参半。参议院外交关系委员会主席鲍勃·考克走得更远，他评价说：“就外交政策而言，奥巴马是一位失败的总统。”② 盘点奥巴马执政得失，无论其中可圈可点还是饱受诟病之处，都能够为外界洞察美国内政外交的深刻变迁、研判下一届美国政府战略调整动向提供一定线索。

一、战略休整，攻守易位

奥巴马从小布什手里接棒时，国家正遭遇自大萧条以来最

① “Remarks by the President at the Democratic National Convention”, https://www.whitehouse.gov/the-press-office/2016/07/28/remarks-president-democratic-national-convention.

② “Cocker Laments Obama’s ‘Failed Presidency’ on Foreign Policy”, http://www.corker.senate.gov/public/index.cfm/2016/9/corker-laments-obama-s-failed-presidency-on-foreign-policy.

严重的经济和金融危机，深陷阿富汗战争和伊拉克战争，软硬实力消耗，国际形象恶化，美国走到了战略“扩张”还是“收缩”的十字路口。

首先，基于对国家实力地位和国际安全环境的重新评估，奥巴马着手对外交理念进行拨乱反正，奉行战略休整，瓦解前任遗留下的军事主义和单边主义偏好，以便把注意力转向修复自身，补充经济资源。

面对战与和的选择，奥巴马基本保持克制，于2011年年底结束伊拉克战争，2014年年底结束在阿富汗的战斗任务，分批次将部署在这两地的美军从2009年的18万人减少至当前不足1.5万人。2013年9月，叙利亚发生化学武器事件后，他颇失颜面地收回此前做出的“红线”警告，及时从战争边缘后撤，守住了慎战、不战的信条，进而形成一套关于军事行动务必“适当、有效、正义”的武力动用原则。①

面对敌与友的站队，奥巴马主张接触与和解，从强推“政权变更”转向平等对话。2015年7月，美国和国际社会一道促成全面解决伊朗核问题的历史性协议，为解决持续12年之久的伊朗核问题达成了政治共识。同期，美国改变对古巴长达半个世纪的封锁政策，推动美古建交，实现了双边关系自1960年以来最大的转折。

“不做傻事”成为奥巴马处理外交事务的口头禅。他强调，美国要领导全球合作，但避免做“世界警察”；坦言任内不可

---

① “Remarks by the President at the United States Military Academy Commencement Ceremony”, https://www.whitehouse.gov/the-press-office/2014/05/28/remarks-president-united-states-military-academy-commencement-ceremony.

能实现击败“伊斯兰国”组织好战分子的目标；警告西方国家派地面部队进入叙利亚推翻巴沙尔政权会是一个错误；接受巴勒斯坦和以色列不可能在他离任前达成和平协议的现实。然而，保守派及共和党对奥巴马的上述言行强烈不满，指责他“软弱”“天真”“绥靖”“削弱美国领导力”。可见，无论奥巴马怎样放低身段，美国作为世界霸主的例外主义情结丝毫没有弱化，传统的干预主义冲动依然强劲，这成为美国外交中始终存在的危险因素。

其次，奥巴马对全球战略重心进行再平衡和调整。这主要表现在两个方面。在内政与外交的平衡上，奥巴马优先关注国内事务，上任后当务之急便是走出金融危机的漩涡。为此，迅速制定8190亿美元的经济刺激方案，以此扭转经济下滑趋势；通过《多德弗兰克法案》，加强金融系统监管；签署《患者保护与平价医疗法案》，加强对商业保险公司的监管，并对中低收入家庭购买医疗保险提供补贴。奥巴马政府自诩，正是由于这些举措得当，当下美国经济的运行相比于八年前已恢复良好。数据显示，国家GDP总量扩大24%，对外出口增加43%，新增就业1400万个，失业率已从10%的高位回落到目前5%左右，预算赤字从2009年的1.4万亿美元峰值到2016年预计将缩减为5900亿美元。此外，“页岩油革命”的成功还推动美国能源自主取得重大进步，使得美国于2009年超过俄罗斯成为世界最大的天然气生产国，2014年超过沙特成为世界最大的产油国。能源不再是让美国受制于人的“负债”，而是增加了美国在国际谈判中的筹码，提升了美国在气候变化问题上的领导作用。这促使奥巴马以极大的底气宣告：“我们能够比世界上任何其他国家更加自由地书写未来。”①

另一方面，就美国全球战略在地缘层面的平衡而言，奥巴马寻求降低在中东的战略成本，在亚太新辟战略阵地，在这两大地缘板块之间攻守易位，优化资源配置，将战略重心向东转移，以顺应全球财富和权势重心东移的趋势。在中东，受“阿拉伯之春”冲击，奥巴马对伊斯兰世界发起的“魅力攻势”悄然落幕，取而代之的是陷入“确保安全”还是“促进民主”的两难困境，以及与“伊斯兰国”等暴力极端组织开展的持久战。迄今，叙利亚内战绵延6年，已造成30多万人丧生，2016年9月10日达成的停火协议刚刚生效一周便宣告失败。中东乱局彰显出，美国中东政策首鼠两端，正在被迫“艰难地学习谦逊”，以致有以色列媒体抱怨，前总统卡特弄丢了“伊朗”，而奥巴马弄丢的却是整个“中东”。

在亚太，这里是全球增长最快的市场，蕴含巨大的发展机遇，“与美国的未来休戚相关”。为锁定“亚太再平衡”战略，奥巴马政府升级了与日本、韩国、澳大利亚的同盟关系；深化了与越南、印度的防务合作；积极介入东海、南海领土主权争端；调整对中国的战略定位；增强亚太区域机制的权能；并努力构筑“跨太平洋战略经济伙伴协定”（TPP）这一旨在重掌亚太经济事务主导权的战略圈，尽管该协定已然成为美国大选政治和两党斗争的“牺牲品”。奥巴马自诩为美国的第一位“太平洋总统”，并成为美国历史上第一位访问亚洲时长（71天）

① “Remarks by the President in State of the Union Address”, https://www.whitehouse.gov/the-press-office/2015/01/20/remarks-president-state-union-address-january-20-2015.

超过在欧洲时长（61天）的总统。[①] 他是第一个到访缅甸、老挝的美国总统，首次把出席东盟地区论坛和东亚峰会作为总统或国务卿年度机制性活动确定下来。他任内4次访问韩国、2次访问印度、2次访问印尼的频率等，也都是创纪录的。然而要看到，“亚太再平衡”战略毕竟颠覆了美国外交传统上以欧洲、中东、东亚为支柱的优先次序，承载着较大的战略风险，引起欧洲和中东盟友的担忧，再加上战略执行过于粗放所引起的种种问题，日益遭到美国国内及亚太国家的质疑，“再平衡”战略面临进一步调整的压力。

再次，在策略运用上奥巴马政府始终精打细算、量入为出，体现了实用主义的基本姿态。一是他重视同盟体系，构筑伙伴关系网络，以此作为美国领导力的“力量倍增器”。二是维护对规则和制度的主导权，减少美国单边行动的需要，同时增加对其他国家约束力。例如，美国绕开世贸组织相关规则，打造“跨太平洋战略经济伙伴协定”（TPP）、“跨大西洋贸易与投资伙伴协定”（TTIP）等资本运作体系，旨在“书写并监督执行21世纪的行为规则，不让竞争对手钻空子”。三是将气候变化、核安全塑造成全球议题，推动联合国气候变化巴黎大会取得成果，形成核安全峰会机制，提升美国的国际影响力。四是组织多边合作。例如，将自身对利比亚战事的干预限定在“从幕后领导”、通过组建“国际联盟”对“伊斯兰国”极端组织目标实施空袭。美俄关系从“重启”状态倒退到美欧联手对俄罗斯施以“制裁”，以保持足够的战略威慑。五是自行开展

① George E Jr. Condon, “Will Obama’s Asia Pivot outlast his presidency?”, September 1, 2016, https://www.nationaljournal.com/s/641275/will-obamas-asia-pivot-outlast-his-presidency?mref=mostread-5.

对恐怖主义的斩首行动和无人机打击，标志性的成就包括击毙“基地”组织首领本·拉登、“卡伊达”组织头目奥萨马、炸死阿富汗塔利班首领曼苏尔。

尽管奥巴马精心运筹，但近年来一个明显的趋势是，美国同盟体系的稳定性大不如前，一些国家领导人表现出强烈的反联盟情绪。例如，国家安全局监听欧洲盟友的“棱镜门”事件、美德“双面间谍风波”等，暴露了美欧之间的信任危机。英国、德国、法国、意大利等申请成为中国所倡导建设的“亚洲基础设施投资银行”创始国，令美国尴尬和不满。沙特加紧与美国在国际能源体系中的博弈，加上沙特不满于对伊朗核问题的处理，频频向美国“叫板”。菲律宾新任总统杜特尔特会将菲美同盟引向何方，令人关注。

归根结底，美国对国际形势的因应过于被动，外交政策重姿态、轻实质，国家安全事务往往降格为白宫、国务院、五角大楼等部门间的“地皮之争”，外交精英则像具体事务的顾问，以应付个体危机了事。这些模糊了美国外交的连贯性及其战略内涵，这是政治机制的问题，也是美国面临的挑战。

二、祸起萧墙，抱憾而终

奥巴马竞选总统时曾引用林肯总统的名言——“家不和，则不立”，以此表达自己弥合红州、蓝州鸿沟的决心，但他就职后很快即陷入严重的国会僵局，并延续至今。他坦陈，“国家政治分裂和党派纷争加剧”是其政治生涯的一大憾事。①

事实上，2010年中选后，民主党在众议院失势，奥巴马推进国内议程的进展便戛然而止。2014年中选后，共和党掌控国会两院，不少共和党人发誓以摧毁奥巴马议程为己任，已然把政治极化转变为“否决政治”，以致两党在提高债务上限、减少财政赤字、平衡预算等问题上多次发生严重对立，扯皮不断，三度拉响债务违约警报，导致2013年10月联邦政府非核心部门关门16天的危机事件，并搁置了各项惠民立法，奥巴马提前进入“跛脚鸭”时期。

极化政治僵局的形成和破解均非奥巴马凭一己之力可为，体现出美国国内政治和社会的一些深层次矛盾。

第一，政治极化挟持美国，民主体制弊端暴露。八年来，国会僵局导致寸步难行，奥巴马不得不将行政权运用到极致，堪称美国总统史上最多产的行政令颁布者之一。据统计，奥巴马从上任到2015年年底颁布的主要行政规定大约560项，比小布什任内同期多50%。2015年6月联邦最高法院裁定同性婚姻在美国为合法之后，奥巴马仅为改善LGBT（女同性恋者、男同性恋者、双性恋者与跨性别者）群体的生活状况就颁布了100多项行政令和相关制度改革。②然而，依托行政令不仅会招致“政府监管过度”的批评，还有可能冒“违宪”的风险，终非解决问题的根本，其效果终归是有限的。至今，气候变化立法仍处于“休眠”状态，移民改革法案遥遥无期，控枪改革

① “Remarks by the President in Address to the Illinois General Assembly”, https://www.whitehouse.gov/the-press-office/2016/02/10/remarks-president-address-illinois-general-assembly.

② Binyamin Appelbaum, “Obama embraces executive authority”, *The Register-Guard*, August 14, 2016.

无药可解。更危险的是，由于奥巴马和国会未能拿出有效方案来控制国债规模的膨胀，预计2016年国债将超过20万亿，比2008年10.6万亿的水平提高一倍，国家财政状况仍有可能动摇总体经济基础。

第二，利益集团和游说团体的影响力增加，扭曲了民主进程。虽然奥巴马声称憎恶“把政治转变为一场只有富人才玩得起的游戏”，但他的竞选捐助和执政基础都离不开华尔街富翁。据统计，本届政府中有100多位官员来自同行业的游说组织，且同样数量的政府人员离职后流向利益相关的游说组织。[①]美国联邦最高法院2010年1月、2014年4月做出的两个裁决，更是解除了特殊利益集团和个人对美国政治竞选捐款总额的上限，彻底打开了“金钱政治”的闸门。大企业和富人控制下的美国政府，通过游说组织、媒体、政治捐款等各种途径，构筑起“钱生权、权护钱、钱权勾结”的利益输送链条，使民主成为资本的奴仆，金钱成为政治的王牌，侵蚀了政府有效运作的能力。

第三，经济虽复苏，心伤难治愈。金融危机以来，银行家们受益于救市政策，甫一“复活”便故态萌生，大笔分红。与此形成鲜明对比的是，大部分民众的获得感不足。特别是中产阶级的工作机会减少，社会阶层的流动性减弱，越来越多人质疑经济增长的前景，担忧“未来一代的日子会更糟”。2011年9月及之后的短短数月间，“占领华尔街”运动爆发、蔓延，以反对华尔街大公司的贪婪和抗议贫富悬殊为主题，宣泄了占人口绝大多数的普通民众对生活未得到改善的极度不满，在美国

① Timothy Carney, “Eight Years later: Obama’s broken promise on the revolving door”, *The Examiner*, January 12, 2016.

全社会引起共鸣。2016年7月以来，民主党总统竞选人希拉里被暴露出的“邮件门”事件也表明，一小撮利益集团掌握着公共政策话语权，主流政治体制对于穷人的诉求愈发冷漠。在这种背景下，边缘力量显得更有吸引力，共和党总统竞选人特朗普正是凭借策划“经济的沮丧”“建制的消亡”等话题，把劳工阶层蓝领阶级长久以来积累的对华盛顿政治圈的怨愤推向高潮，并登上权力的巅峰。虽然特朗普在胜选演说中誓言要修复自身的伤口和裂痕，让美国再度团结起来；但一个现实是，工人阶级面对难以跨越的贫富分化鸿沟和破灭的“美国梦”，对权势集团的敌意难消，今后仍将加速美国社会的离心离德。

第四，国内失调问题突出，社会不平等加剧。一是社会暴力频发。其中，2016年6月12日佛罗里达州奥兰多市枪击案酿成49人死、53人伤的惨剧，成为自“9·11”事件以来美国本土发生的最严重恐怖袭击，加重了美国民众对国家与个人安全的担忧，激化了白人群体对少数族裔特别是穆斯林移民的排外情绪，进一步撕裂美国社会。二是种族歧视严重。2014年7月警察逮捕非洲裔小商人加纳造成“锁喉致死”案、同年8月警察枪杀非洲裔青年布朗的“弗格森”事件等，引起民众抗议不断升级，形成一股席卷美国和西方的政治运动——“黑人的命也是命”运动，再次展现了美国种族之间的分裂、贫富之间的战争以及人权承诺上的伪善。紧张的种族关系还向选举歧视层面渗透。最高法院2013年6月通过一项裁决，推翻了1965年《选举权法》中关于有歧视历史的地区在修改选举法之前需要获得特殊批准的规定。此后，一些州出台了新的选举法，这引发人权组织担忧，认为穷人和少数族裔选民将更难参与选举。总的看，枪支泛滥、警察滥权、种族冲突三者交织在一起，给美国出了一道无解的难题。甚至美国媒体也坦言，奥巴马执政生涯遭受的敌意也至少部分地源于他的种族背景，他作为一位黑人总统本身，在一定程度上制约了他推进自身政治议程的能力。[①]

三、中美关系走向何方

过去八年，中美关系走过了一段合作更为密切、竞争有所加剧、彼此认知趋向成熟的发展历程。奥巴马把中美关系视为自己的重要外交遗产，希望在余下任期内保持其稳定发展。随着美国即将开始新一轮政府更替，并考虑到当选总统特朗普的对华政策表态，预计中美关系今后可能步入一个摩擦多发期，但得益于奥巴马任内与中国一道明确了中美关系定位和前进方向，可以预期困扰双边关系的风险因素总体上仍然是可控的。

第一，中美关系的稳定发展已有坚实的战略基础。据有关媒体统计，2009—2012年奥巴马第一任内，中美元首会面共12次；自2013年习近平主席就任以来，习近平主席与奥巴马总统会面共9次。[②]可以说，双方元首总体上保持了每半年见一次的高频率。从庄园会晤、瀛台夜话、白宫秋叙到杭州长谈，高层互动为中美关系注入强劲的推动力。奥巴马任内，美国和中国提升了战略与经济对话级别，创设了90多种对话机制，近100名部级代表举行年度性会晤，会谈议题覆盖双边关系各个

---

① Christi Parsons, “Obama reflects on presidency, race and poker”, *Los Angeles Times*, February 2016, p. A1.

② “US President Barack Obama leaves legacy of deeper engagement with China”, *South China Morning Post*, August 11, 2016, p. 4.

领域。两军建立重大军事行动相互通报机制和海空相遇安全行为准则的“两个互信机制”已经取得成果。人文交流也硕果累累，中美互相给予对方10年期签证，以及奥巴马启动的“十万强”、“百万强”留学中国项目等，见证着“国之交在于民相亲”的深厚根基。

第二，中美战略互疑突出，同时也指明了彼此深化认知的方向。2010年，中国超过日本成为世界第二大经济体；2014年，按购买力平价计算，中国经济规模超过美国成为世界第一大经济体。这两件事给美国造成较大心理影响，引发了美国新一轮对华政策大辩论，其主流思想是质疑自尼克松总统以来历届政府所采取的对华接触政策，主张改行更加强硬的制衡政策。在美方学界和媒体看来，对华接触政策未能成功推动中国的政治自由化，也未能约束中国挑战国际秩序，反而让中国成长为唯一有可能打破美国全球领导地位的国家。奥巴马政府进而担忧，中国正在塑造一个“中国中心主义”的亚太秩序，寻求把美国排除在亚洲经济和安全架构之外。中美各自国内都有一部分人的战略焦虑在增强，担忧中美发生对抗和冲突是难以避免的。两国战略互疑在加深，但互疑的强化也从另一方面带动了彼此的战略试探和战略调适过程。例如，虽然军舰摩擦加剧，两国军演依旧如期开展，这表明双方都更加熟悉危机，敢于运用危机，善于保持冲突点的低热度存在，并从中找到化解危机的“窗口”。

第三，中美共同战略利益不断延伸，有助于夯实合作的共识。在国际层面，世界经济疲软、中东持续动荡、自然灾害频发、武器扩散加剧等大规模失序问题打破了旧有的国际利益格局。与此同时，新兴经济体崛起和美国相对式微同步发生，推动国际权力体系深度变革。诸多传统安全和非传统安全问题呼唤中美通力合作。在国内层面，美国有产业升级、提振经济的任务，中国有经济结构调整与社会转型的困扰，双方都在进行深度改革，这为两国深化在双边及多边框架下的合作提供了更大机遇。近年来，中美在气候变化、网络安全、控制传染性疾病传播、核不扩散、减贫等问题上的合作取得历史性进步，彼此积累了有取有予的交往之道，有助于增加保持长久、健康关系的经验。

总的看，奥巴马卸任在即，而世界正处于一个转型和动荡时期，今天的美国既不是世界上最甜蜜的梦想，也不是最恐怖的噩梦。奥巴马的成绩与不悔、遗憾与不舍，均将成为下一任总统领航美国所需要参考的教科书。

美国经济温和复苏和中美经贸将步入多事之秋

周世俭

【内容提要】2016年美国经济继续温和复苏，GDP增长只有1.6%，不及2015年的2.4%。奥巴马政府突出的“政绩”是国债剧增。2017年的经济增长只有2.3%左右。特朗普将大规模减税，头一个任期国债将猛增10万亿美元，达到30万亿美元，巨大的压力使经济强势增长难以持久。2016年，中美经贸关系最大的亮点是中国对美国投资出现了井喷现象。具有强烈贸易保护主义色彩的特朗普团队主政后将抓住对华巨额贸易逆差和人民币汇率向中国发难，对此中国要做好充足的准备。

【关键词】温和复苏　强势美元　美国国债　对美投资　人民币汇率　贸易摩擦　经贸合作

【作者简介】清华大学中美关系研究中心高级研究员。

一、美国经济温和增长

美国经济在经历了战后最严重的大衰退之后，从2010年开始复苏，至今已有七年，始终停留在温和复苏，没有回到繁荣。2010年至2015年GDP年均增长2.2%，2016年上半年出现了2011年以来最缓慢的增长（第一季度0.8%，第二季度1.4%）。第三季度出现了3.5%的反弹。而年末经济增长又现乏力，四季度经济增长1.9%，全年增长1.6%。2010年至2016年7年，年均增长2.1%，美国经济步入低速增长状态。

美国经济至今未能摆脱百年一遇的金融危机阴影。投资者对实体经济缺乏信心，三批量化宽松货币政策印出的钞票大都进入了股市、债市和房市，造成了虚拟经济的繁荣。12月23日，三大股指都攀升到历史最高点，道·琼斯指数19993点，离20000点只有一步之遥。纳斯达克指数5462点，标准普尔指数2263点。美国股市已经出现了泡沫。股市的繁荣造成了严重的两极分化。低收入的群体在股市捡了点“芝麻”，而富翁们在股市抱了个“大西瓜”。据统计，现在美国1%的富人拥有了35%的财富。

美国的就业形势一分为二：据美国劳工部的统计，失业率从2009年10月的10.2%到2016年11月降到了4.6%。这种统计方法遗漏了长期失业者及对找工作失去了信心的人群。就业率的形势就不那么乐观了。2008年6月就业率为67%，2016年6月仅为62.3%，9月增至到62.9%，尚未恢复到金融危机前的水平。最近的新增就业人数也不乐观，9月15.6万人，10月16.1万人，11月17.8万人，12月15.6万人，但普遍低于2015年。

美国职工收入下降：据2014年8月美国市长联合会发布的报告，2008年全国职工平均收入6.16万美元，到2014年年中降到4.71万美元，下降幅度为23.54%。2015年以来开始恢复，但增幅远低于预期。

储蓄率在增长：储蓄率上升反映出广大群众有后顾之忧。

2005—2006年经济繁荣年间美国人的储蓄率为负数，钱挣得快花得也快，很少有人去储蓄。次贷危机和金融危机爆发以后，失业率急剧上升，储蓄率也随之上升。2007年为1.7%，2008年为2.7%，2009年3.9%，2015年达到了5.5%，2016年第二季度又升到了5.7%。这表明上万亿美元的钞票进了银行，没有进入商场，严重影响了消费的增长。这也是美国经济长达七年的温和复苏始终没有回到繁荣的重要原因。

自有住房率下降：据摩根士丹利的报告2016年第二季度自有住房率62.9%，比2004年的69.2%下降了6.3个百分点，这相当于次贷危机后近500万个家庭丢失了住房，又回到了1965年自有住房率62.9%的水平。

强势美元不利于美国经济的发展：由于欧洲和日本经济不好，欧元、日元疲弱，美国经济在西方经济中呈现出一枝独秀的状态，美元一路走强。2013年12月12日，美元指数突破了80点，2015年1月2日又突破了90点，2015年11月25日至12月2日持续突破了100点，此后被美联储打压，回到了90几点。2016年10月10日突破97点，到2016年11月至12月23日持续了一个半月，突破了100点，12月22日到达了103.36点，这是2002年以来14年美元指数最高纪录。为了预防通胀，2017美联储将至少加息两次，这预示着美元强势将持续一段时期。Wind资讯统计数字显示，20世纪90年代以来美元指数只有两段时间维持在100点以上，分别为1989年5月15日至9月22日、1997年7月30日至2003年4月15日，直接对应了日本金融危机和东亚金融风暴。

那缘何美元指数此次会强势突破100点大关并且站稳？首先，欧洲及日本经济持续低迷，无论是欧洲央行还是日本央行采取的量化宽松货币政策及负利率政策都没有把经济从泥潭中拉出来。中国经济处于下行期，正在进行产业结构调整。巴西和俄罗斯深陷两年的长期衰退之中。这种情况下，复苏势头较为明确的美国经济及其货币有着升值的需求。其次，对美联储加息预期和12月14日的第二次加息也推动了美元升值。在这种情况下，资本将加速回流美国，导致其他国家资本市场动荡，甚至出现局部地区的金融风险。

其实美元走强对美国经济有利有弊：有利的方面是便于吸引外资。不利的方面是强势美元打压了出口和旅游。2015年美国外贸出口下降了9.1%，2016年外贸出口又下降了3.2%。强势美元影响了跨国公司的利润结算，美国是世界跨国公司最多的国家，遍布于全世界，特别是在发展中国家的子公司由于所在国家的货币对美元普遍贬值，直接影响了母公司以美元计算的利润总额，进而影响了美国的税收和GDP。此外，强势美元还提高了美国政府偿还巨额债务的成本。

当前美国经济的一个突出问题是国债剧增。进入新世纪以来，美国发动了两次侵略战争和应对金融危机，国债以空前的速度在增长。从建国之始到1980年的204年里美国政府发行国债9077亿美元。从1981年里根任总统上任到2009年年初小布什卸任总统，28年间国债就突破了10万亿美元，而奥巴马政府从2009年年初到2016年年底8年里发行的国债约达到20万亿美元。政府债务占到GDP之比为110%，大大超过了60%的金融警戒线。最近两年仅偿还国债的利息联邦政府每年要筹集7000亿美元。联邦政府头上顶着一个国债“堰塞湖”。

当选总统特朗普嘲笑奥巴马总统领导经济无能，每年GDP只有两个点左右的增长。他声言他将领导美国经济每年以3.5%—4%的增长迅速回到繁荣。靠什么办法呢？大规模减税。特朗普的执政纲领明文规定将企业所得税从35%下调到15%，富人税从39.6%下调到30%。这肯定会刺激投资和吸引海外资本回流，也会刺激消费。特朗普要学习里根总统通过大规模减税（增加财政赤字）来换取经济繁荣的办法。问题是特朗普和里根面临的背景大不相同，1981年上台的里根总统面对是不到1万亿美元的国债，而2017年1月20日上台的特朗普面对的是20万亿美元的庞大国债，每年仅偿还国债本金和利息就至少需要1万亿美元，钱从哪里来？只能靠大规模发行新债换旧债，以债养债。据美国经济学家测算，特朗普上任后第一个四年国债将增加10万亿美元。但是历史发生了巨大的变化，1985年，美国还是世界最大的债权国，现在早已是最大的债务国了。40年前美国国债号称“金边债券”。现在已变成了“烫手山芋”。据外媒报道，2016年1—9月，全球央行共抛售美国国债3931亿美元。2016年6月16日，美国彭博新闻社报道，自2014年以来到2016年3月底，中国已减持美国国债2500亿美元。另据美国财政部统计，2016年6至11月，中国减持美国国债1947亿美元。事实表明，美国国债已不再是金融“避险港”了，单靠扩大发行国债集资之路恐怕难以为继了。

二、对2017年美国经济的预测

特朗普效应会带来短期的经济增长，但难以持久。巨大的国债压力将给经济发展带来沉重的负担。美联储和世界重要经济研究机构对2017年的美国经济发展前景并没有像特朗普那样乐观。2016年12月14日，美联储对2017年的GDP增长的预测为2.1%；11月28日，经合组织的预测为2.3%；10月4日国际货币基金组织的预测为2.2%。2017年1月16日，IMF预测2017

年美国GDP增长为2.3%。

2017年离2009年大衰退刚好八年，这与西方国家每七八年经济衰退的周期刚好吻合。现在美国一些经济专家预测，2017年或2018年美国经济有可能出现一次衰退。笔者认为即使发生衰退也会是一次温和衰退，理由是这次美国经济复苏始终没有回到繁荣。

三、当前中美经贸合作的简况

（一）当前中美经贸合作最大的亮点是中国对美投资迅速增长

按照中方统计（不含经第三地赴美投资。例如2013年9月双汇国际控股公司以71亿美元收购美国史密斯·菲尔德食品公司，因双汇国际在中国香港注册而没有被统计在中国大陆对美投资内），2012年对美投资43.48亿美元，2013年40.1亿美元，2014年52.4亿美元，2015年83.9亿美元，2016年200.8亿美元，截至2016年年底中国对美投资累计505.7亿美元。

据美国荣鼎咨询公司统计，中国赴美投资：2013年140亿美元，2014年119亿美元，2015年158亿美元，2016年456亿美元，截至2016年年底对美累计投资1074亿美元。2016年5月27日，《芝加哥论坛报》引用美中关系全国委员会会长斯蒂芬·欧伦斯的话说，中国在美投资企业提供了10万个就业岗位。

金融危机以来，中国越来越多的大型企业显示了赴美投资的积极性。美国拥有健全和透明的法治环境，先进的技术水平、训练有素的职工、充足而廉价的能源供应、完善的基础设施和一流的研发能力，最重要的是有健全的销售渠道和庞大的消费市场。任何一种商品打开了美国市场就意味着打开了全世界的市场。

自金融危机以来，美国吸引外资呈现了下降的趋势。据美国商务部统计2008年美国吸引外资3063.7亿美元，到2012年降到1605.7亿美元，2014年竟然降到了860亿美元，排在中国大陆和香港之后，位居世界第三位。2015年，由于美元走强，有利于吸引外资，反弹到3840亿美元。作为世界最大的经济体，美国需要世界的资金来支撑美国经济的复苏和重回繁荣。

美国对华投资继续增长，据中方统计，2012年31.3亿美元，2013年33.5亿美元，2014年23.7亿美元，2015年20.9亿美元，2016年23.9亿美元。截至2016年年底，美国对华投资累计798.6亿美元。

笔者测算，由于中国对美投资增长快于美国对华投资的速度，预计到2018年年底，中国对美投资总额将超过美国对华投资总额。

2008年中美正式启动投资协定谈判。在2013年中美战略与经济对话中，双方确认以准入前国民待遇和负面清单为基础展开谈判，此后谈判进入实质阶段。在2014年年底完成了投资协定的文本谈判，于2015年初开始负面清单谈判。

投资协定是中美经济关系的重要组成部分，达成一个高标准的投资协定，将有助于两国建立更加紧密的联系，提高两国经贸合作的质量，将迈出建立中美贸易自由区的极为重要的一步。

即使2016年年底前达不成协议，在美国新政府上台后双方也应继续努力，排除非经济因素的干扰，力争早日完成投资协定的谈判，因为它毕竟符合两国的重大经济利益。

（二）近年来中美双边贸易呈现疲弱态势

2015年中方统计中美贸易总额为5583亿美元，比2014年微增0.58%，对美出口4095亿美元，同比增长3.4%。按美方统计，美中贸易额为5981亿美元，比2014年微增1.25%，对华出口1162亿美元，也出现了自2009年以来首次负增长（-6.3%）。

2016年中方统计双边贸易总额5194.9亿美元，下跌6.7%，对美出口3850.8亿美元，下跌5.9%。从美进口1344亿美元，下跌9.1%。对美贸易顺差2506.8亿美元，下跌了4.1%。按美方统计，2016年美中贸易总额5975.5亿美元，下跌了3.6%，对华出口1157.8亿美元，下跌了0.3%，从中国进口4817.8亿美元，下跌了4.4%，对华贸易逆差3660亿美元，下跌了0.2%。

1. 中美双边贸易额下降的原因。

第一，全世界贸易形势不好。据世贸组织统计，2015年全球出口额16.48万亿美元，比2014年19万亿美元下降13.3%。7月27日世贸组织公布数据2016年第一季度全球出口额又比2015年第一季度下降7.7%，2015年美国对外贸易总额下降5.6%，出口额下降7.2%，进口额下降4.5%；2015年中国外贸总额下降8.0%，出口下降2.9%，进口下降14.2%。第二，中美两国的经济都呈现下行的态势，内需疲弱。第三，从2013年年底美元走强，强势美元降低了美国商品的国际竞争性，打击了美国的出口竞争力。2016年8月18日，美中贸易全国委员会发布报告，2015年中国继续成为美国第三大货物出口市场，是美国经济增长的“重要贡献者”（2000年中国是美国第11大出口市场，2007年超过日本成为第3大商品出口市场——笔者）。第四，在服务贸易领域美国对华出口呈现持续快速增长态势，过去10年年均增长近17%。2014年，美国对华服务贸易出口额

420亿美元，中国成为美国第4大服务出口市场。

2.对华贸易逆差问题。

多年以来，美国对华贸易逆差居高不下。2014年美国对华贸易逆差3426亿美元，占当年美国外贸逆差总额50.6%；2015年美国对华贸易逆差3657亿美元，占当年美国外贸逆差总额7371亿美元的49.6%；2016年上半年美国对华贸易逆差3660亿美元，占逆差总额7967亿美元的45.94%，略有下降。

美国的外贸逆差由三个部分组成：（1）竞争性逆差。日本的小汽车和欧洲的空客大飞机对美国的同类产业构成威胁，是需要认真应对的。（2）资源性逆差。美国从美洲和中东进口大量的原油和从非洲、亚洲等地进口的矿产资源是逆差的重要部分，难以解决。（3）补充性逆差。从中国、东亚、东南亚进口的日用消费品是对美国经济发展、产业结构调整和人民生活需要的必要补充，有益无害。中国对美出口的大部分商品是物美价廉的日用消费品，缓解了美国的通货膨胀，有利于广大的中低收入人群。在中美经贸合作中，中国商品物美价廉的优势得以充分发挥，而美国的高新技术的贸易优势受到了严格的限制。举例来说，美国若能把能源和环保的高新技术转让给中国可获得上千亿美元的商机，但美国却作茧自缚，把商机留给了欧洲和日本。

传统的贸易统计数字说明不了当前贸易不平衡的问题。首先，改革开放以来，中国吸引外资的70%左右来自东亚地区。东亚地区把对美国贸易造成顺差的产品生产转移到了中国大陆，引发了“贸易平衡转移效应”，这些产品其中大部分零部件来自东亚地区，并非“Made In China”，而是“Made In East Asia”。出口所得自然为东亚地区所分享，而非中国所独有。但对美出口金额依据原产地规则全部被统计在中国大陆名下。据美国商务部公布的数据，从1987年到1995年，美国对韩国、新加坡、中国香港和中国台湾的贸易逆差从340亿美元减少到78亿美元。同期对华贸易逆差从28亿美元增加到338亿美元。这些数据反映了上述转移过程，也说明了美国与东亚地区的贸易平衡关系在总体上并没有实质性的变化。中美贸易不能局限为双边贸易，而是多边贸易，是美国与东亚地区的贸易。其次，中美贸易一大特点是中国对美国出口60%为加工贸易，中国只获得了少量的加工费用。美国进口商、批发商、零售商获得了远高于中国生产商和出口商的利润，出现了“顺差在中国、利润在美国”的普遍现象。美国经济专家查尔斯·卡德莱茨指出，按照原产地规则，苹果（Iphone）的制造成本178美元全部算在中国名下，因为中国是最后组装的地点，其实中国只获得了6.5美元的增值。

美国从1971年开始出现外贸逆差，至今已有46年了。按照美国海关统计，美国对90多个国家和地区都有外贸逆差，不能全怪人民币汇率。美国的外贸逆差是经济全球化和产业机构调整的必然结果，是大规模国际分工的必然产物，是结构性的，很难逆转。

3. 人民币汇率问题。

强压贸易伙伴的汇率大幅升值以达到减少自己的贸易逆差的问题，这是历届美国政府多年以来习惯的做法。20世纪80年代初，美国压马克大幅升值，80年代中期压日元大幅升值，80年代末压新台币大幅升值，90年代初压韩元大幅升值，新世纪以来一直打压人民币大幅升值，但效果如何呢？多年以来，美国对德国、日本、中国台湾、韩国和中国大陆一直处于贸易逆差状态，从未发生逆转。2015年美国对德国贸易逆差742亿美元，对日本逆差686亿美元，对中国台湾逆差148亿美元，对韩国逆差283亿美元，对中国大陆逆差3657亿美元。

再以中国为例。从2005年7月到2016年8月上旬，人民币升值高达36%，而美国对华贸易逆差从2005年的2016亿美元增加到2015年3657亿美元，增长81.4%。

以上事实充分说明，一个国家和地区的贸易顺差或逆差与这个国家的汇率关系不是很大，不是决定性的因素，这是贸易行为，是市场作用，是比较优势的结果。一个国家和地区的商品是否有竞争力是多种因素构成的，简单地依靠强压对方货币升值来减少本国贸易逆差是传统的和狭隘的国际贸易思维。时代发展了，情况复杂了，这种传统思维也应该调整和更新了。

经过11年的汇率改革，人民币汇率已基本实现了市场化。汇率波动的幅度已从最初的0.3%经历0.5%、1%、2%，现在已经实现了3%的波动幅度。最近一年多来，人民币汇率重新盯住一揽子货币，基本上是平稳的。现在人们更多地关注人民币对美元的贬值，而忽略了与此同时人民币对日元、欧元和英镑确有不同程度的升值。

人民币对美元贬值的主要原因在美元而不在人民币。2016年10月10日，美元指数突破97点，11日人民币中间价为6.7098；11月15日，美元指数突破100点大关，11月16日人民币中间价为6.8592；12月22日，美元指数攀升到103.36点，出现了2002年以来14年的高峰，次日人民币中间价为6.9463。2017年1月25日，美元指数下跌为99.90，次日人民币中间价为6.8588。面对美元大幅度升值，相当多发展中国家的汇率都出现了较大幅度的贬值。相比之下，人民币波动的幅度还是比较小的，这是一个有目共睹的事实，不容歪曲。

2016年10月1日，国际货币基金组织正式将人民币纳入特别提款权篮子，人民币成为五大货币之一。这也是对人民币的市场化和在全球普遍使用的高度肯定。

“货币汇率操纵国”的帽子扣不到中国的头上。

四、2017年中美经贸关系将进入多事之秋

带有强烈贸易保护主义色彩的特朗普执政团队入主白宫后，必然要掀起在全球推行贸易保护主义的狂风恶浪，必然会招致全世界的反对和报复。其结局是两败俱伤、谁也得不到好处，致使世界经济发展出现倒退。历史上有过前车之鉴，20世纪30年代美国经济出现大萧条之后，蠢笨的胡佛总统大幅度提高进口产品关税，借以保护国内工业，遭到全世界的反对。当商品不能自由越过边界，士兵就越过了边界，引发了第二次世界大战。

中国不愿意打贸易战，但也不惧怕打贸易战。44年的中美经贸往来只发生了一次贸易战，那就是发生在1983年的中美纺织品贸易纠纷，结果以美国政府妥协让步而结束，必须指出，1983年中国的GDP尚不足美国GDP的5%，而2015年中国的GDP已相当美国GDP的61%。今天的中国也远不是33年前的中国，对此任何一届美国政府都不应当对中国小视。2015年中国从美国进口了22%的棉花、56%的大豆、波音飞机出口量的26%、通用汽车公司出口量的33%。而且这些产品在世界上都能找到替代品。2015年美国进口鞋类的63%、纺织品的37%来自中国，而排在第二位的越南鞋类占16%，纺织品和服装只占9%，难以替代。对于这一点美国人的心里也是一清二楚的。

对话总比对抗强、合作总比摩擦强。中美两国互为对方的大市场，从2010年起中国就是美国最大的农产品市场。特朗普

提名农业州州长担任驻华大使意在让他促进农产品对华出口。

中国早已成为美国举足轻重的贸易伙伴。2015年美中贸易额5981亿美元，占美国外贸总额16.0%；加上中国香港和中国澳门，美中贸易额6426亿美元，占美国外贸总额17.2%。

当然，美国也是中国极为重要的贸易伙伴。2015年中美贸易额5583亿美元，占中国对外贸易总额14.3%。对美出口额4095亿美元，占出口额的18.0%，若加上经中国香港转口对美出口4819亿美元，占到出口总额的21.2%。从2012年起美国就超过了欧盟成为中国最大的出口市场。

斗则双损，合则双赢。中美经贸合作有极其广泛的前景。不仅有利于中美两国人民，而且有利于推动世界经济的发展。

第三章

俄美博弈斗而不破
中亚形势稳中有变

俄罗斯与美欧关系降到谷底以及转圜的可能性

王宪举

【内容提要】2016年俄罗斯与美国、欧盟的关系更加复杂。俄罗斯和北约的军事对峙更加严重，北约在东欧国家部署新的军事基地和反导系统设施，进行大规模军事演习，俄罗斯也以不断的突然军事检查和演习加以应对。在中东地区，俄美既冲突又合作，围绕叙利亚问题的局势一波三折。经济制裁和反制裁继续延长。俄罗斯与西方关系恶化的主要原因在于双方战略方针的差异和地缘政治利益的不同、意识形态的分歧以及政治互信很低。随着特朗普当选美国总统，2017年俄美关系很可能将有所改善，但主要是局部和策略变化，而不是战略和根本的改变。

【关键词】俄罗斯　美欧　关系紧张　原因　前景

【作者简介】中国国际问题研究基金会研究员，中国人民大学—圣彼得堡国立大学俄罗斯研究中心副主任。

2016年，俄罗斯同美国和欧盟的关系不仅没有改善，反而进一步恶化。关系恶化主要表现在战略核竞赛和地区争夺加剧，对俄罗斯经济和金融制裁继续，意识形态领域的裂痕增大等方面。关系恶化的主要原因是双方的战略利益和地缘政治利益相左、相互严重缺乏信任。但是，俄罗斯与美欧仍然保持着高层接触和对话，俄罗斯不时释放愿意改善关系的信号。特朗普当选美国下届总统后，俄美关系转圜的可能性增大，但是，由于受到俄美关系结构性矛盾的制约，关系改善将是有限度的。

一、关系恶化

（一）战略核竞赛加剧

5月13日，美国部署在波兰北部城市伦济科沃的陆基“宙斯盾”反导系统的基础建设举行开工仪式。这是美国在东欧地区部署的第二处反导系统，计划于2018年完工，届时美国将在这个空军基地部署24枚SM-3型拦截导弹。

俄罗斯对美国这一举措的反应非常迅速。5月13日，俄罗斯总统普京表示，俄罗斯将考虑应对措施，以结束美国在欧洲部署反导系统对俄罗斯安全带来的威胁。

俄罗斯目前正在对其战略和非战略核力量进行广泛的现代化改造，并不断取得新进展。

2016年7月8日，美国和韩国不顾中国、俄罗斯的明确反对，宣布将在韩国部署“萨德”反导系统。对此，俄罗斯外交部表示：“不能允许紧张局势升级和煽动军备竞赛，从而导致该地区出现新的分界线。希望相关国家权衡在韩国部署‘萨德’反导系统所有的代价。”7月8日，俄罗斯联邦委员会国防与安全委员会第一副主席叶夫根尼·谢列布列尼科夫表示，俄罗斯可以在俄罗斯东部部署导弹部队，使韩国境内部署“萨德”反导系统的区域位于俄罗斯导弹部队的导弹飞行半径内。

俄罗斯外长拉夫罗夫12月15日在日本对媒体发表声明说，外国首先是美国导弹防御系统在亚太地区的应对方式，超过了来自朝鲜导弹与核计划的威胁程度，是不适当的。俄罗斯把美国在东北亚部署反导系统基地看作美国全球反导系统的一部分，是在欧洲部署反导系统的补充。

俄罗斯国防部第一副部长兼俄军总参谋长格拉西莫夫表示，当前国际局势预示着未来全球和地区安全问题进一步升级。北约军事政策具有“对俄罗斯不友善”的特点。北约在继续扩大军事力量的同时，也加强了在俄罗斯边界附近的军事活动。北约部署反导系统使当前战略平衡受到了挑战。因此，2016年俄罗斯武装力量将把维持战略核力量作为首要任务，将提高空中力量的进攻能力和军区各军种间的作战能力。

（二）北约和俄罗斯频繁互相举行大规模军事演习

2016年5月19日，黑山共和国和北约成员国外长签署了黑山加入北约的协定。黑山将成为北约的第29个成员国。这是时隔七年北约再次扩员。对此俄罗斯反应强烈。俄罗斯外交部表示，把黑山拉进北约“触动了俄罗斯的利益”。

2014年以来，北约增加了军事演习的频率，大多数演习是在俄罗斯的毗邻地区进行。俄罗斯每年也都举行4000多次不同规模的军事演习，而且经常是突然进行战备检查。例如，2016年6月13日，最高统帅普京下令从6月14日早上7点开始对俄罗斯武装力量进行突击检查。接受检查的包括一系列保存武器和技术装备的基地以及军事指挥机关，检查持续八天，到6月22日。

11月上旬，俄罗斯、白俄罗斯、塞尔维亚这三个斯拉夫国家在塞尔维亚举行联合军事演练。

（三）地区争夺更加激烈

俄美争夺的重点仍然是欧亚地区和中东地区，其中乌克兰和叙利亚是重中之重。1月14日，美国国防部发言人米歇尔·巴尔丹扎说，美国国会2016年财政预算中已增拨资金，向乌克兰提供军事援助。“国防部仍然与我们的乌克兰同行保持着密切联系，以确定双方在国防领域的下一步行动。”她表示，不排除美国2016年向乌克兰提供致命性武器的可能。

6月17日美国副总统拜登在华盛顿会见乌克兰总理格罗伊斯曼时称，白宫计划2016年拨出2.2亿美元，援助乌克兰经济、政治和能源改革。这是美方“支持乌克兰加强民主法制建设、巩固经济可持续增长基础和满足人道主义需求计划的延续”。2年来美国对乌克兰军援总额超6亿美元。

俄美争斗最激烈的另一个地区是中东。2016年俄罗斯和美国围绕叙利亚问题的斗争异常复杂。2015年俄罗斯空袭“伊斯兰国”（IS）组织后，第二次叙利亚问题会谈取得进展，就叙利亚政治进程时间表达成共识。2016年3月14日，关于叙利亚问题的“实质性会谈”在日内瓦启动，旨在就政府重组、修订宪法和实现选举这三大问题达成协议。但是，谈判未果，2015年达成的所谓6个月内组建过渡政府、18个月内举行大选的设想落空。9月10日凌晨，美国国务卿克里和俄罗斯外长拉夫罗夫经过艰难谈判后在日内瓦宣布达成叙利亚停火协议，并于12日生效。但是墨迹未干，美国就以打击“IS”为由直接轰炸了代尔祖尔机场附近的叙利亚政府军营地，炸死叙利亚政府军80多人。

俄罗斯与美欧在阿勒颇停火问题上的分歧也直接影响了俄

法关系。10月8日联合国安理会对两份涉叙利亚问题决议草案进行表决时，法国和西班牙起草的草案被俄罗斯否决，俄罗斯提出的草案也被法国、英国和美国否决。此后，普京总统取消了原订10月19日对法国的访问。

值得注意的是，俄罗斯和美国围绕土耳其展开的争斗实际上是争夺中东利益的一个重要方面。7月15日晚上至次日凌晨，土耳其发生未遂政变。土耳其总统埃尔多安指责流亡美国宾夕法尼亚州的宗教人士费图拉·居伦是此次政变的幕后策划者，理由是其领导的“居伦运动”成员也参与到此次政变中。土耳其要求从美国引渡居伦，遭到美国政府拒绝。普京总统则谴责未遂政变，表示支持埃尔多安。俄罗斯利用这个机会改善了同土耳其的关系，美国与土耳其关系出现变化。

在格鲁吉亚和乌克兰脱俄亲美之后，美国正在中亚地区加强了同俄罗斯竞争。2015年1月28日至11月3日，美国国务卿克里遍访中亚五国，并在撒马尔罕启动“C5+1”模式。2016年8月3日，中亚五国外长在华盛顿与克里国务卿再度会晤，讨论包括安全、经济、环保、人权、人文等方面的合作问题。克里承诺美国斥资1500万美元协助中亚五国发展清洁能源，帮助他们应对全球气候变化所带来的新的环保标准。中亚五国外长还和美国智库代表共同探讨21世纪中亚的发展前景问题。美国国务院表示，“希望继续以这种模式召开会议，以扩展并深化与中亚国家之间的联系”。美国外交官透露，通过“C5+1”模式，美国一是要表示对中亚五国独立和主权的支持；二是要监督俄罗斯在中亚的活动，反对俄罗斯继续控制中亚国家的企图。

（四）制裁战继续

2014年乌克兰危机爆发以来，俄罗斯与欧盟每年两次的峰会已经停止。2015年12月22日，美国财政部发布声明，对俄罗斯4名个人和10家公司实施制裁。同时，克里米亚地区的12家公司也受到制裁。美国将冻结这些个人和公司在美国境内的资产，并禁止美国公民与其有商业往来。美国财政部外国资产控制办公室代理主任约翰·史密斯在声明中说，这一制裁举措显示了美国对俄罗斯施压的“坚定决心”。他敦促俄方采取必要行动，履行其在新《明斯克协议》中的承诺并通过和平手段解决乌克兰危机。

2015年年底以来，欧盟三次延长对俄罗斯的经济制裁。2016年12月15日，欧洲理事会决定把对俄罗斯制裁延至2017年7月31日。俄罗斯外交部12月16日在其官方网站发表声明说，在当前国际局势已发生急剧变化的情况下，欧盟的这一决定“完全不合时宜”。

俄罗斯也不示弱。普京总统6月29日签署命令，把对西方国家的食品禁运延长至2017年12月31日。

制裁战使欧俄两败俱伤。2013年12月至2015年6月，对俄罗斯制裁使欧美国家出口损失602亿美元，其中欧洲国家损失约500亿美元。德国每月损失8.3亿美元，波兰、荷兰和法国每月损失约2亿美元。“自2014年8月制裁令实施后，西方国家对俄罗斯出口量平均减少12.9%。”据俄罗斯发布的统计数字，欧俄罗斯贸易额2015年下降10%。

二、关系恶化的原因

（一）双方战略利益不同

2007年2月10日普京总统在慕尼黑安全问题会议上讲话时

就指出，单极模式不仅不可接受，而且根本不可能实现。2012年5月普京再次就任俄罗斯总统以来，更是强调要改变现有的不公正的世界秩序。普京认为，在现有的世界秩序中，俄罗斯没有受到应有的尊重，俄罗斯的利益被损害和破坏。为了捍卫自己的利益和改变现有世界秩序，普京越来越主张俄罗斯应采取强硬的立场，更大程度地采用军事手段。因此，才有了把克里米亚重新并入俄罗斯联邦、在乌克兰东部支持亲俄罗斯的民间武装争取高度自治、在叙利亚动用武力捍卫俄罗斯的海外利益等令西方感到出乎预料的行动。2015年12月31日，普京签署《国家安全战略》，指出北约军事力量的提升、反导系统的建立、“北约被赋予违反国际法的功能”以及北约军事设施向俄罗斯边境的推进，“都对俄罗斯国家安全造成影响”。《国家安全战略》称，俄罗斯外交政策的重点方向之一是发展同独联体、集体安全条约组织（集安组织）、欧亚经济联盟国家的关系。2015年年底普京在国情咨文中提出建立“大欧亚伙伴关系”的设想，以便打破美国为首的西方集团围堵和孤立俄罗斯的战略。

俄罗斯的强硬立场遭到以美国为首的西方阵营更强硬更严厉的报复，以便“教训”莫斯科，压它就范。美国传统基金会欧亚项目负责人詹姆斯·卡拉法纳对白宫建议，乌克兰危机发生之后美国的对俄罗斯政策必须让俄罗斯在长时段付出代价。

（二）意识形态严重分歧

华盛顿认为，普京执政以来俄罗斯在民主、自由、人权、政治改革等方面都出现了明显的倒退。2005年5月俄罗斯提出“主权民主”的观念，强调俄罗斯不能全盘照搬西方模式的民主，西方模式的民主不适合俄罗斯，俄罗斯有适合自己的一套民主模式，这就是主权民主。主权民主保留了民主架构，但是增添了爱国主义、强国主义和民族主义的新内容。然而，美国批评普京不搞民主搞集权，是专制主义者。美国官方认为俄罗斯已经“偏离了民主的发展轨道”。欧洲议会说，俄罗斯“很难称得上是一个民主国家”。美国副总统切尼公开批评俄罗斯压制民主、恢复苏联体制。

2012年普京再次入主克里姆林宫至今，采取了一系列措施，反对和防范美国在俄罗斯策动“颜色革命”，对亲西方的政治反对派实行限制和打压的政策。例如，通过了《非营利组织法》修正案，规定非政府组织只要“受到境外资助”并“从事政治活动”都将被视为“外国代理者”。这更招致美国和欧盟的愤怒和不满，绝对不能容忍俄罗斯的独特性。

美国国际与战略研究中心俄罗斯和欧亚项目负责人安德鲁·库钦斯认为，“俄罗斯把自己看作西方之外的、欧亚文明和地缘政治集团的一部分。当俄罗斯把自己定义为西方的对立面、把与西方的关系视为对抗性关系时，要想比有限合作获得更多的东西，那是不可能的。”俄罗斯学者亚历山大·卢金也认为，美国对普京的内外政策表现出总体的不信任，其基本原因在于美国的意识形态左右着美国对外部世界的看法，同时受到华尔街和美国银行体系本身利益的深刻影响。

（三）互不信任

自从乌克兰危机爆发以来，俄罗斯与美欧之间本来就很脆弱的互信遭到沉重打击，波罗的海三国和中东欧一些小国感到自己的安全重新受到威胁，强烈要求北约采取坚决的应对措施。北约组织则趁机把俄罗斯定为“对手”，建立快速反应部队、增加军费开支、建设新的军事基地、频繁举行军事演练、把黑山共和国接纳为新的成员国。

与美国军方关系密切的智库兰德公司最近提交的一份报告指出，波罗的海三国的装备跟俄罗斯完全无法匹敌，一旦俄罗斯入侵将导致“毁灭性的战争”。“俄罗斯能在36小时内颠覆波罗的海三国”。

美国有线电视新闻（CNN）2016年10月28日报道，立陶宛出版的一本“教材”讲述，一旦遭到俄罗斯侵略，立陶宛300万国民应该怎样保卫自己的国土和在战争中“逃生”。

北约秘书长斯托尔滕贝格10月26日称，近期俄罗斯把军费增加了两倍，在靠近北约边界处大规模举行军演，一直在使用武力对付邻居。俄罗斯的行为“让北约组织被迫抱团取暖”。

普京多次表示俄罗斯没有对外扩张和主宰世界的计划，指责美国有意渲染和夸大所谓的“俄罗斯威胁”。10月，普京在索契举行的瓦尔代国际辩论俱乐部年会上重申，俄罗斯没有建立集团、重建帝国、损害邻国主权的计划。俄罗斯不要求在世界上有特殊的、例外的地位。俄罗斯尊重他国利益，但希望自己的利益得到考虑、自己的立场受到尊重，俄罗斯不能允许自己的利益被无视。

不仅俄美两国领导人之间的信任严重缺乏，而且这两个国家民众之间的信任也降到冷战结束以来的谷底。据美国盖洛普咨询公司的调查，2015年70%的美国民众对俄罗斯持负面看法，仅24%的公民持积极看法。44%的美国人认为俄罗斯是“不友好的国家”。与此相应的是，根据俄罗斯“社会舆论调查”基金会2016年4月的调查结果，俄罗斯人心中认为“最友好的国家”是白俄罗斯（68%）、中国（56%）与哈萨克斯坦（50%）。俄罗斯人认为土耳其、乌克兰和美国是“最不友好的国家”，其中71%的受访者认为乌克兰是“不友好国家”，69%的受访者认为美国是“不友好国家”，63%的人认为土耳其是“不友好国家”。当然，在俄罗斯与土耳其关系迅速改善之后，现在俄罗斯人对土耳其的态度也会随之变化。

三、斗而不破，对话继续

在俄罗斯和西方冲突加剧、关系恶化的同时，它们之间的对话依旧畅通，有些方面的合作仍在进行。近年来，克里姆林宫在批评美国的同时，一直与美国保持着对话和接触，经常摇晃橄榄枝。2015年以来，美国国务卿克里已经四次访问俄罗斯，其中2016年3月24日和7月14日两次访问俄罗斯，每次都与普京会见，有时会谈长达三四个小时。

俄罗斯外长拉夫罗夫和克里更是保持着密切对话的频率。2月和9月，俄美两次就叙利亚部分问题达成协议。2月12日，在德国慕尼黑举行的叙利亚国际支持小组第四次外长会就人道救援、停止敌对行动等问题达成共识，各方同意一周内宣布在叙境内全面停止敌对行动，并尽快恢复日内瓦和谈。

9月9日，经过在日内瓦近14个小时的紧张谈判，美国和俄罗斯就叙利亚问题达成新的停火协议。如果这份停火协议得以顺利执行，俄罗斯和美国将在叙利亚开展联合空袭行动打击极端组织。

2016年2月13日，俄罗斯总理梅德韦杰夫在每年一度的“慕尼黑安全会议”上发言时，一方面批评“北约对俄罗斯继续实行不友好和不透明的政策”、使俄罗斯与西方“已经滑入新冷战时期”，另一方面呼吁西方摒弃对抗，与俄方展开更多合作和对话，以共同应对国际社会面临的各项挑战。

2016年10月，普京在索契举行的瓦尔代国际辩论俱乐部年会上否认俄罗斯对西方构成军事威胁，认为相关言论是臆造。他说，俄罗斯不打算进攻任何人，不追求全球主宰地位，也不搞扩张，而是主张建立“对所有人平等的、不可分割的安全”。

10月19日，德国、法国、俄罗斯、乌克兰领导人在柏林举行“诺曼底模式”会谈，就和平解决乌克兰问题的路线图达成了一致。

俄罗斯—北约理事会于2016年7月13日在布鲁塞尔北约总部举行大使级会议。虽然会议并未立刻缓和北约和俄罗斯方面的紧张关系，但这毕竟是2014年以来的首次会晤。

在政治和经济领域，俄罗斯与欧盟关系也有松动。在6月16—18日召开的圣彼得堡国际经济论坛上，意大利总理伦齐、法国前总统萨科奇和欧盟委员会主席容克等欧洲政要出席。12月15—16日，普京总统访问日本，双方签署了几十份合作文件，为今后一段时期两国关系发展奠定了基础。

总之，有争斗有合作，又较量又妥协，斗而不破，留有余地，是2016年俄罗斯与美国、欧盟等西方国家关系的主要特征。

四、前景既明朗又不明朗

（一）明朗的前景

明朗的一点是特朗普当选下届美国总统给俄美关系的缓和提供了机会。与希拉里不同，特朗普在竞选期间对普京和俄罗斯、对缓和美俄关系发表的一些言论，受到俄罗斯的欢迎和期待。特朗普当选后，普京是第一个发去贺电的外国领导人。普京希望与特朗普一起努力，把俄美关系从现在的危机状态中摆脱出来，解决紧迫的国际问题，有效应对全球安全挑战。普京表示相信，在平等、互相尊重、实际考虑相互立场的原则基础上，莫斯科和华盛顿之间的建设性对话符合俄美两国和全世界人民的利益。

11月9日，普京在接受外国使节递交国书时说：“特朗普在竞选时表示要恢复美俄关系，我知道这将是一条困难的道路。俄美关系恶化不是俄罗斯的责任，但俄罗斯准备也希望恢复与美国的全面关系，俄罗斯准备做它应该做的工作，并努力使俄美关系回到稳定发展的轨道上。鉴于俄罗斯和美国对维护全球稳定与安全承担的特殊责任，两国恢复合作关系不仅将有利于两国人民，而且对整个国际事务的大气候都将产生积极的影响。”

11月14日，普京与特朗普进行了电话谈话。克里姆林宫网报道说，普京表示准备在平等、互相尊重、互不干涉内政原则上，与美国新政府进行伙伴式对话。两人都认为现在的俄美关系令人极不满意，要一起积极努力使俄美关系正常化，走上在一系列问题上进行建设性协作的轨道。两人还强调了通过发展经贸关系建立双边关系的可靠基础的重要性，认为有必要联合起来同共同的头号敌人——国际恐怖主义和极端主义作斗争。两人表示将继续进行电话接触，并由两国的代表开始为两人的会晤作准备。

可以预见，俄美关系将开始缓和，气氛将转暖，因为双方都有需要。

（二）不明朗的前景

俄美关系将开始有所缓和，开始转圜，但转圜到什么程度、改善到什么水平，很不明朗，因为妨碍两国关系发展的因素很多。

第一，俄美战略核武器竞争、地区争夺和意识形态分歧等结构性的矛盾，在长时期内将继续存在。美国不会改变以军事和经济实力为主要手段在世界上发挥领导和支配作用的政策。而俄罗斯在经济地位下降的情况下更加重视军事力量的作用。

第二，在地区冲突层面，美国不会放弃继续削弱俄罗斯在欧亚地区作用的战略，俄罗斯则把欧亚经济联盟作为恢复其大国地位、成为多极世界一极的重要依托。双方的分歧难以缩小。

第三，来自外部的压力。欧盟部分国家特别是波罗的海三国、中东欧一些国家在克里米亚、乌克兰东部争端等问题上对俄罗斯极度不信任，将继续对华盛顿构成压力。

总之，俄美关系将出现缓和与改善，出现一种既合作又竞争的局面。在利益一致的地方搞合作，在利益不一致和冲突的地方搞竞争。从总体和长远看，俄美合作将是有限的、局部的，而争斗和冲突则是战略性和根本性的。

俄罗斯内外局势及走向

万成才

【内容提要】2016年是俄罗斯不平凡的一年。在苏联解体25周年之际，曾被不少国家视为发展样板的美国和欧盟国家陷入政治经济社会危机而不能自拔，与此形成对照的是，危机中的俄罗斯在政治、经济、社会、外交等领域都取得令俄罗斯人高兴的成绩：挺过了时艰，可望有转机。

【关键词】政治稳定　经济趋上　外交亮点

【作者简介】新华社世界问题研究中心研究员，新华社前驻莫斯科分社社长。

2016年是俄罗斯的不平凡之年，特殊之处在于：这一年是被普京总统定性为20世纪俄罗斯最大地缘政治灾难的苏联解体25周年；正是在这一年，俄罗斯在普京总统领导下，怀着信心昂首挺过了美国等西方国家实行的政治、经济、外交全面制裁和油价大跌造成的空前艰难岁月，朝走出危机的方向取得了显著成就，迎来了可期待转机的2017年。

一、政治局势持续稳定

自普京2000年执政以来，俄罗斯政治局势一直稳定，而2016年凸显以下几个特点。

第一，在危机中普京执政团队保持了团结。2014年2月和3月乌克兰危机爆发和克里米亚归并俄罗斯后，美国和欧盟等西方国家对普京执政团队的主要成员——包括议会上院联邦委员会主席、俄罗斯安全局长等100多人实行制裁，禁止他们入境，冻结其资产。2016年12月29日，美国又宣布驱逐35名俄罗斯驻美国外交官，制裁俄罗斯军队情报局长等5名高官。他们这样做的目的是打击和分化普京团队，为普京添乱，但其效果适得其反。被制裁的各个领域的官员都没有因此离普京而去，而是更有力地与制裁者缠斗，以减轻制裁对俄罗斯造成的损失。

第二，普京总统创立的统一俄罗斯党（简称“统俄党”）在2016年9月18日举行的议会下院国家杜马选举中大胜：统俄党在450个议席中获343席，超过宪法多数的2/3，比此前三届（2003年、2007年和2011年）都多，得票超过5%门槛进入议会的俄共、自民党和公正俄罗斯党所获选票都比前三届少。这样，普京执政团队提出的任何法案都将更容易获得议会通过。

第三，俄罗斯社会精英和普通民众的民族爱国主义情怀继续居高不下，社会稳定。尽管居民实际收入下降，但80%以上俄罗斯人坚定支持普京总统强力反制欧美制裁，为维护国家独立、主权、安全付出代价而不悔，上下团结共克时艰。民调显示，65%以上的民众支持普京2018年再次竞选总统。俄罗斯已连续数年没有发生西方希望看到的那样的社会动乱。

二、经济下行趋缓 有望恢复增长

2016年一系列经济指标都较上年好：国内总产值2015年负增长3.7%，2016年负增长仅0.5%—0.6%：工业生产由负增长3.2%上升到正增长0.49%。这主要得益于实体经济的增长，例如机器制造、道路设备、化工和轻工业以及加工业的增长。通货膨胀率达近5年最低水平，即5.4%。预算赤字虽然达3.7%，但在可承受的范围内。由于外贸顺差700亿美元，政府储备基金1000亿美元，央行外汇黄金储备略有增长，达3850亿美元，资金外流大幅大量减少，2014年和2015年分别为500亿美元和570亿美元，2016年仅为100亿—170亿美元。失业率保持在5.6%—5.7%，也在基本正常范围内。

2016年俄罗斯经济呈现三个亮点：(1）粮食产量达1.17亿吨，可出口4000万吨，均为近40年最高纪录。苏联后期必须花大量外汇从西方购买粮食，而今俄罗斯已成为世界最大粮食出口国之一，这是巨大的变化。(2）俄罗斯军火出口，尤其反导系统和海空武器装备出口火爆，每年出口额约200亿美元，并且现有订单已能满足3—5年生产。军工综合体同时还生产民用产品，2016年民品生产占16.1%，计划2025年达30%，2030年达50%。(3）因为西方制裁而在国内安排的替代产品生产已取得一定进展。在一些部门已能满足需要，特别是食品加工业发展快，信息产品生产也形势较好，2016年出口额多达70亿美元。

三、外交呈现多个亮点

2016年俄罗斯外交呈现多个亮点。

第一，中俄战略协作进一步增强，有力维护世界战略稳定。

在《中俄睦邻友好合作条约》签署15周年和中俄战略协作伙伴关系建立20周年之际，中俄双方举办了“媒体交流年”等一系列活动，深化了中俄全面战略协作关系。尤其是2016年6月25日普京总统访华时签署的《中华人民共和国和俄罗斯联邦联合声明》、《关于加强全球战略稳定的联合声明》、《关于协作推进信息网络空间发展的联合声明》三个文件表明，中俄战略协作已远超双边关系，加强了在国际重大问题上的全方位协作，在共同维护全球战略稳定、推动地区热点问题的政治解决、促进网络信息安全等方面迈出了实质性步伐，促进了两国发展繁荣，也壮大了世界和平正能量。例如，俄罗斯和中国共同反对美国在韩国部署危及东北亚地区和平和战略稳定的“萨德”导弹系统，反对外部势力介入南海争端、主张由本地区国家和平解决，共同在叙利亚局势问题上保持公正立场等，都表明中俄战略协作具有高水平，对维护全球和平与稳定具有举足轻重作用。

第二，俄罗斯与土耳其的紧张关系迅速转入正常化。2015年11月24日，土耳其击落在叙利亚领空飞行的一架俄罗斯苏-24战机，引起俄罗斯强烈不满，双边关系降到几十年最低点。但2016年7月，土耳其部分军人发动推翻埃尔多安总统的政变，俄罗斯立即向埃尔多安提供了相关情报，使埃尔多安及时采取措施得以平息政变。从此，埃尔多安总统把矛头调转指向美国，迅速与俄罗斯交好，使两国关系回到正轨并且协调在叙利亚反恐。12月俄罗斯驻土耳其大使被恐怖分子开枪打死，俄罗斯和土耳其更加坚定地共同反恐。

第三，叙利亚最大城市阿勒颇2016年12月下旬获得解放。这是俄罗斯协助叙利亚政府军取得的具有重大战略意义的进展。它巩固了巴沙尔政权，使得俄罗斯能够作出决定减少在叙利亚的军事存在，叙利亚当局也能够宣布从12月30日起停火。这为政治解决叙利亚问题创造了一定条件，也为下一轮俄罗斯与美国在中东地区的博弈增加了砝码。

第四，俄日关系取得进展。普京总统12月15—16日访问了日本，打破了美国对俄罗斯的外交封锁，使美国与盟国关系的裂缝扩大。日本首相安倍不听美国的劝阻，坚持邀请普京访日，旨在推进日俄领土争端问题的解决，联合俄罗斯遏制中国和进入俄罗斯市场。普京总统利用日本上述急切需求，在坚持俄日之间不存在领土问题和中国是俄罗斯绝对战略伙伴的前提下访问日本，签署了约70份合作文件，日本对俄罗斯投资25亿美元，另成立10亿美元的投资基金，可带动100亿美元投资，以吸引日本技术和资金去开发俄罗斯远东地区，为两国日后签署和平条约创造氛围，这是俄罗斯在美国的盟国中打开的第一个缺口。美国和欧盟分别于12月中旬把对俄罗斯制裁延长至2017年7月31日，在西方七国集团中唯有日本不再加入这一新的制裁队伍。

四、俄罗斯维艰局势可望迎来转机

从以上各方面情况看，与危机四伏的欧盟和两党对立、社会分化的美国相比，俄罗斯持续三年之久的维艰岁月有所缓解，2017年可望迎来转机。

第一，普京2018年再次连任总统的国内条件已具备。普京决心将俄罗斯由“手动挡治国”转为“自动挡治国”。为此，他需要长期执政，为实现这一愿望创造条件。目前，这一条件已基本具备。在2016年12月23日举行的年度记者招待会上，他对是否决定2018年竞选下届总统的提问虽然没有做肯定的答复，但从他表示要根据工作的成果来做决定的说法判断，实际上他是有意再竞选。如果届时他参选，当选无疑。2016年6月的民调表明，已有65%的选民支持他2018年再竞选。迹象表明，2016年普京已对自己的执政团队作了适度调整，把年长的人物调离关键岗位，由年轻有为的人物取而代之，这有利于运筹下届总统选举。例如，任命总统人权代表埃拉·潘菲洛娃为中央选举委员会主席，借助她在俄罗斯体制内外反对派中的威信来争取更多民众支持。总统办公厅主任谢·伊万诺夫由仅40岁开外的安·瓦依诺取代。也是刚40岁的总统办公厅第一副主任维·沃洛金出任国家杜马主席。

第二，总统办公厅、政府、议会之间的工作协调将更加顺畅。目前，总统办公厅主要负责人已调整到位。政府总理梅德韦杰夫一直与普京总统和议会配合默契。体制内反对派俄共、自民党和公正俄罗斯党在议会的席位减少，重要的是三党都支持普京总统的内外大政方针，分歧仅在个别社会问题和经济问题上，不对普京政权构成威胁，况且，三党一直未能提出比普京提出的更能被国人支持的振兴国家的战略。20世纪90年代，总统、政府、议会之间围绕内外政策的激烈争论曾长达10年之久，严重影响执政效果。而今，不会重现那种局面，将有利于共克时艰。

第三，体制外反对派，即所谓“自由民主派”力量式微，其活跃程度大为降低，难以形成类似2012年总统选举前那样的规模性街头抗议活动。“自由民主派”的代表人物是前总理卡西亚诺夫等。但他们内部长期不和，竞相争作体制外反对派代表，形不成统一的反政府力量，况且他们曾长期执政或在议会参政，政绩不佳，被大众唾弃，加上当局制定的限制利用外国资金来从事政治活动，其影响力已大为减弱。

第四，特朗普就任总统为美俄关系正常化提供了契机。特朗普2017年1月20日就任后可能将其前任奥巴马的“仇俄政策”更改为“友俄政策”，有望使美俄关系正常化，从而取消对俄罗斯的制裁，在反恐领域进行一定合作，并展开经济合作。

五、新老挑战和风险

总的说，俄罗斯虽然挺过了三年来困难的岁月，但危机尚未消除，仍然面临诸多新老挑战和风险。

第一，民族矛盾和反恐形势依然严峻。数以千计流窜到阿富汗、伊拉克、叙利亚等国的经过“战斗洗礼”的民族极端分子和恐怖分子潜回俄罗斯，经常在北高加索一带制造混乱，从事恐怖活动。为缓和民族矛盾，国家杜马2016年11月初通过《俄罗斯统一民族法》，并提交给普京总统，旨在像苏联时期一样，在各民族基础上建立统一的苏联“民族共同体”——苏联人民，现在要在各民族基础上建立“俄罗斯民族共同体”——“俄罗斯人民”或“俄罗斯民族”，但在学界和社会上对此仍有歧见。

除俄罗斯本土的恐怖活动频繁外，在俄罗斯境外针对俄罗斯的恐怖活动也有新的发展。俄罗斯驻土耳其大使2016年12月被恐怖分子开枪打死就是突出表现。

第二，最大的短板是经济发展依然缓慢。2017年俄罗斯经济有望恢复性增长，但增长幅度不会大，可能在1%左右。制约俄罗斯经济快速增长的经济结构性矛盾短期内得不到解决，加之投资不足，现代技术和高科技人才短缺，商业环境欠佳，西方仍未取消制裁等，使俄罗斯经济难以实现快速增长。

第三，俄美关系能否如愿很快实现正常化还是未知数。普京总统和特朗普总统关于实现两国关系正常化的前提有所不同：前者主张在平等互利基础上发展双边关系，后者主张“美国优先”，还想拉拢俄罗斯一起遏制中国。所以，预计双方将在一系列问题上进行较量。

中亚地区形势与上合组织的新任务

孙壮志

【内容提要】中亚地区的政治、安全和经济形势在2016年发生了一系列复杂变化，虽然没有改变总体稳定的发展局面，但经济并没有走出困境，未来可能面临新的政治和安全风险。中亚五国在一种特殊的氛围中迎来独立25周年。上合组织继续关注中亚地区的安全与挑战，不断推动经济、人文、安全等领域的务实合作，取得了一系列新的成果。针对地区形势的发展变化，未来上合组织面临一系列新任务。

【关键词】中亚地区　形势　上海合作组织　任务

【作者简介】中国社会科学院上海合作组织研究中心秘书长、研究员。

2016年中亚地区形势发生一系列变化，有的是延续了过去的趋势，有的是新出现的复杂因素。虽然没有改变总体稳定的发展局面，但经济并没有走出困境，未来可能面临新的政治和安全风险。上海合作组织（以下简称“上合组织”）继续关注中亚地区的安全与挑战，提出了经济、人文等领域合作的新目标。

一、中亚国家进入新一轮调整时期

中亚五国是在一种特殊的氛围当中迎来2017年独立25周年的。由于来自各个领域的压力增大，中亚五国在政策上做了较多的调整，希望能够在困难的形势下巩固执政的基础，实现经济的转型与增长，保持社会的长期稳定，抵御来自内部和外部的安全挑战。事实上，中亚五国的情况差异很大，面临的困难也各不相同。

（一）政治领域的突发事件引发对权力交接的特别关注

2016年9月2日，乌兹别克斯坦官方正式确认，执政25年的首任总统卡里莫夫因病突然去世，这是具有地区影响的重大事件，也引起人们对乌兹别克斯坦政局走向的担忧。由于2015年3月刚刚进行总统选举，卡里莫夫以超过90%的得票率获得连任，仅仅过了一年半就要再次组织大选，而且是在失去了独立前夕就开始领导国家的“掌舵者”的情况下仓促进行，对年轻的乌兹别克斯坦是一次重大的考验。但从整个过程来看，没有出现政治力量的失衡与争斗，保持了政局的稳定。自2003年一直担任总理的米尔济约耶夫先是被议会批准代行总统权力，接着在12月4日的大选中轻松赢得88.61%的选票，在四位候选人中脱颖而出，继任总统。米尔济约耶夫当选后，对政府进行了“大换血”，同时撤换了四位州长，表现出了“铁腕”政治家的形象，但未来的磨合期估计也不会一帆风顺。

中亚另外一个大国哈萨克斯坦政治上动作频繁。先是1月20日总统纳扎尔巴耶夫签署提前解散本届议会下院的总统令，并宣布3月20日提前举行新一届议会下院选举。大选的结果形成了执政的“祖国之光”党在议会下院一党独大的局面。6月和9月又对权力机关和关键岗位进行了较大范围的改组，新成立了宗教事务和社会组织管理部，说明纳扎尔巴耶夫对目前的权力结构和干部配置并不十分满意，要通过干部轮换来完成未来的政治布局，保持政局的长期稳定。

塔吉克斯坦和吉尔吉斯斯坦的政局不稳定，土库曼斯坦则保持了过去的封闭状态。

塔吉克斯坦议会下院1月22日通过了宪法修正草案，其中包含赋予现任总统艾莫马利·拉赫蒙终身担任总统的权力的条款。5月22日，塔吉克斯坦举行修改宪法公投，就是否延长总统任期及降低总统候选人法定年龄下限等问题进行全民投票表决，结果有94.5%的选民投了赞成票，投反对票的只有3.3%。在对宪法进行的40处修订中有两处很关键：现任总统可不受任何限制地参加选举；总统候选人最低年龄限制从35岁降低到30岁。有分析家认为这将为拉赫蒙的儿子参选扫除障碍。

吉尔吉斯斯坦执政联盟解体预示新一轮政治对抗升级。10月26日，吉尔吉斯斯坦议长图尔孙别科夫在议会全体大会上正式宣布，由于社会民主党退出执政联盟，由社会民主党、吉尔吉斯斯坦党、进步党和祖国党自2015年11月2日组建的议会多数派执政联盟正式解散。执政联盟解散意味着内阁垮台，需要重新组织政府，2015年议会选举后产生的新政府只维持了不到一年的时间，陷入恶性循环。如果探究其原因，是要进一步强化总统阿坦姆巴耶夫领导的社会民主党的地位，要组成一个社会民主党能够主导的政府，为2017年的总统大选做准备。与此同时，围绕当局力图修改宪法的决定，各方政治力量也展开博弈。阿坦姆巴耶夫要通过修宪达到两个目的：打压反对派，强化内阁地位以便任期结束后继续掌控政权。在12月11日的修宪公决中，执政当局虽然轻松过关，得到近80%的选票，但40%的投票率说明民众对这种“权力游戏”已经厌倦。为了在未来的总统选举前占据有利位置，各种力量都虎视眈眈，吉尔吉斯斯坦有可能再次陷入旷日持久的政治危机。

土库曼斯坦议会9月14日召开长老会，批准新宪法修正案，核心内容是把总统任期由5年延长至7年；取消70岁的年龄上限。这实际上使现任总统别尔德穆哈梅多夫可以终身执政。执政当局要通过2017年的总统选举进一步强化现任总统的地位。2017年2月的大选将第一次出现土库曼斯坦民主党、工业党和农业党三个政党参加的情况。考虑到2012年2月大选时现任总统别尔德穆哈梅多夫是以97.4%的高票当选，这样安排不仅不会减少他的票数，还可以使结果更可信，增强其当之无愧的影响力。

（二）安全领域来自外部的威胁进一步加剧

中亚地区近年来安全上没有发生大的危机，但各种安全威胁在特殊的国际背景下被不断放大，各国都加强了应对措施，也取得了一定的积极效果。从多数中亚国家的情况看，政权对突发事件的反应处置能力有所提升，加大了打击恐怖主义的力度，也得到了中国、俄罗斯、美国等大国和国际组织在资金、装备上的帮助。不过应该看到，一些负面因素依然存在。

第一，来自非传统安全领域的威胁越来越严重。极端势力的本土化给地区稳定造成负面影响。据吉尔吉斯斯坦内务部的数据，独立以来吉尔吉斯斯坦清真寺数量增加69倍。在苏联时期吉尔吉斯斯坦仅有39座清真寺，到2000年有195座，目前达到2743座，甚至超过了学校的数量，大部分的清真寺（67.8%）

在南部，宗教极端主义也主要在吉尔吉斯南部传播。最大的极端组织是“伊斯兰解放党”，共有1386名成员。[①] 近两年，在哈萨克斯坦有94家以各种形式宣扬恐怖主义、极端主义和分裂主义的网站因危害国家安全而被关闭。[②]2016年6月初，在哈萨克斯坦西部城市阿克托别发生严重的恐怖袭击事件，一伙非法人员抢劫武器商店，攻击国民警卫队营地，造成18人死亡。哈萨克斯坦内务部将此事件定性为恐怖活动，宗教极端势力参与了组织。8月30日，一辆携带炸弹的汽车冲进中国驻吉尔吉斯斯坦大使馆，在馆区内发生爆炸。据吉方公布的调查情况，这是一起自杀性恐怖袭击事件，袭击者当场死亡，使馆3名人员轻伤。据吉尔吉斯国家安全委员会调查的结果，袭击系“东突”分子所为。

第二，不稳定因素增多，范围扩大。由原来的极端主义、恐怖主义与毒品犯罪扩及更加难以控制的社会领域。哈萨克斯坦5—6月在阿特劳、阿斯塔纳、阿拉木图、乌拉尔斯克、克孜勒奥尔达等多地发生的针对政府土地改革的抗议活动，说明哈萨克斯坦已进入了一个社会矛盾的多发期，一些社会群体开始公开与政府对抗。新出台的《土地法》胎死腹中并不是一个孤例，类似由施政行为导致的群体性事件多次发生。哈萨克斯坦大规模私有化和利益集团固化带来的后遗症逐步显现，加上本身复杂的民族宗教矛盾、地区发展差异、部族文化传统的作

---

① Татьяна Кудрявцева, “За годы независимости число мечетей в Кыргызстане выросло в 70 раз”, http://www.24.kg/obschestvo/40314/, 2016-11-23.

② Flickr/Ivan David Gomez Arce, “Свыше 90 сайтов заблокированы в Казахстане за пропаганду терроризма”, http://newskaz.ru/incidents/20160726/12642484.html, 2016-07-26.

用，哈萨克斯坦面临的社会风险不断增大。其他中亚国家也有类似的情况发生。

第三，外部的安全威胁出现新的变化。其中阿富汗局势不稳、塔利班发动的“攻势”，造成塔吉克斯坦、土库曼斯坦两国与阿富汗相邻地区的安全压力增大。北约的分析家认为，在阿富汗的20—34个省活跃着各种各样的外国和国内的武装分子，目前有15个省在塔利班的控制下。外国武装分子——包括“伊斯兰国”、“基地”组织、“巴塔”、“乌伊运”的成员，不断制造恐怖袭击。[①] 西亚“伊斯兰国”对中亚稳定的影响也不容忽视，有数千名来自中亚国家的极端分子在西亚的叙利亚等地参与“圣战”，这些恐怖分子有“回流”的迹象，有可能使地区安全形势更为严峻。据吉尔吉斯斯坦内务部公布的信息，从吉尔吉斯斯坦到西亚“战区”的508人中有40人近期返回。[②] 塔吉克斯坦外交部称，在“伊斯兰国”作战的塔吉克斯坦公民有1000多人，其中156人已被抓，61人回国，150人在叙利亚被打死，900人被通缉。[③]

第四，大国地缘政治博弈影响中亚的长期稳定。虽然俄罗斯对中亚地区的影响难以被撼动，通过成立欧亚经济联盟强化

---

① “Оценка НАТО: В 20 афганских провинциях активно действуют боевики различных группировок”, http://www.fergananews.com/news/24636, 2016-04-08.

② Нуржамал Ганыева, “Из Кыргызстана в зоны боевых действий выехали 508 граждан”, http://www.24kg.org/obschestvo/26095_iz_kyirgyizstana_v_zonyi_boevyih_deystviy_vyiehali_508_grajdan_/, 2016-01-15.

③ “МВД Таджикистана опубликовало список из 29 разыскиваемых таджикистанцев – боевиков ИГ”, http://www.fergananews.com/news/25654, 2016-11-25.

这种优势地位，借卡里莫夫总统去世又拉近与乌兹别克斯坦的关系，但塔、乌两国并没有参与俄罗斯主导的一体化进程。美国8月初邀请中亚五国外长到华盛顿参加“C5+1”（中亚五国+美国）机制第二次会议，准备提升与中亚国家的合作关系。随着俄罗斯与西方围绕叙利亚问题的博弈加剧，中亚的地缘政治格局也将出现新的裂痕。

（三）经济尚未走出国际环境恶化带来的现实困境

中亚五国的经济尚未走出国际环境恶化带来的现实困境。由于交通和产业结构的限制，加上产品缺乏国际竞争力，在中亚国家“外向型”经济一直只是口号，不得不采取一些保护措施，避免本国脆弱的经济受到经济强国的冲击，这种矛盾的心态，加上国内法律和市场环境不佳，外来投资者往往敬而远之，导致这些国家普遍面临资金短缺的问题。加上俄罗斯经济困难重重，短期内难有起色，中亚国家与俄罗斯有密切的经济联系，将受到直接的负面影响。由于各国资源禀赋不一样，面临的难题也有很大差异。

随着国际石油价格在下半年回暖，哈萨克斯坦的经济状况有些起色。2016年1—11月哈萨克斯坦国内生产总值增长了0.8%，预计全年将为1%。[①] 而1—9月GDP增长仅为0.4%；1—8月哈萨克斯坦对外贸易额为384.07亿美元，同比下降27.9%，其中出口额同比下降28.6%。油价的变化导致哈萨克斯坦国内的通货膨胀率高达7.5%，其中食品类价格上涨7.8%，非食品类上涨8.6%，燃油价格增长39%，液化气增长16.5%，居民的实

① http://kz.mofcom.gov.cn/article/jmxw/201612/20161202320169.shtml.

际收入没有增加。

据乌兹别克斯坦媒体报道，1—9月乌兹别克斯坦国内生产总值同比增长7.8%，与1—6月数据持平；其中工业增长7.2%，农业增长6.4%；财政预算赤字占国内生产总值近0.1%；总投资增速达9.4%，其中，来自国外的投资增幅为11.2%。[①] 但外汇短缺的问题依然严重，投资环境没有大的改善，为中小企业减负也是迫切的需求。

塔吉克斯坦的宏观经济数据比较乐观。1—9月国内生产总值约380亿索莫尼（约合48亿美元），按可比价格计算较上年同期增长6.7%，政府预计全年国内生产总值增长为7%。[②] 塔吉克斯坦经济的基数比较低，加上人口增长快，属于世界上人均收入最低的国家之一，国内提供的就业岗位有限，多数家庭仍然依靠外出务工人员的侨汇收入维持生计。

吉尔吉斯斯坦的经济较为低迷，1—11月国内生产总值为4024亿索姆（约合57亿美元），同比仅增长3.2%；若不计库姆托尔金矿产值，则吉尔吉斯斯坦国内生产总值为3637亿索姆（约合52亿美元），同比增长3.3%。年初吉尔吉斯斯坦政府设定的5.2%增幅目标预计较难达成。[③] 吉尔吉斯斯坦的宏观经济环境没有明显改善，政府的频繁更迭导致政策不稳定，缺少国家对经济的调控和扶持。

土库曼斯坦与以往相比有变化，能够及时公开数据，修改

---

① http://uz.mofcom.gov.cn/article/jmxw/201610/20161001410464.shtml.

② http://tj.mofcom.gov.cn/article/jmxw/201611/20161101869093.shtml.

③ http://kg.mofcom.gov.cn/article/jmxw/201612/20161202230073.shtml.

的新宪法中增加了经济内容，说明现在经济领域面临的困难多了，原因主要是天然气收入减少。根据官方统计，1—11月土库曼斯坦宏观经济指标表现良好，GDP同比增长6.2%，其中，工业增长1.1%、贸易14.2%、农业12%，主要工业产品产量增长3.4%。① 据《中立报》10月22日报道，土库曼斯坦总统别尔德穆哈梅多夫当月21日主持召开政府工作会议时特别提到，各机关单位能够按时发放工资、退休金、国家补助和补贴。说明以前这些方面存在问题。

虽然五国的经济统计数据除哈萨克斯坦、吉尔吉斯斯坦以外都不错，但还是有较大水分的。按照亚洲开发银行的估算，已经将中亚（含阿塞拜疆）经济发展预测进行了下调，其中2016年由2.1%下调至1.7%，2017年由2.8%下调到2.7%。亚洲开发银行指出，导致下调增长预测的原因在于原料商品价格偏低和俄罗斯的经济衰退。油气出口下降对哈萨克斯坦、土库曼斯坦和乌兹别克斯坦的财政收入都产生消极影响；来自俄罗斯的侨汇收入减少也对该地区居民的生活产生负面影响。在国际经济整体上依旧较为低迷的大背景下，中亚国家经济结构不合理的问题被放大，财政领域的困难增多，外贸形势更加不乐观。

二、上合组织框架内多边合作的新成果

上合组织已经进入了一个平稳发展的阶段，更为注重各个领域多边合作的协调推进，更为注重已签署的各项文件的逐步

① http://tm.mofcom.gov.cn/article/jmxw/201612/20161202184939.shtml.

落实，更为注重务实合作能够取得惠及所有成员国的积极成果。作为上合组织的创始成员国，中亚国家重视该组织在维护地区稳定、促进地区发展方面所扮演的角色，认为上合组织是无可替代的新型区域合作机制，有着十分广阔的发展前景。2016年上合组织的一系列重大活动都是在中亚举行的，也给予中亚地区的经济和安全问题更多的关注。

（一）承前启后的塔什干峰会

6月23—24日，上合组织元首理事会第十六次会议在乌兹别克斯坦首都塔什干举行，签署了《上合组织成立十五周年塔什干宣言》，批准了一系列多边文件，特别强调把上合组织合作提高到一个崭新水平的条件已经具备，为此要不断深化和扩大安全、经济、人文等方面的务实合作。此次塔什干峰会对于上合组织的发展具有特殊的承前启后意义。

所谓“承前”，是因为塔什干峰会正值上合组织成立15周年，时间节点比较特殊。成员国元首高度评价过去15年上合组织取得的合作成果，在机制建设、法律准备、安全合作、经贸往来、人文交流等方面都有较大进展，特别是在地区和国际事务中秉持共同立场，积极维护成员国的整体利益。塔什干峰会发表的宣言和公报都反复强调，已经达成的共识和签署的文件是上合组织未来发展的重要基础。

所谓“启后”，则体现在以下几个方面：（1）充分利用现有机遇，争取重点领域的合作尽早取得突破。此次峰会的宣言中专门强调，把“丝绸之路经济带”作为促进区域经济合作的手段，深化在贸易、产能、财政、投资、农业、海关、通信、卫星导航及其他符合共同利益领域的合作。（2）有效应对现实挑战，加大成员国在维护地区稳定方面的合作力度。（3）稳步推进扩员进程，使接收新成员带来积极的影响。此次峰会通过了两个国家加入上合组织义务的备忘录，保证扩员工作有序进行，体现了上合组织对首次扩员的高度重视和积极态度。（4）全面部署任务落实，强调要尽快完成各方已经达成的合作意向。上合组织重视制订各种落实措施计划，使上合组织的合作避免陷入文牍主义的泥沼。塔什干峰会专门通过了《〈上合组织至2025年发展战略〉2016—2020年落实行动计划》，有关部门签署了上合组织《旅游发展纲要》。①

中国领导人对上合组织的未来发展提出了自己的重要建议。习近平主席在塔什干峰会上发表题为《弘扬上海精神，巩固团结互信，全面深化上海合作组织合作》的重要讲话，指出：上合组织成立15年来取得了令人瞩目的发展成就，开创性倡导和践行互信、互利、平等、协商、尊重多样文明、谋求共同发展的“上海精神”，全面推进经贸、金融、能源、交通等各领域合作，扩大民间交往和人文交流，努力拓展对外交往，朋友圈日益扩大，启动首次扩员进程，国际影响力进一步提升。他还就上合组织未来发展提出五点建议：（1）弘扬“上海精神”，坚持本组织发展之本。以平等互信为基础，以互利共赢为原则，以对话协商为手段，以共同发展为目标，全面推进上合组织各领域合作发展，做国际秩序健康发展的建设性力量。（2）坚持安全为先，巩固本组织发展之基。加强上合组织反极端主义、禁毒等法律、机制建设。中方愿在上合组织框架内同其他成员国一道，为促进阿富汗民族和解和经济重建作出努力。（3）扩大务实合作，拓展本组织发展之路。希望上合组织

① 《承前启后的上合组织塔什干峰会》，http://opinion.people.com.cn/n1/2016/0625/c1003-28477983.html.

为“一带一路”建设同各国发展战略对接发挥积极作用。中方欢迎有关成员国继续推进产能合作，愿同各方一道研究促进贸易和投资便利化措施。（4）夯实人文基础，建设本组织发展之桥。中方愿为各国开展古迹修复和考古合作提供支持，推进青年、卫生、环保等领域交流合作。（5）坚持开放包容，壮大本组织合作队伍。各方要以这次峰会签署印度、巴基斯坦加入组织义务的备忘录为契机，共同完善组织机制建设，扩展和深化各领域合作。①

（二）议题广泛的比什凯克总理会议

上合组织成员国政府首脑（总理）理事会第十五次会议11月3日在吉尔吉斯斯坦首都比什凯克举行。会议取得了较为丰硕的成果，为上合组织下一阶段开展务实合作指明了方向。由于是在中国“一带一路”重要倡议不断取得积极成果的背景下召开的，“一带一路”倡议如何与地区国家发展战略实现对接，也成为不可或缺的议题之一。在国际经济和安全环境中挑战增多、外部压力加大的情况下，本次总理会议对经济合作和安全合作给予了同等程度的特别关注，一方面准备落实重大的经济项目，另一方面不断增强防范恐怖主义的能力。

上合组织现有6个成员国、6个观察员国、6个对话伙伴国，多边合作的地理范围不断扩大，为观察员国和对话伙伴国参与上合组织框架内的合作也要创造必要的条件。本次总理会议最重要的成果之一是批准了《2017—2021年上合组织进一步推动项目合作的措施清单》，该清单涵盖贸易、投资、海关、农业

---

① 《习近平就上合组织发展提出5点建议》，http://news.xinhuanet.com/mrdx/2016-06/25/c_135465052.htm.

等7个领域，包括38项措施。由于成员国和观察员国都是“一带一路”沿线的重要国家，也是“一带一路”建设的参与者。上合组织成员国正在快速推进基础设施建设和产能合作，创新、科技、人文等领域交流合作也获得新机遇。①

李克强总理在会上提出六点建议：（1）营造安全稳定环境。上合组织成员国应遵循共同、综合、合作、可持续的安全观，进一步加强安全领域的协调合作，切实保障各国人民和境内其他成员国机构、企业和人员安全。（2）打造融合发展格局。中方愿与各方推进区域贸易和投资自由化便利化，加强海关、检验检疫、认证认可等领域合作，对建设上合组织自贸区等倡议持开放态度，积极探索更加全面、紧密、高效的区域经济合作架构。（3）提升产能合作水平。中方愿与各方共同努力，发挥互补优势，把产能合作打造成区域经贸合作的重要支柱，形成本地区经济发展的增长极，造福相关国家人民。（4）挖掘创新合作机遇。中方愿与各方加强创新政策对接和经验交流，积极落实《上合组织成员国科技伙伴计划》，深入开展卫星导航和卫星移动通信领域合作。（5）完善区域融资机制。中方愿与各方进一步加强本币互换和结算合作。（6）夯实人文交流基础。中方愿与各方签署关于上合组织大学设立和运行的协定，支持其为各国培养更多精通地区事务的专业人才。②

---

① 《上合组织总理会议取得重要成果》，http://news.xinhuanet.com/world/2016-11/04/c_1119853850.htm.

② 《李克强在上合组织成员国政府首脑理事会会议上的讲话（全文）》，http://www.chinanews.com/gn/2016/11-04/8052860.shtml.

（三）稳步推进的多领域合作

上合组织已经启动了十余个部长级的会晤机制，有的是每年举行会晤，有的是跨年度的，涵盖的领域非常多，也不断取得实际的成果，为成为非常重要的区域合作平台奠定了坚实的基础。

2016年上合组织举行了年度的外交部长会议（例行会议，塔什干）、经贸部长会议（第15次，比什凯克）、国防部长会议（第13次，阿斯坦纳）、文化部长会议（第13次，塔什干），各有侧重。一方面，为领导人会晤做文件方面的准备；另一方面，就具体领域达成广泛共识。6月的国防部长会晤期间还举行了成员国军队第三届“和平号角”军乐节等活动。此外，10月在阿拉木图举行的第四次司法部长会议也通过了一系列决定，准备加强对成员国公民的法律援助力度，并将在政府立法规划、法医等方面加强交流合作，通过上合组织无偿开放法律数据库等。

在经济领域取得一些重要突破，如10月12日的经贸部长会议通过了今后五年上合组织区域经济合作的指导性文件，拿出一份具体的措施清单，还通过了《上合组织成员国贸易便利化专业工作组章程》，准备统筹研究贸易投资便利化措施。人文交流也有新亮点，如根据中国领导人倡议举办的首届上合组织“青年交流营”，来自10个成员国、观察员国的青年代表共120人，在中国多地开展了丰富多样的交流活动，加深了彼此的友谊。安全领域也有新的举措，如根据俄罗斯的建议上合组织地区反恐怖机构理事会决定建立自杀式炸弹袭击者数据库。[1]

应该说，上合组织框架内经济、安全、人文等重点领域的多边合作在2016年都取得了积极进展。但扩员进程的加快以及被赋予更加明确的地缘政治角色，在一定程度上干扰了解决地区最紧迫问题的需求。印度、巴基斯坦的加入会带来一系列问题，成员国在安全和经济领域工作机制的建设和完善没有及时提上日程。尽管部长级的会晤关注到了一些具体的问题，但离决策还有一段距离。

三、地区形势变化对上合组织提出的新任务

从中亚地区形势发展来看，经济和安全领域的机遇和挑战并存，成员国对上合组织的借重增多，需求增大，希望得到更多的支持和援助。未来中亚国家政治领域的风险依然存在，安全领域的压力持续增大，社会领域的矛盾日趋尖锐。中亚国家面临的很多问题都难以独立解决，只能通过多边合作形成合力。具体来说，在以下几个方面对上合组织提出更高的要求：

第一，如何应对突发事件的发生，给予相关成员国最有力的政治支持。已经签署了两个协议，2012年通过的《上合组织关于应对威胁本地区和平、安全与稳定事态的政治外交措施及机制条例》对2009年文件做了修改和补充，但能够采取的联合行动仅限于启动外交磋商、形成一致立场，对确保国内稳定遭到破坏的成员国尽快恢复秩序难以提供必要的帮助。

---

① “В рамках ШОС будет создана база данных террористов-смертников”, http://www.kommersant.ru/doc/3088143.

第二，如何抵御外部的安全挑战，使成员国能够采取联合行动，密切配合，共同保证地区的稳定。过去上合组织的安全合作以解决内部的威胁为主。当外来的威胁越来越明确，上合组织能否采取及时有效的应对措施特别是要形成集体的力量显得更为重要。

第三，如何在扩员的背景下保持上合组织内部的团结。印度和巴基斯坦经过一个比较充分的准备过程加入上合组织后，更多是强化上合组织地缘政治作用，对解决多边合作中遇到的具体问题不会起到积极的影响，甚至可能带来更加复杂的变数。

第四，如何使上合组织成为成员国重要倡议推进的平台。无论是中国倡导的“丝绸之路经济带”，还是俄罗斯提出的“大欧亚伙伴”计划，都无法替代上合组织的特殊作用，也需要上合组织提供机制的支持和保障。在“丝绸之路经济带”建设与俄罗斯主导的一体化组织“欧亚经济联盟”的建设签署对接的政治声明后，并没有明确二者与上合组织的特殊关系。

第四章

英国脱欧惊动世界
欧洲陷入多重困境

欧洲形势与中欧关系

蔡方柏

【内容提要】在国际金融危机冲击下，欧盟陷入多重困境，英国公投脱欧给欧盟带来全面冲击。欧盟召开特别峰会制定加速治理和改革的路线图。欧洲仍是多极世界中重要一极。2016年中欧关系稳中有进：高层互访频繁，实现"一带一路"与欧盟发展战略对接，形成五大合作平台。欧盟继续成为中国第一大贸易伙伴和重要外资来源方。在重大国际问题上，中欧保持合作与协调。双方共同点远大于分歧，中欧关系有着良好发展前景。

【关键词】欧洲困境　重要一极　中欧关系

【作者简介】中国国际问题研究基金会顾问、高级研究员，中国前驻法国大使。

2016年国际形势最大特点是"黑天鹅事件"频发，国际格局加速调整。在此背景下，欧盟陷入多重困境，但在危机倒逼机制下竭力应对各种挑战，继续推进一体化进程。

一、欧盟面临的困境和脱困举措

在国际金融危机和债务严重冲击下，欧盟实力相对削弱，以高福利为基本特征的发展模式难以为继，加之内部运转机制存在实质性弊端，导致欧盟陷入五大困境。

一是经济低迷。欧元区和英国经济虽温和复苏，但增长速度低于预期。国际货币基金组织2016年10月预测，2016年和2017年欧元区经济将仅分别增长1.7%和1.5%，分别比2015年下调0.3个和0.5个百分点；英国经济将分别增长1.8%和1.1%，同比下调0.4个和1.1个百分点，欧元区通胀率未能有效提升，欧洲央行2016年12月8日宣布，为刺激欧元区经济复苏和应对通缩压力，决定继续维持现行零利率，将原定于2017年3月到期的购债计划延长到年底，但从2017年4月起月购债金额从原来的800亿欧元减为600亿欧元；预计2016年欧元区通胀率为0.2%，2017年为1.3%，都达不到2%的预定目标。欧盟经济已进入低速增长周期。

二是公共债务危机仍在发酵。欧债危机虽已软着陆，但存在不确定性。欧盟统计局数据显示，截至2016年第一季度，欧元区公共债务占GDP比重从上季度的90.6%升至92.2%。负债率最高的国家是希腊（180%）、意大利（130.3%）、葡萄牙（127.2%）、爱尔兰（125.1%）。希腊一度陷入破产和退欧的边缘，当前又出现新的危机。2016年12月5日欧元区财长会议同意通过延长债务偿还期和减少利息等短期债务减免，但此项措施将延续至2060年，要求希政府进一步实行紧缩政策。希腊政府发言人对此提出强烈抗议，希腊各主要城市爆发大规模罢工抗议，整个国家陷入“停止”状态。为平息民众不满，齐普拉斯总理宣布在圣诞节前向160万名低收入退休人员发放一次性补贴，但这引起欧盟委员会的反对，欧洲债权方叫停刚宣布不久的希腊债务减免计划。由于国际债权人并未对希腊债务总额直接减记，国际货币基金组织仍不愿加入希腊第三轮救助计划。如何结束这轮危机，如何达成希腊债务总额的直接减记，如何使国际货币基金组织加入救助计划，还都是悬而未决的难题。

此外，欧元区银行业面临严重坏账问题。欧洲央行2016年12月12日发布的《商业银行处置不良贷款指南草案》指出：欧元区坏账高达9000亿欧元（约合1.01万亿美元），其最大银行7%的贷款为不良资产，希腊和塞浦路斯银行的不良贷款率分别高达47%和45%，意大利的不良贷款率为12%。这导致2016年和2017年欧元区银行盈利全球最低，2016年上半年欧洲银行类股价累计下跌20%，英国公投脱欧后跌幅还在扩大。意大利银行业问题突出。“意大利银行不良贷款总计高达3600亿欧元，而这些银行市值仅为2250亿欧元”。[①] 12月21日，意大利议会通过了拨备200亿欧元专门用于救助银行业的提案。22日，意大利政府对西雅那银行在内的几家处于危机的银行进行救助。意大利银行业不良债务占欧元区银行业不良债务总额1/3，如处理不当将触发欧元区银行业系统的恐慌。德国最大银行德意志银行也遇到亏损和罚款等麻烦，导致近一年该行股价累计下跌43%。银行业坏账正在拖累欧元区银行股价，阻碍经济复苏。

---

① 《意大利公投风险上升　投资者提前防御“欧洲黑天鹅”》，http://news.xinhuanet.com/fortune/2016-11/30/c_129384924.htm.

三是地缘危机不减。乌克兰危机再度趋紧，欧盟延长对俄罗斯制裁和俄美矛盾深化制约欧俄关系转圜。2016年5月，美国启动在罗马尼亚部署的反导系统，并准备与北约在欧洲的反导系统接轨。俄罗斯采取反制措施。2016年6月北约决定在波罗的海三国和波兰部署四个营的多国部队，军事部署重心进一步东移。北约和俄罗斯的战略对抗升级。这一切都给欧洲安全带来新的不确定因素。

四是恐怖袭击严重威胁欧洲安全。自2015年年初以来法国遭到三次重大恐袭，伤亡惨重。法国内政部长宣布，2016年已挫败了17次袭击企图，逮捕了418人。法国民议会2016年12月14日通过法案，将全国紧急状态延长至2017年7月15日。德国和其他一些欧洲国家也累遭恐袭。这些恐袭的特点是本土化"独狼式"袭击增多，难以防范。2016年12月19日柏林圣诞集市恐袭再度为欧洲各国安全敲响警钟。各国纷纷提高警戒级别，造成人心浮动，影响社会和政局稳定。

五是难民危机严重影响欧盟内部团结。此次难民潮是多个因素叠加的结果：美国入侵伊拉克、阿富汗、利比亚造成西亚北非乱局，搅乱北非中东的"颜色革命"继续发酵，再加上叙利亚内战和"伊斯兰国"兴风作浪，造成社会动荡，民不聊生。欧洲爆发二战后最大的难民潮，其特点是难民人数多、解决难度大。2015年，仅德国就接收了110万人。德国持开放态度导致大批难民涌入欧洲，人道主义惨剧频发。欧盟召开多次峰会寻求对策，但内部分歧依旧严重。此后，成员国采取不少措施，巴尔干之路关闭及欧盟同土耳其达成协议直接导致难民人数大幅减少，但难民问题并未得到有效解决。欧盟委员会要在成员国中公平分配难民的决定，遭到一些成员国的反对，维谢格拉德集团四国（波兰、捷克、斯洛伐克、匈牙利）更是强烈抵制分配难民方案。处理难民问题仍将是今后要解决的重大议题之一，它不仅关系到欧盟内部团结，也考验人员自由流动原则。

上述五大困局反映出欧盟内外矛盾交织、结构性弊端突出。英国公投脱欧又给欧盟造成全局性冲击，进一步削弱了欧盟和英国综合实力和国际影响力，改变了一体化只进不退的轨迹，给欧洲带来前所未遇的挑战。在此背景下，欧洲社会思潮混乱，民粹主义、极端主义、排外主义上升，极端政党势力和影响持续壮大。希腊激进左翼政党两度胜选执政，法国、德国、西班牙、荷兰等国极右势力都有新发展。最近意大利修宪公投失败，为其政治、经济形势增加了新的不确定性。

目前，欧盟正处于动荡、迷茫时期，加大了成员国离心倾向。意大利、希腊等南欧国家联合法国，力推宽松的财政政策，促进经济增长；北欧国家携手德国继续成为推动自由市场和结构改革的主要力量；波兰等维谢格拉德集团四国坚决反对难民强制分配，并提出“灵活团结”的替代方案，维护本国主权；意大利同法国、德国举行峰会，力求打造“新三驾马车”；法国和德国致力于激活法德轴心。欧盟面临的分裂风险促使欧盟领导人纷纷呼吁加强团结，应对“生存危机”。

在此形势下，欧盟于2016年9月16日在斯洛伐克首都布拉迪斯拉发举行没有英国参加的特别峰会。欧洲理事会主席图斯克致函与会领导人，强调留给欧盟的时间不多了，欧洲各国人民需要知道能否重新管控欧洲的失衡和失序的局面。因此，这次特别峰会的任务是，分析当前面临的严峻形势，为今后半年的治理开出药方，更好应对多重挑战，重建对欧盟信心。峰会承认“欧洲一体化建设机制不足”和“操作失误”，并发表了《布拉迪斯拉发宣言》，承诺今后半年为欧洲民众提供具有吸引力的愿景，并制定了未来6个月加速治理和改革的路线图。这是各成员国搁置争议，相互妥协的结果。体现了欧盟先稳住阵脚，再谋发展的策略意图。随着形势的发展和内部协调取得进展，其路线图的内涵将逐步得到充实。

一是采取必要措施，确保内外安全。第一，加强欧盟边界和海岸保护机制建设，遏制移民。欧盟委员会将向保加利亚提供1.08亿欧元，新增200名边防人员，以强化保加利亚与土耳其边界的管控。2016年9月24日，欧洲11国领导人就巴尔干难民问题举行峰会，决定提高欧洲边境管理局的管理能力，遣返非法移民，并要与北非国家、阿富汗等国达成遣返协议。第二，密切反恐合作。建立旅行信息和认证系统，强化成员国情报机构合作，防止极端分子入境。第三，加强欧洲防务建设。法国和德国防长提出“更新共同安全与防务政策”倡议，建立欧洲军事行动指挥部。欧盟28国召开防长会议，讨论了法国和德国关于增加军费、合作研发军备、扩大海外维和行动和增强针对有政府背景的黑客防御建议。2016年12月的欧盟冬季峰会采取了三项重要措施：（1）积极落实欧盟全球战略，要求成员国全面参与欧洲防务行动计划，成立欧盟防务基金，用于联合采购和共同研发现代化武器装备；（2）认真执行欧盟和北约在华沙签署的联合声明，提升双方合作水平；（3）成立小型军事指挥机构，以提升欧盟战斗部队行动能力。看来，特朗普胜选后，以北约为核心的欧洲安全体系可能受到冲击，欧盟迫切需要加强独立防务建设，并以此为突破口推动一体化进程，增强对美独立性。但是，由于内部意见不一，加之财政经济困难，拿不出较多资源进行防务建设。欧盟防务一体化短期内难有实质进展，仍离不开北约的安全保障。

二是振兴经济与就业。增加投资，促进经济增长，提高竞争力和创新能力。（1）将容克投资计划由3150亿欧元增加到6300亿欧元，专门设立“欧洲战略投资基金”，投资计划原定2018年到期，延长3年运作；（2）加速打造“数字化欧洲”，2025年前在欧盟普及移动互联网，2020年前在所有城市中心公共场所免费提供无线网络；（3）为青年人创造更多就业和未来前景。12月欧盟冬季峰会确认上述目标，重申2018年前完成有关单一市场和能源联盟建设，加强单一市场工业现代化进程。

三是加强难民政策协调。加强保护外部边界和巴尔干沿线国家，继续执行欧盟和土耳其达成的协议，并推出数十亿欧元的非洲投资计划，加大对难民来源国的发展援助力度。上述措施使自土耳其进入欧盟的非法移民由高峰时日均10000人减至100人。因此，12月欧盟冬季峰会发表的公报强调“全面、不带歧视”地落实欧盟与土耳其难民协议的重要性，并决定2017年1月举行欧盟—土耳其峰会，以对土耳其进行安抚，对非洲之角提供1.7亿欧元的经济援助。在内部机制建设方面，决定2017年7月前完成新的庇护机制建设、年底前完成“欧洲旅游信息和授权系统”。但是，欧盟内部对难民分摊计划分歧犹存。

此外，12月欧盟冬季峰会决定就乌克兰危机对俄罗斯经济制裁延长六个月至2017年7月底，但未因叙利亚问题增加对俄罗斯制裁，为特朗普上台后美俄关系出现缓解、欧俄关系转圜预留空间。欧盟冬季峰会后，英国首相离席，27个成员国就英国脱欧谈判提出“三原则”：秉持权利与义务平衡，单一市场与四大自由流动不可分割，信任与团结精神相结合。同时，欧盟对自身机构在谈判中的分工和步骤作出了具体部署。欧英围绕英国脱欧谈判将展开激烈的博弈。欧方提出高达500亿—600亿欧元的“退欧费”。英方对此反应强烈。英方主张脱欧谈判启动后两年全部完成，欧方则认为，即使与英方达成自贸协定，最早也要等到2020年年中。外界推测英国脱欧具体实质谈判可能需5—10年才能完成。

欧盟深刻调整和结构改革势在必行。布拉迪斯拉发议程只是开端，2016年12月欧盟冬季峰会和2017年马耳他瓦莱塔特别峰会将进一步深化改革进程，2017年3月为庆祝《罗马条约》签订60周年的峰会有望通过改革共同决议。然而，这次特别峰会和冬季峰会并未取得突破性进展，各国深层次分歧依旧，结构性弊端犹存，峰会成果和共识难掩内部分歧。同时，特朗普当选及欧美俄之间的博弈也将对欧盟未来发展产生重大影响。欧盟要重塑团结，摆脱困境还有很长的路要走。

不过，欧洲各国总体上保持国内政局稳定，对世界格局演变发挥重要影响。欧盟是在不断克服危机中才发展成为世界一体化程度最高的发达国家联合体，拥有较强经济、科技实力和国际影响力。为摆脱困境，欧盟只有加强内部团结，决心推进结构改革，实行“志愿者联盟”等形式的多速欧洲，才会找到出路。在英国脱欧问题上，欧英存在重大分歧，但欧英关系千丝万缕，经过双方讨价还价最终可能达成妥协。

总的看来，欧洲一体化“黄金时代”已经结束，但欧洲仍是世界重要一极。

二、中欧关系稳中有进

目前，中欧均已成为世界多极化中的两大战略力量，两者的关系对世界格局产生深远的影响。2014年习近平主席对欧盟总部进行正式访问，双方决定打造和平、增长、改革、文明四大伙伴关系，为中欧关系今后的发展指明了方向。

2016年，中欧高层互访频繁，深化了利益融合。习近平主席先后访问捷克、塞尔维亚、波兰，德国总统和总理、希腊总理等领导人相继访华；成功举行了第18次中欧领导人会晤、第5次“16+1”领导人会晤、第6轮中欧高级别战略对话、第6中欧经贸高层对话、中国—欧盟国家教育部长会议、第4轮中德政府磋商等，都取得了积极的成果。2016年上半年，中欧副总理级团组往来57起。频繁的高层次互动为深化中欧关系提供了有力的政治保证。在二十国集团杭州峰会期间，习近平主席会见英国新首相特蕾莎·梅时，梅首相表示：“我完全认同英中关系‘黄金时代’的定位，期待同中方一道打造面向21世纪全面战略伙伴关系，并认为两国合作领域广泛、潜力巨大。”上述高层互动进一步落实了第17次中欧领导人会晤和高层对话所取的成果。

一是“一带一路”倡议与欧洲发展战略对接形成的五大合作平台得到深化。（1）中欧投资基金：中欧就投资模式进行了多次磋商，决定由“丝路基金”出资设立，并将就项目层面合作框架继续协商。（2）中欧互联互通平台：双方已经签署互联互通平台谅解备忘录，并已建立平台工作组，商谈优先合作项目。2016年6月，双方举行了部长级互联互通平台第一次主席会议，对双方工作组提交的示范项目优先行动清单进行审议。第6次中欧经贸高层对话期间，双方确定了示范项目优先行动清单。（3）中欧数字化合作平台：第18次中国欧盟领导人会晤期间，双方决定组建中欧数字化经济和网络安全专家工作组并举行首次会议，重点讨论了数字经济内涵、数字化转型挑战、第五代（5G）移动通信、数字隐私保护、网络安全政策和标准方面信息共享等议题。（4）中欧法律事务对话：2016年6月，首次中欧法律事务对话在北京举行，主题是“电子商务和消费者权益保护”。（5）便利人员往来：2016年2月，签署了《中华人民共和国和欧洲联盟关于互免持外交护照人员短期停留签证的协定》，欧盟成员国可在中方批准的15个非设领城市设立签证申请中心。中欧人员往来和移民领域对话路线图第一阶段工作圆满完成，开启路线图第二阶段谈判。

二是“一带一路”倡议与欧盟成员国发展战略对接取得重要进展。中国和英国同意将“一带一路”与英国基础设施升级改造计划及“英格兰北部中心”对接。中国和德国建立“中国制造2025战略”与“德国工业4.0战略”对接。中国和法国创新合作模式，就第三方市场合作达成共识，并成立指导委员会，设立“中法共同基金”，确定首批合作项目清单。特别是两国企业就英国欣克利角及后续核电项目签署协议。中方还与中东欧七国签署共建“一带一路”谅解备忘录。关于匈牙利、塞尔维亚铁路建设，中国已分别与匈牙利、塞尔维亚签署协议，塞尔维亚段已正式启动。中国实现核电、高铁项目第一次走进欧洲，具有很强的示范效应。

三是在全球贸易下滑中欧盟仍是中国最大贸易伙伴。欧盟是中国最大进口来源地、第二大出口市场和重要外资来源地。2016年1—9月，中欧贸易额为4052.7亿美元，同比下降3.5%（2015年全年下降8.2%）。2016年上半年，欧盟对华实际投资56.4亿美元，同比增长38.3%；中国对欧盟投资新增41亿美元。中欧投资协定谈判迄今已举行12轮，第6次中欧经贸高层对话期间，双方表示要加快工作进度，尽快完成投资协定谈判。中国远洋海运集团中标比雷埃夫斯港务局私有化项目、河钢集团收购塞尔维亚斯梅雷沃钢厂等重大项目。金融领域合作持续发展。中国央行和欧洲央行同意将3500亿人民币的货币互换协议延长3年。英国、法国、德国等国发行人民币主权债券，中国同中东欧建立“16+1”金融公司，中国和瑞士、中国和德国分别建设人民币离岸市场和人民币金融工具交易平台。

四是中欧就当前重大国际问题进行了有效磋商与协调。双方为和平解决伊朗核问题作出了重大贡献，为推动巴黎气候大会达成具有法律约束力的协议并促成其生效发挥了重要作用。中国和欧盟都支持《联合国宪章》的宗旨、原则及普适性，致力于推进国际治理法治化，推动国际秩序朝着更加公正合理方向发展。对乌克兰危机，双方呼吁各方承担责任，充分履行其在明斯克协议中所做的承诺。双方同意继续努力，推动在联合国框架下通过政治协商解决叙利亚等严重危机。

第18次中欧领导人会晤时，中方主动就南海仲裁案出台结果同欧方进行了深入沟通，取得了成效。欧盟机构就仲裁案结果推迟并弱化声明，欧洲无一国家单独发表对中方不利的声明，甚至有几个国家为中国仗义执言。

同时也应看到，处在困境中的欧盟心态复杂，在加大与中方合作时消极面也有发展。2015年6月22日，欧盟委员会发布题为《欧盟对华新战略要素》的对华政策文件，在主张合作的同时强调要维护欧方价值观和利益至上，在人权、经贸、钢铁产能过剩等一系列问题上表现消极。贸易、投资保护主义抬头。欧盟、美国不执行中国入世议定书第15条规定的义务。2016年12月11日后，欧盟希望利用所谓“市场扭曲”概念和标准延续“替代国”做法，违反了世贸组织法律。中国商务部已于12月12日对美国、欧盟对华反倾销的“替代国”做法先后提出世贸组织争端解决机制下的磋商请求，正式启动世贸组织争端解决程序，坚决捍卫中国自身合法权益。在投资方面，德国经济部以“涉及国家安全”为由撤回中国企业并购半导体芯片设备制造商爱思强的收购批准，宣布将中国公司收购德传统照明企业欧司朗子公司进行深入调查，推动欧盟在经贸问题上对华示强，就钢铁产能过剩等问题对中方进行批评。实际上，德国政府内部意见不一，经济界人士纷纷发声反对。德国这股保护主义倾向虽不是主流，但值得警惕。2016年9月15日，欧洲议会议长舒尔茨、外事委员会主席布鲁克执意会见达赖，并在议会网站和社交媒体高调展示。这是意识形态色彩和对华偏见固有体现。

三、中欧关系发展前景广阔

中欧之间竞争与合作关系将长期存在。但欧方重视对华关系、利用中国广阔市场和资金的大趋势不会改变。中欧之间的共同利益远大于分歧，合作仍是双方关系主流。

一是中欧之间没有战略性冲突。保持中欧关系长期稳定发展符合双方的根本利益。

二是经济上互补性强。处于困境中的欧洲更需与中国进行发展战略对接，开展国际产能合作，共同开拓第三方市场，促进相互经济增长，增加就业岗位。多年来欧盟是中国的最大贸易伙伴，今后将继续保持下去。

三是在重大国际问题上双方有许多共同点。中欧都赞成世界多极化，主张用多边主义解决国际重大问题；都主张改革不合理的经济和金融制度，人民币国际化有利于打造多元化的国际金融体系，符合双方的利益；都反对国际恐怖主义，维护自身安全。

四是双方强调文化多样性。主张通过不同文明之间包容互鉴，通过对话建设持久和平、共同繁荣的和谐世界。

欧盟是中国的重要战略伙伴，发展同其各领域友好合作是实行中国特色大国外交重要一环。今后，我们需继续高举支持欧洲一体化的旗帜，加强战略对话，推进务实合作，建设性管控分歧，推动中欧全面战略伙伴关系平稳、健康发展。

欧洲深陷恐袭危机及其影响

沈孝泉

【内容提要】2016年，欧洲成为“伊斯兰国”组织发动攻击的主要目标，法国、德国、比利时接连发生恐怖袭击事件，造成巨大人员伤亡。欧洲反恐局势恶化是中东地区长期战乱外溢的结果，对欧洲未来将产生深刻影响。面对恐袭威胁，欧洲各国难以形成共同对敌的局面，欧盟无所作为，欧洲政治一体化步履艰难。恐袭助长民粹主义思潮泛滥，极右翼势力纷纷崛起，冲击欧洲传统政局，欧洲进入政治动荡期。

【关键词】恐怖袭击　欧洲一体化　民粹主义

【作者简介】中国国际问题研究基金会欧盟研究中心研究员，新华社世界问题研究中心研究员。

2016年堪称欧洲“恐怖袭击年”。这一年，法国、比利时、德国等国接连遭遇国际恐怖主义组织的恐怖袭击，造成巨大的人员伤亡，引发普遍的心理恐慌，严重冲击各国的社会稳定。欧洲安全形势恶化到如此严峻程度，是内外部因素叠加的结果，将对欧洲政局及一体化进程产生深刻影响。

7月14日法国国庆日，尼斯发生恐袭事件，一名恐怖分子驾驶一辆重型冷藏卡车冲向聚集在海滨大道上观看国庆焰火的群众。84名无辜群众当场死于这辆重型卡车的撞击和碾压之下。这是继2015年1月7日巴黎《查理周刊》编辑部遭枪击案以及11月13日巴黎北郊法兰西体育场和市中心巴塔克兰剧场同时发生的爆炸和枪击案之后法国发生的第三起重大恐袭案件，巴黎的两起恐袭分别造成13人和130人死亡。尼斯恐袭案后仅13天，法国北部诺曼底地区一小镇的教堂遭遇袭击，一名神父当场被袭击者割喉而亡。

法国警方还挫败了多起未遂袭击案件。9月4日，警方在巴黎圣母院附近几百米的地方发现了一辆被遗弃的小轿车，里面装载着几个煤气罐。根据这一线索警方抓捕嫌疑人，系三名年轻女子，已经向“伊斯兰国”效忠，试图利用这辆汽车袭击巴黎火车站，制造恐怖事件。法国总理瓦尔斯说，法国“几乎每天”都在破获恐怖阴谋。内政部宣布，大约1.5万人因存在极端化倾向而受到警方监控；2016年，法国共逮捕296名恐怖嫌疑人。这些未遂恐袭事件以及官方公布的数字显示，法国远未摆脱恐袭厄运。

布鲁塞尔是比利时首都，也是欧盟总部所在地。2016年3月22日，布鲁塞尔遭遇连环恐怖袭击，国际机场和市内一地铁站内连续发生爆炸。比利时警方披露，当天清晨7点多，三名嫌疑人乘坐出租车来到机场，然后把装载炸药的行李分别放进三辆行李车并推进机场。在大厅行李登记处，人们听到有人用阿拉伯语呼喊，其中两个行李车随后发生爆炸，两名推车人当场炸死。第三辆行李车没有爆炸，推车人失踪。几乎同时，布鲁塞尔的一个地铁站内也发生了自杀式爆炸。两地的恐袭行动共造成至少34人死亡、270人受伤。布鲁塞尔的城市规模不大，但位于欧洲地区的中心位置，又是欧盟总部所在地，无论从地理概念还是政治意义上都是名副其实的“欧洲心脏”。“伊斯兰国”组织选择“欧洲心脏”作为袭击的目标，显然具有政治象征意义：打击布鲁塞尔就是打击欧洲。法国总统奥朗德一针见血地指出：“比利时发生了恐怖袭击，但是恐怖组织瞄准的整个欧洲。”可以说，布鲁塞尔恐袭事件是“伊斯兰国”向欧洲的公开宣战。

一直相对平静的德国也成为恐怖袭击的目标。7月18日晚，德国南部维尔茨堡地区的一列火车上，一名来自阿富汗的17岁青年用斧头和刀具砍伤4名乘客。7月22日，巴伐利亚州首府慕尼黑一家购物中心发生枪击事件，一名18岁的青年在枪杀9人后开枪自尽。此人在德国出生，拥有伊朗和德国双重国籍，在慕尼黑生活了两年。7月24日，德国南部安斯巴赫市举行的音乐节上发生爆炸，音乐会被迫中断，至少1人死亡，死者为制造爆炸的凶手。此人是27岁的叙利亚难民，于2014年7月从保加利亚进入德国，提出避难申请但遭拒绝。当日，西南部罗伊特林根市一名凶手在一公交车站持刀将1名妇女砍死，另有5人受伤。嫌犯为来自叙利亚的21岁难民。德国在一周之内竟然连续发生4起恐袭事件，媒体惊呼德国进入了“恐怖时刻”。“伊斯兰国”组织公开宣布对这4起案件中的3起负责。

12月19日傍晚德国首都发生一起恐怖事件，一辆大型货柜式卡车突然在柏林西部的布赖特施德广场附近以每小时60多公里的速度穿过人行道，冲进路边的圣诞市场，在人群中横冲直撞，直到撞上一棵圣诞树才停下来。当场造成12人死亡、48人受伤。德国内政部部长德梅齐埃确认，此事涉及一场恐怖袭击。媒体称“伊斯兰国”已宣布对这起恐袭负责。

几乎同时，瑞士苏黎世市中心清真寺发生枪击事件，一名枪手潜入清真寺后向正在做祈祷的人群开枪，造成至少3人死亡；俄罗斯驻土耳其大使卡尔洛夫在安卡拉出席摄影展遭杀害，凶手随后被警方击毙。同一天在不同国家连续发生三起恐怖案件，足以说明欧洲安全形势的严峻程度。

另一个欧洲大国英国也是“伊斯兰国”计划袭击的目标。英国《每日电讯报》网站报道，在英国接受教育的“伊斯兰国”组织的一名线人，德国出生、英国长大的哈利·萨尔福透露，这个组织的指挥官希望在不同的欧洲国家“同时策划多起袭击事件”，他们“希望在英国、德国和法国同时制造多起袭击事件”。为何英国没有发生恐袭，他解释是在当地暂时难以招募到合适的“圣战”分子。

鉴于欧洲发生恐袭案件的频率和严重程度，媒体评论认为，“伊斯兰国”组织“在欧洲的战争似乎已经进入了危险的新阶段”，“欧洲成为‘伊斯兰国’组织发动对西方战争的最新阵地”。

当前欧洲反恐局势恶化到如此严峻程度，对欧洲政局和欧洲一体化进程将产生深刻影响，主要表现在四个方面。

第一，欧洲恐袭常态化。法国、德国和比利时发生的恐怖袭击事件表明，“伊斯兰国”向欧洲公开宣战是其既定的战略，因此，欧洲进入恐袭常态化状态。

欧洲成为“伊斯兰国”恐袭的主要目标并不是偶然的，主要是对欧洲参与美国为主导的军事打击“伊斯兰国”武装而进行的报复。2014年6月，“伊斯兰国”组织在伊拉克起事之后，攻城略地，矛头直指首都巴格达。8月8日，美国开始发动对伊拉克境内“伊斯兰国”分子的空中打击行动。9月5日，美国同法国、英国、德国、意大利、波兰等组建了打击“伊斯兰国”的反恐联盟。法国是这个联盟的重要成员，也是最早参与军事行动的欧洲国家。9月15日，法国空军开始在伊拉克上空展开军事行动。此后，法国的军事行动扩大到叙利亚。正是由于这个原因，“伊斯兰国”最早把法国锁定为进行报复的目标，2015年1月7日血洗巴黎《查理周刊》编辑部，就是“伊斯兰国”对欧洲发出的明确信息。此后，不同规模的恐袭事件就接连不断在法国和欧洲其他国家陆续发生了。

“伊斯兰国”在欧洲的恐袭形式虽然多样，但并非杂乱无章。法国国内安全总局披露，通过对巴黎“11·13案件”的调查审理发现，“伊斯兰国”组织内部有一个名叫“阿姆尼”的机构，即对外行动部，其职责就是策划在国外的恐怖行动。这个机构负责把经过挑选的恐怖武装分子遣送回欧洲，并在其居住国展开恐怖袭击行动。“阿姆尼”目前共有1500名成员，“伊斯兰国”还对武装分子采取行动予以重奖，每个人发动一次袭击将得到5万欧元的奖励。这一披露显示，“伊斯兰国”对欧洲发动袭击并非一时冲动或偶然之举，而是进入了规范化阶段。

欧盟刑警组织2016年2月公布的数字显示，目前在欧洲有3000—5000名“圣战”分子，这些人中相当一部分是从欧洲前往叙利亚和伊拉克参加“圣战”，在战场上得到了实战训练和“洗礼”，然后返回欧洲准备“大干一番”，其中一些人直接接受了回国后执行的“特殊任务”，另外一些人则在“圣战”精神鼓舞下自主采取行动，即所谓“独狼”行动。越来越多的事实表明，“伊斯兰国”组织竭力收编和鼓励“独狼”分子的行动，“伊斯兰国”的宣传头目穆罕默德·阿德纳尼2014年曾呼吁欧洲的“独狼”分子：“用石块砸碎他们的头，用匕首宰掉他们，用汽车碾压他们，将他们从高处推下来，掐死他们，或者毒死他们。”这一呼吁正在得到越来越多的响应并付诸行动。

当前，“伊斯兰国”组织武装在伊拉克和叙利亚的战场上遭遇挫折，为了转移视线和摆脱被动局面，一方面，这个组织正在实施“外围战略”，向其他地区（如利比亚）渗透和转移，利用当地混乱局面寻求机会；另一方面，把恐怖行为的触角伸向敏感地区和国家，如土耳其连续发生的恐怖爆炸就与此有关。而欧洲距离中东地区最近，是“伊斯兰国”最容易得手的地方，在欧洲展开恐袭行动也最能够取得轰动效应，从这个角度看欧洲也是在劫难逃。

欧洲刑警组织负责人维恩怀特不久前接受采访时指出，欧洲“目前正面临十年来前所未有的恐怖威胁”，恐怖组织“可能在欧洲任何地点发动袭击”。

由此可见，恐怖袭击在欧洲将呈现常态化趋势，严峻的反恐局势将在很长时间内成为欧洲各国必须应对的经常性挑战。

第二，中东战乱殃及欧洲。欧洲遭受恐袭威胁是“伊斯兰国”打击报复的结果，同时也是中东地区长期战乱直接殃及欧洲的体现，而欧洲对于中东地区目前的战乱负有不可推卸的责任。

自2010年年底起，西亚北非一些国家相继发生了以推翻现政权为目标的社会和政治运动，西方认为这是阿拉伯世界的一次革命浪潮，称之为“阿拉伯之春”。西方国家借机以“反对独裁”和推动“民主化”为名积极介入其中，利比亚和叙利亚就是两个典型。2011年年初，利比亚政局发生动荡，政府军在班加西围剿反政府力量，法国、英国等国以打击卡扎菲独裁政权为由，率先向卡扎菲军队发动了空中打击行动。这场以北约名义发动、以法国和英国等国为主力的军事行动，最终推翻了卡扎菲政权，卡扎菲本人也被击毙。“独裁政权”虽然倒台已有五年，利比亚却没有迎来“民主的曙光”，还成为国际恐怖主义猖獗的动乱地区，成为恐怖分子从中东流窜到非洲的“跳板”。更加令欧洲人料想不到的是，利比亚目前正是逃避战乱的难民涌向欧洲的一条主要通道。

叙利亚爆发政治动乱后，西方把巴沙尔总统作为独裁者加以打击，并试图扶持反政府力量取而代之。叙利亚战争拖延至今，产生了令欧洲难以料到的、却构成直接威胁的两大灾难：一是数以百万计的难民逃离叙利亚等地，通过陆路和海路等非法途径涌入欧洲，给欧洲造成了空前的压力；二是叙利亚战乱造成“伊斯兰国”的崛起，而“伊斯兰国”则把恐怖袭击的目标对准了欧洲。更加令欧洲人不安的是，一些在叙利亚接受培训的“圣战”分子混在难民中涌入欧洲，对欧洲各国的安全构成了直接的威胁。“伊斯兰国”组织在欧洲发动恐袭，同时也靠运送难民牟取暴利。据联合国难民事务高级专员办事处统计，卡扎菲政权倒台后至2016年9月，共有超过10万难民从利比亚通过地中海逃亡意大利。“伊斯兰国”组织通过在其控制的苏尔特周边150公里海岸线起航的人贩子那里强行收取过路费，总额高达8800万欧元，占2015年利比亚通过难民偷渡所得总额的1/3。

由此可见，欧洲参与制造和加剧了中东地区的战乱，最终欧洲只能吞下难民潮和恐怖袭击的双重苦果。

第三，安全形势恶化危及欧洲一体化。反恐难以促使欧洲各国形成合力，反而形成各自为战的分裂局面，欧洲一体化进程受到严重阻碍。从理论上看，欧洲正面对“伊斯兰国”这个共同敌人，各国应当在安全方面采取共同行动，相互支援。但是，从实际情况上看，欧盟各国因各自关注点不同和利益差异而各怀心事，在反恐问题上难以做到充分合作、尽心尽力。德国总理默克尔拒绝因为恐怖袭击事件改变她的移民政策，但是德国目前最大的关切是如何接纳上百万难民的问题，同时她宣布了一项反恐计划，内容包括加快对有犯罪前科者避难申请的拒绝、建立对难民极端化的早期预警系统以及必要时部署军队等措施。法国作为恐怖组织的主要袭击目标，理所当然地把反恐当作了头等大事，奥朗德总统宣布，法国同恐怖主义处于“战争状态”，为此实施紧急状态法等多项强力措施，并决定成立由志愿者和退伍军人组成的国民卫队来应对恐怖主义威胁。欧洲刑警组织指出，恐怖分子将在欧盟实施汽车炸弹式恐怖袭击，法国为首要目标。欧盟成员国中的中东欧国家则因乌克兰危机而始终把防御俄罗斯当作国家安全的重中之重，对于反恐问题没有给予充分重视；而偏居英伦三岛的英国目前忙于处理因2016年6月全民公投决定退出欧盟而需要解决的各种问题，其所关注的是如何把恐怖分子和难民拒于国门之外。这一状况导致欧盟各成员国在反恐问题上各自为战、以求自保，这也正是欧洲成为“伊斯兰国”组织恐怖袭击的目标而欧盟作为一个整体难以有效应对恐袭的重要原因。安全是欧洲开展合作的重要领域，反恐是欧洲安全领域一体化的题中应有之义。但是，欧洲当前面临如此严峻的反恐局势，欧盟却难以发出强有力的声音，更难以制订和采取共同应对恐怖主义的实质性措施。欧盟在反恐问题上的无所作为进一步表明，欧洲按照《里斯本条约》实现政治联合面临巨大的障碍，并给欧洲一体化进程增添了新的不确定因素。

第四，恐袭助长民粹主义，导致欧洲政局动荡。欧洲恐袭危机的加剧和反恐局势的恶化对各国政局将产生深刻影响。

首先，对目前欧盟竭力缓解难民危机所做的努力带来不利影响。2015年，上百万来自中东战乱地区的难民涌入欧洲，这股难民潮至今没有缓解的迹象，目前滞留在希腊和土耳其的难民人数依然逐日上升。暴恐案件的屡屡发生使欧洲各国民众对外来难民的抵触心理陡然上涨。2015年11月13日巴黎发生的系列恐袭事件中，直接参与恐袭的8名恐怖分子中有2人就是一个月前从希腊登陆的“难民”。这很容易使民众把难民等同于恐怖分子。恐袭也改变了欧洲年轻人对移民的看法，对难民持更加怀疑的态度。德国西努斯研究所的一项调查表明，41%的被调查者认为，对来自战争地区的难民开放边境可能造成社会动荡。随着反恐形势的严峻，各国接纳难民将成为更加难以解决的难题，各国执政当局将承受更大的政治和社会压力。

其次，恐袭危机导致一些国家的社会分裂进一步加剧。以法国为例。法国是一个传统移民国家，穆斯林人口在500万以上，这一族群始终存在着融入法国主流社会的问题。大部分穆斯林及其后裔一直处于被社会边缘化的境地，特别是广大穆斯林青年难以融入社会，难以得到适当的学习和工作机会，缺少个人前途和上升的通道，大都处于苦闷和彷徨之中。于是，这些人很容易受到宗教极端思潮的蛊惑，响应“伊斯兰国”的号召似乎很容易成就自己干一番事业的“理想”。于是，这个阶层便成为产生“独狼”之类的温床，成为社会动荡的隐患。另一方面，“伊斯兰国”制造的恐袭事件很容易使普通民众把恐怖分子同穆斯林等同起来，恐袭事件的频发使得原本已经很难融入社会的穆斯林后裔更加被社会拒绝。这些人更有可能铤而走险，形成恶性循环。法国政府对外来移民采取的是同化政策，恐袭危机使得这一政策的实施更加困难，更难取得成效。其结果是，法国主流社会同移民之间的隔阂增加，社会割裂加深。法国面临的问题同样存在于其他欧洲国家。

再次，恐袭危机加剧促使欧洲民粹主义泛滥，欧洲政坛和舆论的极右化趋势加剧。法国极右翼组织“国民阵线”领导人玛丽娜·勒庞就曾借恐袭问题叫嚣说，在法国应当对外来移民进行一场“阿尔及利亚战役式”的镇压，“由配置枪械的警察对‘共和国边缘的社区’发起大规模突袭”。更加危险的是，像这样的极端种族主义言论并没有遭到抵制，支持“国民阵线”的选民人数反而不断增加。恐袭危机无疑助长了以鼓吹种族排外、反对外来移民为标志的狭隘民粹主义在欧洲各国的泛滥。

民粹主义思潮泛滥和极右势力崛起，在欧洲已经成为不容回避的客观现实。德国在2016年9月举行地方选举，执政党基民联盟和社会民主党在首都地区双双受挫，极右翼色彩的选择党首次在柏林市议会获得议席。法国的“国民阵线”在2015年的欧洲议会选举和2016年法国大区议会选举中先后取得了击败传统大党、得票率第一的突破性胜利。英国独立党在2014年欧洲议会选举中也跃升为英国在欧洲议会的第一大党。意大利的极右翼“五星运动党”2013年超越民主党成为众议院第一大政党，在2016年的地方选举中又夺取了罗马和都灵两大城市市长的宝座。此外，奥地利自由党、荷兰新自由党、比利时弗拉芒利益党、丹麦人民党、瑞典人民党、希腊金色黎明党、匈牙利“更好的匈牙利”以及斯洛伐克“我们的斯洛伐克”等极右翼政党都不同程度地颠覆了有关国家的传统政治格局。种种迹象表明，欧洲正在进入政治动荡期。2017年是欧洲一些国家的选举年，恐袭危机将成为左右欧洲政治形势走向的一个重要因素。

展望2017年，没有任何迹象表明欧洲的反恐局势将出现缓和及改善的趋势，欧洲依然笼罩在恐怖袭击的阴影里。

第五章

亚太热点潮起潮落
半岛局势持续紧张

东南亚国家政局浅析

张铁根

【内容提要】东南亚国家经济总体向好，政局发生深刻变化。泰国老国王去世使政局更加复杂，缅甸开启民族和解进程，菲律宾新总统另辟蹊径，马来西亚总理丑闻缠身，印尼总统政治压力加大，新加坡经济大幅下滑。越南、老挝、柬埔寨和文莱政策务实。

【关键词】东南亚政局　国王去世　民族和解　杜特尔特

【作者简介】中国国际问题研究基金会研究员。

东南亚国家的政治经济形势总体平稳，一些国家存在动荡风险。政局变动导致对外政策发生重大调整，影响本地区的地缘政治格局。国际货币基金组织（IMF）2016年10月6日发布的《世界经济展望》预测，2016年东盟地区GDP的增长率为4.8%，其中柬埔寨、老挝、缅甸、菲律宾、越南的增长率高于6%。缅甸的增长率最高，达8.1%；文莱和新加坡的增长率最低，分别为0.4%和1.7%。印尼的增长率为4.9%，稍高于东盟国家平均水平。马来西亚的增长率为4.3%，泰国为3.2%，表现差强人意。由于东南亚国家经济主要依赖外资和出口拉动，美国特朗普政府试图实行反全球化和贸易保护主义政策，加上全球经济复苏缓慢，东南亚国家经济可能面临严峻挑战。

一、泰国处在十字路口

泰国国王普密蓬·阿杜德2016年10月13日去世，泰国政治发展进入新阶段。普密蓬国王在位长达70年，是泰国国家稳定的磐石。他在位期间，发生了19次军事政变，修改了17次宪法，更换了36位总理，凭借国王的威严和智慧每次都化险为夷。普密蓬个人品行高尚，多才多艺，亲民惠民，特别是对泰国的农业发展作出过重大贡献，在泰国具有神一般的地位。普密蓬去世，泰国仿佛失去擎天柱，政治形势一下子变得不明朗。王位继承问题曾一度迷雾重重，王储哇集拉隆功是第一顺位继承人，但他的形象及威望远不如先王。媒体透露，泰国枢密院的老臣们倾向于让名望较高的诗琳通公主继位。不过，巴育总理似乎已经提前做了布局。2015年8月，巴育与王储一同在曼谷街头骑自行车巡游，向公众“秀亲密”，冲淡了王储与前总理他信家族过从甚密的政治影响。巴育在国王去世当晚即宣布王储哇集拉隆功将继承王位，及早定了调。12月1日，王储哇集拉隆功正式继任王位，成为泰国拉玛十世国王，结束了王位悬空一个多月来的各种猜测。

然而，当今泰国王室的政治地位与普密蓬朝代已经不可同日而语，新国王如何维系王权、军权和政权之间的平衡，泰国政治体制如何演变，值得观察。军队是泰国稳定的决定因素，巴育将军2014年5月通过军事政变上台以来，一直牢固控制着局势。军政府宣布原宪法作废，于当年8月7日对新宪法草案进行“全民公投”，结果以61.35%的支持率通过。新宪法关键之处在于，参议院议席将增至250个，全部由军方委任，参议院有权推举非议员或无党派人士出任总理，改变了由众议院占多数议席的政党领导人出任总理的规定。换句话说，军方拥有对总理职位予取予夺的特权。分析人士称，“新宪法确保军方日后能够永久监督国家的治理”，防止泰国的政局动荡。这虽然有违“民主基本原则”，但泰国社会对此反应平静。以他信家族为首的反对派在泰国北部仍然实力雄厚，但在军方的高压下活动困难。军政府称将于2017年“还政于民”，举行全国大选。预料泰国政坛届时将有一番激烈角逐。

二、缅甸民族和解再出发

昂山素季领导的缅甸全国民主联盟（民盟）2016年3月上台执政。政权交接平稳，权力格局大体平衡。由于现行宪法的限制，昂山素季不能担任总统，民盟推出吴廷觉任总统。国会通过了《国家顾问法》，昂山素季得以担任国务资政，实际权力超越总统。昂山素季兼任外交部长，成为决策机构国家安全委员会成员。军方仍然是缅甸的决定性势力，宪法规定在国会必须为军方保持25%以上的席位，内阁中的国防、内政、边境事务三个部门的部长由军方选派。与军人关系密切的经济寡头把持着缅甸的矿业、地产、交通运输、酒店服务等领域。三军总司令敏昂莱是缅甸炙手可热的人物。缅甸的所谓“民主转型”还有很长的路要走。

昂山素季念念不忘的是实现全国民族和解，构建新型的民主国家。8月31日至9月3日，缅甸“21世纪彬龙会议”（全国和平大会）在首都内比都开幕。缅甸政府、国会、军队、少数民族武装、政党、社会团体等各界代表约1600人出席，联合国秘书长潘基文在会上致辞，中国外交部亚洲事务特使孙国祥以观察员身份出席了会议。彬龙是缅甸北部一个小镇，1947年昂山素季的父亲昂山将军在此主持了首届彬龙会议，缅甸各民族共同商讨国家独立问题。相隔近70年之后再次召开全国和平大会，具有里程碑意义。这次大会虽然没有达成什么协议，各方代表能坐到一起、自由表达立场，本身就是一种成功。昂山素季在闭幕会议上说，这次会议标志着缅甸的和平进程进入了新阶段。缅甸少数民族武装割据是个久治不愈的顽疾，不能指望一两次会议就收到奇效。缅甸目前至少有21支民间地方武装（民地武），仅17个武装组织的代表出席大会，几支有相当分量的武装组织拒绝与会。迄今只有部分“民地武”同中央政府签订了《全国停火协议》，其余的仍坚持首先实现民族和解、获得平等对待才肯放下武器，军方则要求先行停火、交出武器，才能和谈，彼此缺乏基本信任。和平大会开过才两个多月，11月20日，克钦独立军、德昂民族解放军、果敢同盟军、若开军四家“民地武”组成联军，在中缅边境缅方一侧向政府军发起突袭，约3000名民众逃入中国云南木姐市避难，可见民族和解仍非常脆弱。

居住在缅甸西部若开邦的110万名穆斯林罗兴亚人被排除在“民族和解”的范围之外。缅甸政府视罗兴亚人为孟加拉国人，认为他们不属于缅甸土著。但是，孟加拉国政府也不承认罗兴亚人为该国公民。罗兴亚人成为无国籍人，被社会边缘化，流离失所，在缅甸军队的驱赶下约30万名罗兴亚人长期居住在难民营，处境悲惨。穆斯林与佛教徒的宗教冲突时有发生，部分罗兴亚人甚至同中央政府开展武力对抗。国际上的宗教极端势力也向若开邦地区渗透，形势更加复杂。10月9日，约200人乘船从孟加拉国进入若开邦，向孟都镇的三个警岗发动攻击，多名警察被杀。据缅甸政府说，袭击行动同孟加拉国的“圣战”组织有关。缅甸军队随后开进罗兴亚人聚居区进行镇压。据西方媒体报道，罗兴亚人遭到政府军队的“残酷镇压”，士兵进行烧杀强奸抢掠，20000—30000人逃到孟加拉国避难。国际上反应强烈，纷纷谴责缅甸政府，对昂山素季的“不作为”表示不满。南亚和东南亚的宗教极端组织及恐怖势力趁机号召发动“圣战”。形势急剧恶化，不仅威胁缅甸的和平安宁，还可能演变为区域性的安全问题。东盟国家尤其忧心忡忡，12月19日，根据昂山素季的提议，东盟外长在仰光举行紧急会议，专门讨论罗兴亚人问题。东盟外长在会上提出警告说，若开邦的冲突对邻国存在外溢风险，缅甸军方的镇压行动可能触发区域难民危机，对地区和平与安宁造成负面影响。昂山素季就若开邦的局势发展作了说明，重申缅甸政府对解决这个复杂问题的决心，强调政府的努力需要时间和空间才能见效。罗兴亚人问题是缅甸的历史老大难问题，昂山素季在执政之初顾忌其敏感性，表态非常谨慎。鉴于缅甸目前的政治体制，昂山素季难以约束军队的行动，罗兴亚人问题十分棘手。罗兴亚人的困境，是缅甸的困境，也是昂山素季的困境。

三、菲律宾新总统华丽转身

2016年6月30日，原达沃市市长杜特尔特宣誓就任菲律宾新一届总统。在五位总统候选人当中，杜特尔特在不被看好的情况下脱颖而出，主要是因为民众对现状不满，强烈渴望改变。虽然菲律宾近几年的经济增长率不算低，但是经济增长并未惠及民生，贫富差距巨大，社会治安恶化，基础设施、卫生、教育、农业、金融服务落后。

杜特尔特上任后，立即实行同阿基诺三世政府迥异的内外政策。

对内，推动恢复死刑，以铁腕手段肃毒，警察在几个月内就击毙数千名毒贩，招致“法外处决”“违反人权”的恶评。新政府致力于促进国内和解，吸收亲菲共组织领导人入阁，同菲共领导人和谈，推动同菲南穆斯林反政府武装签署和平协议。杜特尔特主张菲律宾实行联邦制，财富不要过分集中在首都马尼拉，给予边远地区更大自治权和更多的资源分配，继续改革税制，尽快改善铁路、公共交通等基础设施。

对外，新政府强调实行独立的外交政策，果断改变前政府对美国“一边倒”、充当美国“亚太再平衡”马前卒的做法，同美国适当拉开了距离。杜特尔特积极改善对华关系，表示愿意通过谈判解决南海争议，共同开发南海资源。中菲关系实现转圜，两国关系从谷底大幅回升。10月18日至21日，菲律宾总统访华。这是杜特尔特总统上任后首次对东盟以外国家进行国事访问。中国与菲律宾签署了13项涵盖面广泛的合作协议，涉及资金额达240亿美元，两国关系走上了全面改善的轨道。

在南海问题上，中国和菲律宾达成了使局势降温的谅解。据外媒报道，11月5日，菲律宾海岸警备队的两艘巡逻船进入黄岩岛海域巡逻，这是自2012年中国实现对黄岩岛有效控制以来菲方巡逻船首次进入该海域巡逻。菲律宾渔民前往黄岩岛海域捕鱼，不再遭到中国海警船的阻拦。不过，中国和菲律宾在南海问题上仍然存在深刻分歧，菲律宾并未放弃对南海的相关领土主张。杜特尔特对所谓南海仲裁案临时仲裁庭的裁决并不特别热心，但相关表态前后反复。杜特尔特曾当面“感谢”前总统阿基诺三世给他“留下了一张王牌”。12月17日，杜特尔特总统又对媒体称，他将搁置南海临时仲裁庭的裁决，菲律宾不会向中方强加任何东西。

杜特尔特政府同美国的关系若即若离。一方面，杜特尔特似乎对美国在殖民时期的暴行抱有天然的反感，当选总统前后就用辛辣粗暴的语言对西方进行嘲讽谩骂。特别是当奥巴马指责杜特尔特的扫毒行动违反人权时，他对奥巴马进行了辱骂，声称要重新审视菲美关系。10月2日，杜特尔特称，他已经下令重新审查同美国签订的《加强防务合作协议》，不排除要求美军全部撤出菲律宾的可能性。20日，杜特尔特在北京“中菲经贸合作论坛”演讲时宣称，菲律宾要同美国“分离”。菲律宾国防部长德尔芬·洛伦扎纳11月8日表示，将把菲美三项联合军演砍掉两项，仅保留“肩并肩联合军事演习”，停止“两栖登陆演习”和“海上战备与训练合作演习”。12月15日，美国政府设立的“千禧挑战合作计划”（MCC）因为对杜特尔特总统任期内菲律宾的“法治和公民自由”感到担忧，搁置了一项数额达4.3亿美元的对菲援助。杜特尔特总统说，没有美国的援助菲律宾也能活。另一方面，客观上看，菲律宾不可能“离开”美国太远，不会轻易撤销同美国签订的协定。杜特尔特是个现实主义者，他不会看不到美国在菲律宾的长期苦心经营，是菲律宾主要贸易伙伴和投资来源，美国影响深入菲律宾政治、经济、军事、文化、人文诸领域。美国当选总统特朗普表态支持杜特尔特在反毒品问题上的做法，似乎两人比较“投缘”，估计今后菲美关系可能有所缓和与改善。

菲律宾的所谓“疏美亲中”在国际上引起巨大反响，认为此举把美国“亚太再平衡”链条冲开一个豁口，具有重大战略意义。不过，菲律宾政局还存在变数，杜特尔特获得很高的民意支持率，同时也触犯了某些集团的利益，在国际国内均颇受争议。杜特尔特的内外政策个人色彩突出，其连续性和稳定性成疑。

四、马来西亚总理带着贪腐“脚镣”跳舞

纳吉布总理近一年多来被所谓贪腐丑闻困扰，马来西亚政坛的“悲欢离合”活剧也围绕这一事件上演。2015年7月3日，美国《华尔街日报》援引“政府调查文件”称，与“一个马来西亚发展有限公司”（一马公司）有关联的实体向纳吉布的私人账户汇入近7亿美元。2016年7月20日，美国司法部向法院提出诉讼，申请追回被纳吉布继子和亲信非法挪用一马公司资金购置的10亿美元资产，新加坡、瑞士的金融机构也配合调查。美国司法部的诉状36次提及“马来西亚一号官员”涉案，其指向性十分明显。一马公司是一家马来西亚主权投资基金，归属马来西亚财政部管辖，纳吉布总理（兼任财政部长）任顾问主席。马来西亚反贪污委员会、马来西亚中央银行对一马公司的相关调查并未查出纳吉布有何问题。马来西亚总检察长阿班迪称，纳吉布未涉及任何刑事行为。但是，上述调查结论不为反对派接受。党内反对派、在野党、非政府组织的抗议行动此起彼伏。一马公司案持续发酵，对马来西亚政局的稳定及社会和谐造成严重影响。

首先是最大执政党“马来民族统一机构”（巫统）的分裂。以巫统署理主席（第二把手）、内阁副总理慕尤丁为首的反纳吉布集团坚持要求纳吉布向公众解释一马公司事件。2015年7

月，纳吉布改组内阁，撤销慕尤丁的副总理职务。2016年6月24日，巫统最高理事会决定开除慕尤丁和吉打州州务大臣慕力克（巫统元老马哈蒂尔之子）的党籍，冻结副主席沙菲益的党籍。马哈蒂尔一直指责纳吉布施政不力、身陷贪腐、生活奢华，强烈要求纳吉布下台。9月，马哈蒂尔、慕尤丁和慕力克成立新党“土著团结党”，同巫统分庭抗礼。

其次是马来西亚社会的撕裂。较有影响的非政府组织“干净与公平选举联盟”（净选盟）发动全国范围的示威，抗议一马公司丑闻，要求纳吉布下台。反对派来势汹汹，纳吉布压力山大，但政治观察家一般认为，纳吉布及其领导的国民阵线政府难以撼动。主要理由有三：第一，一马公司一笔糊涂账，很难理清，迄今没有证据表明纳吉布有贪污行为。纳吉布承认确有巨款汇入他的账户，但这是“政治献金”，与一马公司无关。而接受政治献金在马来西亚不属于犯法。纳吉布可能把钱花在“党内公务”上了，不便公开，纳吉布的核心圈子对此心中有数。第二，纳吉布在党内仍然拥有多数，马来人仍然把巫统当作他们的保护神。马来人占人口多数，分布在全国多数选区，掌握了马来人就等于握有政权。第三，反对党不断分化，难成气候。在上届大选中表现不俗的人民联盟（民盟）已经瓦解。伊斯兰党（保守派）与巫统握手言和。以公正党、民主行动党和诚信党组成的希望联盟（希盟）尚未形成核心。马哈蒂尔和慕尤丁新成立的土著团结党主打“土著”旗子，与其他反对党一起争夺马来人和其他土著的地盘，协调难度极大。在马来人当中影响较大的公正党实际领导人安瓦尔，正是马哈蒂尔任总理时用不光彩手段搞下去的副总理。近来两人有和好迹象，但安瓦尔的家属对马哈蒂尔怨恨难消。12月3日，为期五天的巫统年度代表大会闭幕，大会显示了巫统空前的团结和对纳吉布的信任与支持。目前，巫统正厉兵秣马，信心满怀地迎接可能在2017年提前举行的全国大选。

五、印尼项庄舞剑意在佐科

11月4日，10多万名强硬派穆斯林在印尼首都雅加达举行示威游行，抗议雅加达特区首长钟万学“亵渎”《古兰经》，要求对他实行法律惩罚。游行最后演变成群众同警察的暴力冲突，100多人受伤。这是佐科2014年担任总统以来发生的最大规模示威游行，举国震动，佐科为此推迟了对澳大利亚的访问。

钟万学要参加将于2017年2月举行的雅加达首长职位的竞选。他在2016年9月的一次讲话中提到，竞选对手曲解《古兰经》经文的一句话，误导穆斯林认为不可以投非穆斯林的票。钟万学这句话激怒了某些强硬的穆斯林团体，他们指责钟万学亵渎《古兰经》。据印尼最大的伊斯兰组织“伊斯兰教士联合会”高层人士观看了现场录像后判断，钟万学的话没有什么不对，他的用意是批评那些滥用《古兰经》来达到自己政治目的的人。这次以捍卫《古兰经》尊严为名发起的示威，其实是一场所谓改革派与保守派之间的权力争斗。一方以佐科和钟万学为代表，另一方以前总统候选人普拉博沃和前总统苏希洛为代表。两大集团都推出了自己的代理人竞争雅加达特区首长的宝座。钟万学是华裔、基督徒，是佐科总统的政治密友，在竞选初期支持率遥遥领先。打压钟万学，等于压制佐科；保守派推出的两名候选人阿尼斯与艾哥斯也会趁机得利。佐科总统一针见血地指出，“某些政治力量借煽动示威牟取私利”。

印尼穆斯林人口占总人口的87%，大部分穆斯林表现温和。华人只占4%，但历史上发生过多次血腥排华事件，华人社会至今心有余悸。华人涉足政界还是近几年的事。像钟万学这样的华裔基督徒担任颇有影响力的雅加达特区首长，已经引起穆斯林土著的反弹。印尼有议员指出，示威活动是冲着佐科总统而来的，是企图动摇其领导地位。近年来，印尼所谓“多元宗教主义”与“伊斯兰教主义”之争有抬头之势，伊斯兰恐怖分子也在蠢蠢欲动，焚烧教堂和寺庙的事件时有发生。政治、宗教、种族、“伊斯兰国”恐怖活动诸矛盾相互交织，影响印尼的局势稳定。12月2日，激进伊斯兰团体在雅加达再次发起有20多万人参加的示威，印尼政府被迫采取了严密的防范措施，佐科总统亲临现场做工作，示威以和平方式结束。目前，钟万学事件还在发酵，如何使这一事件软着陆考验佐科的政治智慧。

六、新加坡“马六甲海峡红利”消减，经济下滑

新加坡经济形势不妙。据国际货币基金组织10月预测，2016年新加坡的国内生产总值（GDP）增长率仅达1.7%，在东盟排行倒数第二。新加坡金融管理局12月14日发布的一项调查报告更加悲观，估计2016年的经济增长率仅达1.4%。这是自2009年以来最低增幅。有分析认为，主要原因有两个。一是周期性因素。二是新加坡的生产力指标下跌，创新能力缺失，未能建立核心竞争力。新加坡工资水平高，企业不堪重负，2016年上半年已有4.2万家企业倒闭。近年来全球经济复苏缓慢，亚太经济低迷，对外依存度极高的新加坡经济处境艰难。其对外贸易和港口吞吐量骤然下跌，作为经济引擎的服务业增长停滞。

新加坡地处马六甲海峡要冲，是世界上最繁忙的港口和亚洲主要转口枢纽之一，也是世界最大燃油供应港、亚洲石油产品定价中心、亚洲金融中心。随着周边国家和地区基础设施建设的逐步完善，在硬件、软件方面的竞争力日益增强，新加坡的“马六甲海峡红利”可能逐渐消减。新加坡是“跨太平洋战略经济伙伴协定”（TPP）创始成员，原指望通过TPP参与签署国的政府采购和投标，扩大市场。岂料美国新总统特朗普声称将放弃TPP，这对新加坡经济无疑雪上加霜。

七、越南、老挝、柬埔寨、文莱聚焦经济平衡务实

越南、老挝、柬埔寨面临二战后难得的和平环境，正聚精会神地发展经济。

2016年1月，越南共产党第十二届代表大会选举阮富仲为总书记（连任）。7月，第十四届国会选出了国会主席、国家主席、政府总理等领导人。新一届政府把发展经济作为第一要务，实行平衡务实的对外政策，同所有大国保持友好关系，在南海问题上也较前克制。越南政府认为，经济落后危机、国际竞争危机、党内腐败危机、和平演变危机等“四大危机”还没有消除。

老挝人民革命党在1月举行第十次代表大会，选举本扬·沃拉吉为新的总书记，更替了部分领导人。老挝党内无明显派别斗争，新班子基本上是同一代领导人之间的换位，过渡平稳。老挝2016年成功履行了东盟轮值主席的职责，顺利举办了东亚峰会，提升了国际影响力。

柬埔寨洪森首相是世界上在位最久的行政首脑之一，对国

家的控制力很强。柬埔寨反对党近年来较活跃，但难成气候。柬埔寨在南海等问题上坚定鲜明地支持中国的立场，中柬关系发展达到了新高度。

文莱实行伊斯兰君主制，近年来政局平静无澜，苏丹王室紧紧把控着政权，几乎不存在政党活动。经济以石油天然气为支柱，受国际油价下跌影响，2016年GDP增长率预计仅达0.4%，在东南亚国家中垫底。文莱政府正采取多项措施，加快实施经济多元化。

总体看，东南亚摆脱了战乱，迎来了可以潜心发展经济的和平环境。但家家都有本难念的经，应对复杂多变的亚太形势，东南亚国家还面临许多挑战。

朝鲜半岛乱局欲向何方

虞少华

【内容提要】2016年的朝鲜半岛乱象迭出。一是朝鲜核导计划向险疾走，二是韩国政局遭遇总统被弹劾之变，三是“萨德”入韩搅乱各方合作关系。半岛乱局的一条主线是无核化问题，但深层根源是两对结构性矛盾的激化及其相互作用的消极影响。半岛乱局的下一步走向取决于多个因素，其中美国、韩国、朝鲜的政策方向尤为重要，也极具不确定因素。中国无法以一国之力发挥一招制胜的决定性作用，但应充当半岛和平稳定器，积极协调各方、以治本之策引领对话合作。

【关键词】朝鲜半岛　乱局　核导　萨德

【作者简介】中国国际问题研究基金会亚太中心执行主任、高级研究员，中国国际问题研究院研究员。

在经过20多年周期性紧张与缓和交替后，朝鲜半岛形势近来变化正在脱出原有轨迹。2016年的半岛乱局前所罕见，其深层原因是该地区两对结构性矛盾的激化发展。未来影响半岛形势的不确定因素居多，中国应充当半岛和平稳定器，积极协调各方、以治本之策推动形势转圜。

一、半岛乱局前所罕见

2016年朝鲜半岛形势特点可用一个“乱”字概括。乱局主要表现在以下三个方面。

（一）朝鲜核导计划向险疾走

自2006年10月首次进行核试验以来，朝鲜的前三次核试验间隔时间为3—4年，但2016年一年中朝鲜就分别于1月和9月进行了两次核试验。更令外界震惊的是，朝方对外宣称其第四次核试验是一次氢弹试验；而对第五次核试验，又不同以往地以《朝鲜武器研究所声明》名义宣示为“旨在鉴定核弹头威力的核爆炸试验”。显然，朝鲜表态意在强调其核爆能力的提升以及核弹头的武器级水平。另一方面，朝鲜当年发射导弹的次数大大超越以往，特别引人注目的是密集地进行了潜射导弹试验以及6月22日被认为取得成功的“舞水端”导弹试射。分析指出，朝鲜希望借此突出其导弹突袭和躲避拦截的能力，并显示其导弹射程的突破。尽管外界对朝鲜自身宣传的核导技术水平多有质疑，但其核导能力的大幅和快速发展确实毋庸置疑。与此同时，朝鲜还通过金正恩在劳动党第七次代表大会上的报告再次向外界宣示，坚持拥核立场，并试图寻求国际社会对其核国家地位的认同。这些情况都表明，朝核形势已逼近危险临界点，引发不测和有关方冲突的可能愈发加大不容忽视。

（二）韩国政局遭遇总统被弹劾之变

2016年10月，韩国总统朴槿惠因涉嫌向身为普通公民的密友崔顺实透露国务机密并允其干政，引发强烈民愤和政界攻讦，之后的“倒朴”风潮创下了多项韩国历史纪录：各地国民要求朴槿惠下台的“烛光示威”持续数月，至12月31日已连续16个周六举行集会示威，参加人数累积超过1000万；同期，朴槿惠的支持率从事发时的33%迅速下跌至不足5%。朴槿惠因“亲信门”不仅被反对党怒斥猛批、要求对其弹劾，还导致执政党严重分裂，如果弹劾得以通过，朴槿惠将成为韩国历史上首位被弹劾下野的总统。更大的问题在于，各种迹象表明，引起韩国民众愤怒和政界混乱的原因并不止于“亲信门”本身，政局动荡既有“亲信门”折射的韩国政治痼疾与社会积弊缘故，也与经济连年不振甚至滑坡带来的忧患不满相关，还同韩国充满争议又直接影响社会稳定和经济发展的对外政策派系有关。因此，韩国政局的动荡或只是开始，其演化发展还有许多不确定，对韩国内政外交的影响也定将随着时间推移进一步显现出来。

（三）“萨德”之变搅乱现有合作关系

2016年7月8日，韩国宣布决定在其境内部署“末段高空区域防御系统”（THAAD），即“萨德”反导系统，并称这是应对朝鲜核导威胁、保护韩国民众安全和韩美同盟军事实力的需要。消息传出，立即引发中国与韩国间严重对立。这是因为“萨德”入韩将最终完成美国全球最先进反导系统在东亚的部署，衰减中国和俄罗斯的核威慑能力，破坏本地区战略平衡。同时，这还会成为地区军备竞赛（包括高新军事科技竞赛）的导火索，使半岛“火药桶”更加危险。而且，围绕部署“萨德”问题的攻防由来已久，在朴槿惠政权出现与之前韩国政府不同的放水“萨德”倾向后，中国已多次表明了坚决反对的严正立场。在地区形势极其敏感复杂、中国又因南海等周边热点问题备感安全压力之际，韩国在“萨德”问题上突然发难，不能不极大损伤中韩政治互信，使建交24年来一直发展顺利的两国关系骤起波澜。之后的几个月中，韩国政府无视两国民间消极情绪已开始对双方交流合作产生影响的现实，也不顾国内政局动乱已致使权力不稳，反而加速推进“萨德”部署，并宣布要将部署完成时间由原定的2017年年底提前至5月底。“萨德”之变影响的不仅是中韩双边关系，也在积极推进“萨德”的美国、日本和韩国与直接受害的中国和俄罗斯等国之间新添了合作障碍，这无疑会使地区各方关系变得更加复杂，并破坏有关国家为地区安全问题进行的合作，包括合力推进朝鲜半岛无核化进程。

二、半岛乱局根源所在

朝鲜半岛乱局的一条主线是半岛无核化问题，多年来半岛形势围绕这一问题呈现紧张与缓和交替局面。但随着形势螺旋式恶化发展，各方政策都已接近底线，而背后的深层矛盾根源也越来越清晰显现出来，这就是影响本地区形势的两对结构性矛盾。

（一）大国在半岛的利益角逐与博弈

大国分享二战后利益造成了朝鲜半岛分裂。大国分阵营对峙，维持了半岛脆弱和平。冷战结束后大国在世界范围内未能实现新的战略平衡，是由于美国一超独霸的战略选择，也是朝鲜以开发核武寻求与美国关系正常化、确保自身安全的重要原因。中国和美国针对朝鲜半岛无核化问题的合作一度成为双方关系亮点，但在近年困难重重，核心原因是美国面对中国综合国力的不断发展，对中国的定位已从潜在对手转为现实威胁。出于拉紧对日对韩同盟和在一定程度上维持地区形势紧张的需要，奥巴马政府长期对朝核问题采取“战略忍耐”态度。另一方面，对中国的对半岛政策和解决朝核问题思路，美国因顾虑有助中国对朝鲜半岛的影响力和话语权而拒不呼应。2016年，美国继续坚持对重启“六方会谈”等设置高门槛，并加紧以美韩联合军演等抬升紧张形势，在推高朝韩对抗的同时进一步完成了看似针对朝鲜、实质剑指中国和俄罗斯的一些军事部署，包括推动韩国最终决定部署“萨德”。从外交层面看，美国借朝核问题疏离中朝、中韩关系也在2016年更加发力显效。以防扩散和地区安全为口实，美国高调指责“中国对朝政策失败”“中国应负起责任”，并在联合国出台对朝制裁决议之后追加对朝鲜的单边制裁，意图通过打击同朝鲜往来的第三方对中国施加压力，抹黑中国形象。在上述过程中，日本的作用也十分消极，例如炒作所谓“朝核威胁”，借机升级军事装备与部署，甚至有高官对日本拥核问题故意含混其辞。[①]在对朝鲜单边制裁方面，日本协同美国和韩国高调实施、发难中国的意图明显。显然，美国和日本面对中国迅速崛起产生的焦虑，不仅影响了大国在地区安全问题上的合作，也已直接导致地区形势紧张不断。

（二）朝鲜与韩国不断加深的对立与对抗

朝韩分裂对峙已持续半个多世纪，在冷战时期双方综合实

---

① 《日本女防卫大臣拒绝撤回拥核言论　当众哽咽流泪》，http://news.qq.com/a/20161001/006673.htm.

力大体维持平衡。但在冷战结束后，由于朝、韩战略支撑的失衡，双方力量对比迅速出现北弱南强的落差，致使一向建立在以己为主统一半岛基础上的朝韩对抗关系更具危险性：朝鲜因担心被“吸收统一”而坚定走拥核道路；韩国则因迫朝弃核希望渺茫心生焦虑，触发了凭借对朝实力的绝对优势“吞并统一”的冲动。2016年的朝韩关系正是在这种背景下乱象迭出的。朝鲜连续进行2次核试和20多次导弹发射，其首要威胁的目标显然是韩国。而韩国以“垮朝统一”为最终目标的对朝“围剿”亦烈度空前。外交上，韩国首次制定介入朝鲜内部人权问题的《朝鲜人权法》，同2015年在首尔成立联合国朝鲜人权实地办事处等行动呼应，加大以人权问题为平台的对朝高压攻势，并借出访和国际会议等机会公开挖朝鲜外交墙角、“策反”朝鲜传统友好国家。经济上，为“阻止被朝鲜开发核导计划利用”，全面中断朝韩经济合作标志性项目开城工业园区，实施对朝鲜单边经济制裁措施，多方切断朝鲜外汇来源。军事上，以做好万全准备应对朝鲜挑衅为由，韩国除提升与美军合作外，也不断加强自身战力，包括立项引进探测朝鲜潜射导弹的预警雷达，斥巨资开发应对朝鲜远程火炮的战术导弹，决定部署“萨德”等。在对立双方最敏感的半岛统一问题上，韩国突破两国数十年心照不宣未逾的底线，宣称“根据韩国宪法实现以自由民主主义制度统一半岛”，[①] 甚至公开呼吁朝鲜国民“随时投奔大韩民国自由天地”。[②] 不难看出，多年来朝韩关系一直被围绕

---

① 손기웅 : “대한민국 , 돌이키고일으키자” , < 서울신문 >, 2016-12-26.

② 박대통령, 국군의날기념사서사실상‘탈북권유’? “자유로운터전으로오라”, < 동아일보 >, 2016-10-01.

朝核问题的攻防表象掩盖，而在双方实力差距持续加大、敌视对抗空前激化的情况下，朝韩关系围绕统一问题的角力本质已越来越清晰显露，对周边形势的破坏力亦在加大。

值得注意的是，上述两对结构性矛盾正在出现消极互动的倾向，成为2016年半岛乱局更为复杂的动因。朝鲜和韩国不惜冒形势失控的危险向对方施以狠手，意在推动大国向自身目标倾斜；大国也有从朝韩对抗中寻找机会的需要，例如美国和日本都在积极谋求利用朝韩对峙加紧打造美日韩军事合作“铁三角”。“萨德”之乱就是典型的美国和日本借机强化对中围堵、韩国逼中压朝弃核的表现。

三、半岛乱局发展走向

朝鲜半岛乱局的下一步走向取决于多个因素，其中三个国家的政策方向尤为重要，也极具不确定因素。

（一）美国特朗普政府对半岛政策调整方向不明

奥巴马政府的两任对朝政策都是“战略忍耐”，而战略忍耐的核心并非置之不理，而是拒谈加压。这已经被证明失败，也开始为美国内指责。特朗普对朝政策不会再朝这一方向持续，但最终方向还要经历一段探索磨合。目前可以相对确定的是，2017年中国、美国和朝鲜可能进行摸底性接触与对话，但美国不会在朝鲜拥核国地位问题上有所松动，也很难在关系半岛无核化的问题上采取朝美双边解决的措施。同时，美国也不会坐视中国在朝核问题解决进程中不按美国方式行事而发挥主导作用。此外，对最能体现下一步半岛各方关系变化的“萨德”

入韩问题，特朗普也不会接受韩国降中而叛美，因为这不仅关系到美国全球最先进反导系统在东亚的部署，也是未来更新更尖端武器进入东亚的铺垫之需，还直接影响美国对日本和韩国两个盟友的控制，以及将美日美韩军事同盟扩展为三边合作同盟，以确保美国在保持绝对军事优势的基础上攫取亚太经济利益。鉴于此，特朗普对半岛政策总体仍可能以强硬为主，如果与朝对话达不到预期效果，不排除采取包括定点军事打击在内的极端手段，从而给本地区和平稳定带来更大威胁。

（二）政局混乱将继续贻害韩国对外政策

如前所述，韩国政局混乱之源绝不限于“亲信门”事件影响，它所反映的韩国政治痼疾和经济颓势都需假以时日治理，而目前所有潜在总统候选人似均无明确治理之策并较集中得到民众认同。同时，各派政治力量围绕对时局的表态与行动，也显示出权力之争对今后国政的影响要大于政策方针之争。特别是朝韩关系的空前恶化，已经在政治层面上深度影响了韩国政界学界甚至民意，下一届政府不论阵营所属，都将或主动地或被动地与此难脱联系。而美国对韩国外交政策的干预性影响也会较以往任何时期更加强势。这些都决定了无论谁出任新总统，其韩国对半岛政策及同中国和美国关系的前景都很难清晰和稳健，特别是无法回避的部署“萨德”问题，这将是韩国外交要直面的最大难题。韩国或是继续与美国捆绑，形成同中国事实上的对立态势，或是重回在中国和美国间寻求平衡的立场，均要承受来自中国或美国的压力。这样看来，未来一年韩国因素对半岛整体形势的影响会明显大于往年，而这种影响更大可能是比较负面的。

（三）朝鲜核武政策少有回旋余地

相比美国、韩国的情况，朝鲜的对外政策看似极端唐突实际有趋稳迹象。例如，在外界压力不断加大的背景下，近几年朝鲜并未中止调整经济改善民生的努力。劳动党七大提出的《国家经济发展五年战略》，明确着眼持续发展经济，在孤立无援的困境中自谋生存之路。在坚持走拥核道路同时，朝鲜也未放弃与外界交往，包括加大力度对外展示正面形象，利用各种机会发动"对话攻势"，向美国和韩国分别提出对话建议。此外，从劳动党七大后朝鲜内政运行看，其领导体制和人事结构也逐步趋于规范和完整，显示出与"先军体制"有别且基本完成过渡而回归正常的特点。但尽管如此，朝鲜的对外政策仍有极大不确定性。这是因为在不改变安全理念和发展战略思维的前提下，朝鲜坚持拥核的基本国策很难不与外界冲突，而现有的恶劣周边环境又使朝鲜几无可能实现认识与观念的更新。在以拥核为基础的对外政策回旋余地极小的情况下，朝鲜的对外行为方式调整或将不外两种可能：一是以权宜性举措换取外界松动，为最终完成核导计划目标争取时间，二是在重压下被逼无奈铤而走险。两种可能的危险前景都不言而喻。但如果在最严厉经济制裁开始显效之际外部环境有利于朝鲜消除安全顾虑的积极变化，朝鲜与外界相向而行的可能也是完全存在的。

四、中国的半岛治乱之策

综上所述，朝鲜半岛下一阶段的形势前景不确定因素居多，虽然美国和韩国的新政权都可能带来积极变化契机，但在各方互不信任极深又有各自考量的情况下，要形成行动共识与合力并不容易。在这种情况下，中国对朝鲜半岛形势而言，尽管不可能仅凭一国之力起到一招制胜的决定性作用，但充当半岛和平稳定器、积极协调各方、以治本之策引领合作，是中国于自身于地区都应负起的责任。

（一）治乱之策首先要治本

半岛之乱热点是无核化问题，而根源是朝韩对抗和大国博弈影响下的安全关切失衡。2016年朝鲜两次进行核试验后，中国在严正谴责朝鲜行为、参与制定联合国对朝决议并严格实施同时，也较前更明确强调，只有各方的合理关切（包括朝鲜的安全关切）都得到解决，半岛无核化才能真正可持续地落到实处。多年来，在朝核问题导向的解决思路影响下，一些国家以防止核扩散、消除核威胁为名，从自身绝对安全需要出发，加强军备和激化矛盾的行为未能被有效制约，也成为地区紧张形势升级重要原因。中国主张各方都应采取负责态度，坚持对话协商的正确途径，不追求一己私利、谋求共同安全，正是寻求根本解决问题的办法。2016年，美国等在朝鲜两次核试验后为实现自身目标更加极端行事，紧张形势升级，并引发同中国、俄罗斯等国安全利益碰撞，迫使中国重新考虑战略应对方向，调整侧重聚焦于朝核问题导向的形势应对思路，更着重从治本出发制定对策。

（二）治乱之策还要把握平衡

半岛形势发展失控的危险来自地区整体态势的失衡。这不仅表现在各种力量对比的失衡，也表现在各方合作关系的失衡、同一目标指向下各种手段方式的失衡。2016年中国对半岛政策的实施也更注重平衡。例如，在对朝鲜核导计划加大压力的同时，更强调“绝不能放弃和谈的努力，因为和谈才是解决问题的唯一可行途径”。[①] 另外，由于历史和现实的多方面原因，中国与朝鲜、韩国同时发展友好合作关系的既定政策在实施过程中难免受到制约。而在不同时间段中国对朝鲜和韩国关系的此近彼远，也有可能引发朝鲜和韩国对中国政策的误读，甚至消极利用中国政策。2016年“萨德”入韩变局触发中韩外交冲突，导致中韩关系也同中朝关系一样陷入近年低谷。虽然这都不是中国原因所致，但也引发外界包括朝韩双方对中国将如何应对这一局面的关注。而之后的情况表明，中国既未迅速升温中朝关系以向韩国施压，也未由于保持对朝压力的需要而放行“萨德”。平衡处理同朝鲜韩国的关系，通过综合施策维护半岛和平稳定，是中国继续在半岛问题上发挥独特作用的关键所在。

（三）治乱之策要有中国方案

朝鲜进行第四次核试验后，中国正式提出朝鲜半岛无核化与停和机制转换并行推进的谈判思路。[②] 具体而言，就是将无核化这一国际社会的坚定目标与朝方的合理关切、停和机制转换问题并行谈判、分步推进、统筹解决。在朝核问题解决进程中，中国的以往角色主要是劝和促谈，即使作为“六方会谈”主席国也更着眼牵线搭桥和协调各方。与此相比，当前中国的

---

① 《王毅在美国战略与国际问题研究中心的演讲》，http://world.huanqiu.com/hot/2016-02/8614920.html.

② 《王毅：实现半岛无核化与半岛停和机制转换并行推进》，http://korea.xinhuanet.com/2016-02/17/c_135106895.htm.

姿态更为积极主动，立场与诉求更为清晰，也更加强调中国的正当国家利益必须得到保障。虽然在目前形势下中国关于并行推进的谈判思路还未得到“六方会谈”多数成员国的积极回应，但由于这一方案覆盖了各方关切并指向半岛长治久安，有可能成为中方长期推动的方案，并逐步得到各方理解认同。

第六章

中东形势乱而可控 俄美博弈前景不明

中东地区局势新演变

刘宝莱

【内容提要】2016年，中东地区稳治态势明显，乱而可控，多数国家积极致力于稳定政局，振兴经济和改善民生，其中埃及和突尼斯转型取得了进展。伊朗核协议得到贯彻执行，“伊斯兰国”（IS）由盛转衰，“国不成国”，败局已定。地区热点多有起伏，拖而难决：中东和平进程受阻，叙利亚危机继续发酵，也门内战未停，利比亚乱象丛生。土耳其发生未遂政变、沙特同伊朗交恶，对地区局势影响有限。在叙利亚问题上，美国和俄罗斯博弈激烈，互不相让。美国日子难熬，对其中东政策作了相应调整。

【关键词】中东局势　稳治上升　热点持续　“伊斯兰国”　强弩之末　美俄角逐

【作者简介】中国国际问题研究基金会中东研究中心主任，中国人民外交学会前副会长，中国前驻阿联酋、约旦大使。

当今世界，中东“温度”最高，仍是热点中的热点。人们谈及国际局势，言必中东。2016年中东地区局势正在发生带有转折性的变化，出现值得关注的几个看点。

一、中东局势总体相对稳定，局部动荡

地区变革、转型六年来，政局动荡，其中有些国家战乱频仍，生灵涂炭，流离失所，难民激增。对此，广大人民十分厌恶，求稳意识上升，普遍要求执政当局稳定政局，维护治安，振兴经济，改善民生。有鉴于此，地区局势出现新的拐点。

（一）地区多数国家顺应民意，维持政局稳定

虽有小打小闹，但地区多数国家未再发生重大骚乱事件，尤其是阿拉伯君主制八国的情况较好。

（二）埃及和突尼斯由乱到治

埃及和突尼斯两个转型国家由乱到治取得了进展，或许将发挥地区风向标的作用。埃及政局和治安向好。朝野在治国理政理念上增加了共识。政府正积极致力于推进国民经济发展和大型项目建设以及旅游业的改善，力争恢复到动乱前的水平。但要改变经济现状仍面临诸多挑战。比如，近数月来埃及外汇收入下降。3月中旬，埃及央行不得不将“本国货币贬值近15%”来缓和冲击。① 为此，塞西总统发表全国电视讲话，泪流满面。7月26日，埃及政府正式向国际货币基金组织（IMF）求援。据报道，援助金额每年70亿美元，为期3年。② 埃及政府已将原定2016年GDP增长率由5%下调至4%。此外，埃及政

① 法新社华盛顿电，2016年7月26日。

② 同上。

府对“伊斯兰国”（IS）位于埃及西奈半岛的分支予以沉重打击，捣毁了其在西奈的窝点，提高了政府的可信度。

突尼斯社会秩序恢复正常。“IS”突尼斯分支等极端组织制造恐袭，不得人心。政府重拳出击，效果显著。旅游业日渐恢复。8月3日，突尼斯总统埃塞卜西任命年仅40岁的地方事务部长沙希德·优素福为总理，组成联合政府。沙希德认为，“这是一届讲策略的政府”，其工作重点将是“赢得打击恐怖主义的战役，向贪污腐败和受贿者宣战，提高经济增长率，以创造就业机会，控制财政平衡及致力于环境问题”。[①] 同月26日，沙希德政府获得了议会信任票。

（三）伊核协议进入实施阶段

美国同伊朗时有龃龉，但双方都不愿闹僵。美国国务院发言人约翰·柯比说，美国认为伊朗正在履行协议规定的义务，“我们也在履行我们的义务”。他说，美国会继续按照协议坚守诺言，协议会给“世界带来稳定作用”。[②]7月15日，“界面天下”记者张晓添撰文指出，该协议给伊朗“带来的两个最大变化是：石油出口的增加和国际贸易投资回暖……伊朗石油出口量几近翻倍。伊朗国际商会全国委员会预计，境外直接投资将在2017年3月之前总计达到80亿美元。”[③] 然而，美国也经常制造麻烦。伊朗一再抱怨自己履行了该履行的部分，而协议商定好要取消的制裁措施却没有全部取消。8月2日，伊朗总统鲁哈

---

① 法新社突尼斯电，2016年8月3日。

② 美联社德黑兰电，2016年8月2日。

③ 张晓添：《伊朗核协议签署一年后 欢呼变成了失望》，http://www.jiemian.com/article/745446.html.

尼说:“大国没有按照该协议履行诺言，对伊朗经济增长造成了损害。”①11月18日，伊朗原子能组织发言人贝赫鲁兹·卡迈勒万迪否认伊朗违反核协议。他说，伊朗履行了关于重水储量的责任，正安排出口超出部分的重水。……。目前为止，我们已卖出了70吨。②“对于美国当选总统特朗普将伊核协议说成一场“灾难”和“有史以来达成的最糟糕协议”的说法，12月5日，美国务卿克里予以驳斥说，伊朗2015年与世界大国签署的核协议已经让世界变得更加安全。他说:“那一地区已经变得更加安全，德国和美国已经变得更加安全，欧洲已经变得更加安全，以色列变得更加安全，整个世界都变得更加安全……能否延续这种状态取决我们每一个人。”③

二、地区热点多有起伏、烈度有减、难见曙光

（一）巴以争端持续发酵

中东和平进程受阻。2016年年初，巴以关系紧张，冲突不断，互有伤亡，但未失控。巴以双方至今未能实现复谈。以色列不急于同巴勒斯坦言和。以色列总理内塔尼亚胡虽提出愿无条件同巴方恢复和谈，但只是为了“哗众取宠，说说而已”，并无实际行动。而巴勒斯坦内部矛盾重重，巴勒斯坦解放组织法塔赫和哈马斯各据一方，自成体系，与以色列立场严重对立，难以统一对外。阿拉伯国家自顾不暇，鲜谈巴勒斯坦

① 美联社德黑兰电，2016年8月2日。

② 法新社德黑兰电，2016年11月18日。

③ 路透社柏林电，2016年12月5日。

问题。美国总统奥巴马任内曾两度促成巴以和谈，终因双方分歧严重不欢而散。2016年是美国总统大选年，奥巴马时日不多，对该问题的解决既无紧迫感，也再无“奢望”。克里国务卿都懒得谈支持中东和平进程了。

（二）叙利亚局势错综复杂

叙利亚既有国内战乱，又有外部势力插手。故叙利亚危机久拖难决。眼下巴沙尔政权实力有所增强。美国中央情报局局长约翰·布伦南承认，巴沙尔处境比以前“更好更强”，[①] 但面临日益严峻的经济困难和兵员不足。自2015年9月30日俄罗斯军事打击叙利亚“IS”以来，叙利亚政府军逐步扭转了战场被动局面。12月15日，政府军已收复阿勒颇。对“IS”在叙利亚首都拉卡的进军，11月6日凌晨由叙利亚民主军打响，在美国支持下正在缓慢向前推进，但要拿下拉卡将十分艰难。

（三）也门争端僵持不下

也门争端正向沙特所希望的相反方向发展，成为地区大国争夺的一场“代理人战争”。胡塞武装顶住了沙特联军的强大攻势，至今仍控制首都萨那，并经常炮击沙特边境地区，造成当地居民伤亡。7月28日，胡塞武装和前总统萨利赫联合成立“最高政治委员会”，接管也门的政治、经济、军事和安全事务，且得到议会的通过，使也门形成“两个政府”的分裂局面。哈迪总统明确表示不承认该委员会，并宣布退出和谈。沙特等海合会成员国也予以谴责。与此同时，也门“基地”组织“阿拉伯半岛支部”和“IS”趁机扩充势力，抢占地盘，尤其是“基

---

① 伊朗新闻电视台网站，2016年6月29日。

地”组织夺取了也门东南部大片沿海地区，曾一度把海滨城市穆卡拉作为其实际首都。这又增加了也门乱局的复杂性。10月29日，哈迪总统拒绝了要他将“权力转交副总统”的联合国和平计划。他认为该项提议“只会带来更多苦难和战争，而非和平”。①

（四）利比亚和解进程加快

在联合国特使调解和利比亚各派政治力量的努力下，3月30日利比亚民族团结政府成立，法伊兹·萨拉杰任总理，坐镇首都的黎波里，已正常运行。4月5日，“救国政府”宣布解散。次日，利比亚制宪委员会就起草制定卡扎菲被推翻后的第一部宪法达成一致。但该政府既未被国民代表大会批准，也未被各派势力认可，主要是联合国和国际社会特别是欧美等西方国家发挥了重要作用，它们迫切希望利比亚能够团结在一个政府下，以便帮助利比亚打击日益壮大的“IS”，并控制从利比亚偷渡到欧洲的非法移民。眼下利比亚武装派别依然割据一方。分别支持两个政府的世俗和宗教两大势力在权力分配等关键问题上未达成妥协。在利比亚政府要求下，欧美对盘踞在利苏尔特等地的“IS”武装势力进行了多次空袭，取得一定成果。最近，“IS”在利比亚遭到沉重打击，利比亚政府军已收复其盘踞的苏尔特。

（五）沙特与伊朗关系恶化

2016年年初，沙特宣布同伊朗断交，两国关系恶化。12月6日，沙特一家法院判处15人死刑，“指控他们充当伊朗间

---

① 法新社亚丁电，2016年10月30日。

谍”，[①] 对此伊朗予以否认，并说这些指控“毫无依据”。该事件有可能再度激化双边紧张关系。

三、土耳其未遂政变震惊世界

2016年7月15日，土耳其突发未遂军事政变。埃尔多安总统险遭不测，怒不可止，猛批西方幕后支持政变。他说：“这场政变不只是内部人策划的一个事件。它是由外部势力编排，内部势力表演的闹剧。……。遗憾的是，西方国家支持恐怖主义和政变者。那些我们曾以为是朋友的国家却支持政变和恐怖分子。”[②] 他强烈要求美国引渡“政变幕后主使”、长期旅居美国的土耳其知名宗教人士居伦。7月24日，埃尔多安还签署命令，要求关闭1043所私人学校，1229家协会与基金会。[③] 与此同时，土耳其政府进行了全国“大清洗”。截至7月27日，已拘留“包括1万名士兵在内的1.5万人，其中8000多人”被正式逮捕，等待审判。一位土耳其政府官员说，军队开除了“1684名人员的军籍，其中149人是将官，约占军队所有将官的40%”。[④]

该政变具有一定的投机性，注定要失败。主要因为：（1）埃尔多安执政基础较稳。自埃尔多安上台以来，基本上保持了政局的稳定、经济的发展、民生的改善，人民生活水平有了不同程度的提高，得到了广大人民的支持。（2）执政党正义

① 法新社利雅得电，2016年12月6日。

② 法新社伊斯坦布尔电，2016年8月2日。

③ 《土耳其将重组和整肃海陆空三军》，http://news.163.com/16/0724/03/BSN8UTD900014SEH.html.

④ 路透社安卡拉、伊斯坦布尔电，2016年7月27日。

与发展党势力强大，群众基础广泛。埃尔多安享有较高威望和影响力。（3）军队意见不一，未得到高级将领的一致支持。政变者难以调动军队，发号施令，加之埃尔多安对军队多次整顿、安插亲信，不乏许多高级将领被提拔、重用，不可能起来造反。（4）政变消息事先泄漏。据报道，俄罗斯总统普京及时通报了埃尔多安，使其迅速撤离住地，化险为夷。

此次未遂政变加速了土耳其政府对内外政策的调整。对内，土耳其加大了对军队等强力部门和教育、新闻、司法、社会团体的监管力度，继续严厉打击居伦势力及其影响力。对外，加快了同俄罗斯的关系正常化。8月9日，埃尔多安访问莫斯科，并借以表达对普京的“感激之情”。不日，土耳其外长访问了伊朗。俄罗斯、伊朗、土耳其三国已就叙利亚问题进行互动。8月22日，土耳其总理耶尔德勒姆发表声明称，“对土耳其而言，关键要保护邻国叙利亚的领土完整”，他“完全不接受库尔德人在叙利亚北部成立实体”。[①]8月24日，土耳其特种部队在美军空袭和火炮的掩护下，越境向叙利亚“IS”长期占领的北部边境城镇杰拉卜卢斯发起代号为“幼发拉底盾牌”军事行动，并已取得胜利。值得一提的是，当日正值美国副总统拜登访问土耳其。这表明美国有意对土耳其予以安抚。26日，英国《独立报》网站报道认为，土耳其此举是“一箭双雕”，不仅从“IS”手中夺取杰拉卜卢斯，而更重要的是打击叙利亚库尔德人的政治和军事力量。当土耳其军在卢斯以南与美国支持的库尔德武装发生冲突时，美国人沉不住气了。29日，美国国防部发言人库克忙出来发表声明，对此冲突“深切担忧”“不可接受”，呼吁“所有武装力量立即停战”。此外，土耳其已同

① 法新社安卡拉电，2016年8月22日。

以色列实现关系正常化，并正改善与埃及关系。

目前，土耳其与美欧关系紧张，后者正积极做土耳其工作。尽管如此，土耳其仍是北约成员国，“入欧”国策未变，不会倒向俄罗斯一边，其对外政策调整是策略性的，意在缓解国际孤立处境和国内经济下滑的压力。

四、俄罗斯和美国对叙利亚问题博弈激烈

2016年以来，俄罗斯和美国在叙利亚问题上呈现既合作妥协、又争夺的态势。总起来看，俄罗斯取攻势，美国居守势。俄罗斯积极主动，时有奇招，美国步步为营，予以反制。双方主要在三个方面达成一致：其一，促成叙利亚交战各方（“IS”和“支持阵线”等极端组织除外）达成停火协议，实现停火。战场一度相对平静。以后停火断断续续，时间有长有短。尽管如此，这也为缓和紧张局势和为当地难民提供人道主义援助带来了方便。其二，推动叙利亚冲突各方和主要政治派别出席日内瓦和谈。叙利亚政府积极参与，提出方案，先声夺人。而反对派派别林立，各抒己见，互不服气，勾心斗角，分歧严重，难以用一个声音讲话。迄今和谈尚未取得实质性进展，但仍保持和谈势头。谁也不愿承担破坏和谈的罪名。其三，联合反恐。双方口头上同意共同打击叙利亚“IS”和“支持阵线”（现更名为“征服叙利亚阵线”）等极端组织。而实际上，双方联而不合，各打各的，但事先互有通报。8月16日，俄罗斯战机从伊朗西北部的哈马丹空军基地起飞，对叙利亚阿勒颇、代尔祖尔和伊德利卜等地的“IS”、“支持阵线”等极端组织目标实施空袭。这是俄罗斯首次利用第三国军事基地打击叙利亚境内

的军事目标，也是伊朗首次允许外国军力部署在其境内。[①] 这打了美国一个措手不及。正当美国研究俄伊军事合作意图和双方会否形成同盟时，俄方突然停止使用伊朗空军基地。对此伊方也采取了冷处理，从而搞得美国晕头转向。

美国对俄罗斯在叙利亚的一系列举动多有反制。最近，美国威胁在叙利亚击落俄罗斯战机；而俄罗斯则批评美国未履行反恐承诺。尽管如此，美俄双方仍积极进行磋商。奥巴马和普京在9月4日二十国集团杭州峰会期间举行了会晤，并就叙利亚问题和乌克兰问题交换了意见。9月10日凌晨，美国和俄罗斯外长在日内瓦宣布达成叙利亚停火协议，并于12日日落时分正式生效，以赶上2016年伊斯兰教宰牲节的第一天给叙利亚人民带来和平。该协议是美国和俄罗斯长期较量、磋商、相互达成妥协的结果。就俄罗斯而言，一是急需同美国合作，打造叙利亚停火的新局面，以便体面地从叙利亚撤军，“凯旋而归”；二是对叙利亚反对派武装“网开一面”；三是俄罗斯推动叙利亚冲突各方和政治派别出席日内瓦和谈，以纳入联合国安理会决议中提出的叙利亚政治解决进程和时间表。鉴于此，俄罗斯需要美国向叙利亚反对派施压，促其相向而行；四是可以缓解俄美双方在乌克兰危机上的紧张关系和俄罗斯的国际孤立处境，从而有助于俄罗斯逐步恢复同欧盟的经贸往来与合作。就美国而言，奥巴马总统承认美国在叙利亚问题上有“战略失误”。故美国接受教训，趋于务实，对俄罗斯采取软硬两手，且软中带硬，意在拖住俄罗斯，使其进退两难。美国与俄罗斯的合作和妥协是暂时的，博弈是长期的。谁都不会向对方“灯

① 张代蕾：《伊朗首次允许外国军力部署境内》，《北京日报》，2016年8月18日。

里添油”，谁都难以打破天花板。眼下，叙利亚政府军在阿勒颇取得节节胜利。美西方坐卧不宁，要求停火，以便使叙利亚反对派武装赢得喘息时间。12月5日，俄罗斯否决了联合国安理会关于阿勒颇停火的协议。①

五、“IS”日渐衰败但难以被铲除

经多方打击和制裁，“IS”已江河日下，处境艰难，危机四伏，穷途末路。其武装人员锐减，兵源严重不足，尤其是指挥人员大减，逃兵激增。来自世界103国的大批“圣战战士”因所追求的“美梦破灭”和不堪忍受沉重打击，纷纷潜逃国内，招募兵员已成大问题。面对如此严峻局势，“IS”“被迫调整战略”，决定“化整为零，跳到外线作战”。7月，“IS”连续制造三起恐袭事件。这样，一可转移人们视线，缓解在两个战场上的压力；二可震慑四方；三可制造其实力犹存的假象，蛊惑人心，为士气低落的武装人员“输血打气”，继续进行顽抗。

10月17日凌晨，伊拉克总理阿巴迪宣布发动收复“IS”大本营摩苏尔的攻势。在美国主导的反恐国际联盟的空中支援下，由伊拉克政府军和库尔德武装及支持政府的什叶、逊尼两派民兵组成的约3万名士兵全线出击，所向披靡，势不可挡，迅速扫清外围，摧毁“IS”各军事要塞，挺进市区。“IS”武装采取布防狙击手、地道战、地雷战、“人体盾牌”、汽车炸弹等手段进行顽抗，故政府军推进缓慢，但毕竟“IS”风光不再，大势已去，成建制武装力量陆续被消灭，不日将失去赖以生存

① 塔斯社联合国电，2016年12月5日。

的大本营。11月21日，伊拉克外长贾法里称："目前已有1000多名'IS'武装分子被打死，650人被俘，约有1/3的区域获得解放。"[①] 此外，11月6日凌晨，叙利亚民主军打响对"IS"在叙利亚首都拉卡的收复战。在美国主导的反恐国际联盟的支援下取得了一定进展，致使"IS"压力大增，惶惶不可终日。据报道，"IS"正策划在欧洲实施大规模的恐袭，借以挽回颓势。"IS"生存的空间和土壤仍然存在，因此，它即使在伊拉克、叙利亚两战场上失利，也还会流窜到其他地方制造事端，要彻底解决绝非易事。

六、美国力不从心、调整中东政策

2016年，奥巴马执政时日不多，对中东政策的调整更加清晰。

（一）运用巧实力高调政治化解地区危机

通过阿富汗、伊拉克、利比亚和地区乱局的教训，美国"看到了其对中东冲突进行单边干预的危害"，不愿再做得不偿失、损人不利己的蠢事，更不愿重陷"长期海外作战"之中。2015年9月28日，奥巴马在联大发言中说，"单靠武力不可能维护国际秩序"。鉴于此，美国致力于通过外交途径推动有关各方和平解决地区热点，并支持联合国发挥作用。继2015年通过谈判达成伊核全面协议后，2016年美国同俄罗斯合作，促成叙利亚交战各方实现停火和日内瓦和谈。

---

① 路透社柏林电，2016年11月21日。

（二）对地区事务强调“大国共管、责任共担”

奥巴马表示，几乎所有大国都死于过度扩张，“认为哪里有问题，我们就要往哪里派兵，去强树我们的秩序，这是不聪明的，我们办不到”。他的看法是“撤回来，少花钱，不冒险，盟友分担。”“只有广泛的国际联盟才能解决相互联系的世界所面临的危险。”因此，在打击“IS”方面，美国组建由美国主导的国际反恐联盟，安排成员国尤其是沙特等海湾国家空袭“IS”。对于地区热点主张联合国主导解决，美国不再事事当头。比如，利比亚、也门、南苏丹等问题主要由联合国特使出面斡旋。然而，美国的如意算盘能否如愿以偿仍是个未知数。

（三）调整同伊朗关系、发挥其在地区事务中的作用

美国已承认伊朗是地区大国。签署伊核协议后，美国主要对伊朗做三件事：一是加强同伊朗关系，为实现双边关系正常化铺垫；二是重视伊朗地区大国地位和作用，并就地区事务加强同伊朗协调；三是监督伊朗对伊核协议的实施。

（四）暂缓推行改造中东和平计划、力促恢复地区稳定

利用“阿拉伯之春”，美国大搞“颜色革命”，极力推行美式民主价值观。结果闹得地区动乱频仍，“伊斯兰国”横行，反美情绪高涨，甚至美国驻利比亚大使被打死。尤其是凶猛的欧洲难民潮给了美国一记响亮的“耳光”。前一段，奥巴马和前国务卿希拉里分别承认美国在利比亚问题和伊拉克问题上的失误。在此情况下，美国改变调门，更多强调地区稳定，以便使各国逐步恢复正常社会秩序。

2017年美国新任总统特朗普执政后，会对美国的中东政策作相应调整，但不会发生颠覆性的变化。尽管如此，也将对地区局势产生重要影响。

叙利亚危机久拖难决与俄美博弈

安惠侯

【内容提要】美国“新干涉主义”制造了叙利亚危机，俄美博弈使危机久拖不决。地区大国的介入增加了解决危机的难度。“伊斯兰国”由盛转衰、库尔德势力发展，成为影响危机走向的重要因素。政治解决危机是唯一正确的途径，但各方分歧难以弥合。

【关键词】叙利亚危机　俄美博弈　“伊斯兰国”　政治解决

【作者简介】中国国际问题研究基金会战略研究中心主任，中国国际问题研究院特聘研究员，中国前驻外大使。

叙利亚战乱延续近6年，造成30多万人死亡、1100万人无家可归，昔日美丽的国度大片地区沦为废墟，满目疮痍。战乱为极端恐怖势力提供了发展的空间，影响中东地区和平、稳定与发展，也是冲击欧洲国家的难民潮和恐怖袭击的重要源头。国际社会为推动政治解决危机作出了种种努力，但始终未能停止战乱，实现和解。战场局势出现变化，但危机仍将继续，原因何在？

一、叙利亚战乱的根本原因

美国的新干涉主义制造了叙利亚战乱，俄美博弈是危机久拖难决的根本原因。2011年3月，在阿拉伯世界大规模民众抗议浪潮的影响下，叙利亚民众举行游行抗议，要求变革。巴沙尔政权采取镇压和怀柔两手，原本可以平息事态，但美国为了推翻不肯屈服其霸权的巴沙尔政权，削弱伊朗势力，联手沙特、卡塔尔等海湾国家以及土耳其，明目张胆地支持并武装叙利亚反对派，于当年7月挑起叙利亚内战。8月，美国总统奥巴马率先宣称巴沙尔已失去执政的合法性，必须下台。这为叙利亚反对派以及沙特等地区国家统一了口径，确定了目标。叙利亚反对派武装派系林立，各自为政，战斗力不强；而政府军得到俄罗斯、伊朗和黎巴嫩真主党的支持，占有优势。美国全球战略重心已转移到亚太，实行“亚太再平衡”战略，无意直接出兵叙利亚。巴沙尔政权经受住冲击，没有崩溃。

2014年“伊斯兰国”异军突起，在伊拉克和叙利亚攻城略地。美国近两个月没有采取行动，直到该组织的极端行径引起国际社会的强烈关注以及美国国内舆论的极度不安，美国才组建国际反恐联盟，对“伊斯兰国”势力发动空袭。美国不过是虚晃一枪，杀伤力有限，实际上希望“伊斯兰国”与叙利亚政府军缠斗，两败俱伤，它坐收渔利。

2015年9月30日，在“伊斯兰国”猖獗、叙利亚反对派武装攻势凌厉、政府军节节败退、首都大马士革岌岌可危的态势下，俄罗斯应叙利亚政府的要求，军事介入叙利亚危机，对“伊斯兰国”势力实施空袭。俄军的介入打击了“伊斯兰国”的嚣张气焰，削弱了反对派武装力量，增强了政府军的战斗力。政府军转危为安，转守为攻，逐步收复失地。叙利亚的塔尔图斯港是俄罗斯在地中海地区的唯一军事基地，俄罗斯不能听任叙利亚政府垮台，损害俄罗斯在叙利亚及中东地区的利益。此外，美西方因乌克兰危机对俄罗斯实行制裁、打压和孤立，俄罗斯要通过在中东显示力量和影响，倒逼美西方与俄罗斯恢复交往，打破孤立。叙利亚危机成为俄罗斯和美国战略博弈的重要组成部分。

对俄罗斯军事介入叙利亚危机，美国开始鲜明反对，断然拒绝俄罗斯提出的联合反恐的建议。美国既担心俄罗斯破坏美国利用极端恐怖势力拖垮巴沙尔政权的策略实施；又害怕俄罗斯空袭取得成效，扩大影响，反衬美国主导的空袭只是虚张声势，从而冲击美国在中东的主导地位。为摆脱尴尬处境，美国加大对叙利亚反对派武装以及库尔德人武装的支持，也加大对“伊斯兰国”打击的力度。为了与“伊斯兰国”“征服阵线”等极端恐怖势力相区别，美国杜撰了“温和反对派”一词，强调它支持的是叙利亚争民主、反独裁的力量。

俄罗斯空袭取得明显成效，引起地区和国际舆论广泛关注。美国不得不默认俄罗斯对叙利亚的军事介入，与俄罗斯达成避免两国战机在叙利亚发生冲突的约定。美国还倡议美国、俄罗斯、沙特、土耳其举行会谈，开启政治解决叙利亚危机进程。进程虽然启动，有关各方分歧却无法弥合，关键是巴沙尔的去留问题。美国和俄罗斯多次促成政府军与温和反对派武装停火，但停火只是被用来调整军事部署或接受人道主义援助，始终不能终止战乱。

2016年10月，在美国主导下，伊拉克政府军对“伊斯兰国”占领的伊拉克第二大城市摩苏尔发动进攻。早在年初，叙利亚政府军在俄罗斯支持下就对叙利亚第二大城市阿勒颇发动进攻。占据阿勒颇的势力中有“支持阵线”，这原本是臭名昭著的“基地”组织属下武装，后改名为“征服阵线”，并宣布脱离“基地”组织。美国早在2012年就认定其为恐怖组织。该组织武装力量战斗力强，是反政府的一支劲旅，与美国支持的所谓温和反对派关系复杂，时而对抗，时而联手，剪不断，理还乱。美国极力阻挠政府军收复阿勒颇，指责俄罗斯和政府军打击的是温和反对派而非极端恐怖势力。俄罗斯要求美国明确界定“温和反对派”并将其与极端恐怖势力分开，美国又无作为。2016年10月3日，美国宣布暂停与俄罗斯就叙利亚停火问题举行谈判，同时搁置与俄方共同打击恐怖分子的军事计划。8日，法国和西班牙向联合国安理会提出一项决议草案，要求在阿勒颇设置禁飞区、停止军事飞行，遭俄罗斯否决。俄罗斯提出的决议草案遭美西方的反对。11月，美西方又操纵在安理会提出在阿勒颇停火七天的决议草案，仍遭俄罗斯否决，中国也投了反对票。美国主导的伊拉克摩苏尔收复战，为“伊斯兰国”武装留下撤退到叙利亚的通道，企图祸水西引，增加叙利亚政府军的压力。美国还推动由叙利亚库尔德武装主导的“叙利亚民主军”对“伊斯兰国”的“首都”拉卡发起围攻，以牵制政府军在阿勒颇的军事行动。

俄方加强了对叙利亚的军事部署，于10月10日宣布将把塔尔图斯港改建为永久海军基地。10月14日，普京批准俄罗斯、叙利亚政府有关俄罗斯无限期在叙利亚部署空天部队的协议；俄罗斯还将它唯一的航母编队调往地中海叙利亚水域，参与俄罗斯在叙利亚的军事行动。现在，俄罗斯战机不仅可从叙利亚基地和俄罗斯航母起飞，还可从俄罗斯本土和伊朗的基地起飞，实行对叙利亚极端势力的空袭。

叙利亚政府军于12月12日收复反对派武装占领的阿勒颇东部98%的地区。13日，在俄罗斯和土耳其的调停下，敌对双方达成协议，让反对派残余势力和家属安全撤离。这期间多次出现周折，撤离多次停止。报道说，撤离总人数为1.5万人，其中包括4000名武装分子。12月19日本文截稿时，反对派已撤出8000人。无论如何，政府军完全收复叙利亚第二大城市已成定局。大批民众走向街头，载歌载舞，热情庆贺。这是巴沙尔政权在历时近六年的内战中取得的最大胜利，标志着叙利亚合法政府度过了最困难时期，重新掌握了战场上的主导权；美西方及部分地区国家推翻巴沙尔的图谋受挫；叙利亚战局出现重要转折。

然而，收复阿勒颇并不是叙利亚危机的终结。对此，巴沙尔总统头脑清醒。他于12月8日强调，在阿勒颇的胜利并不意味着叙利亚内战会很快结束。“伊斯兰国”武装仍盘踞在拉卡地区，困守伊拉克摩苏尔的“伊斯兰国”武装部分撤退到叙利亚。12月11日，“伊斯兰国”武装突然重新占领古城巴尔米拉。其他反对派武装仍有力量。美国及部分地区国家绝对不愿看到叙利亚政府军全面恢复对叙利亚的控制，将继续支持叙利亚反对派对抗叙利亚政府军。至于特朗普执政后将采取什么样的对叙利亚政策，人们还不得而知。长期以来，美方认为叙利亚战乱继续符合美国的利益，估计美国新政府不会颠覆性地改变对叙利亚政策。叙利亚战局还存在变数，叙利亚危机恐怕不会很快结束。

二、地区大国的介入增加了危机解决的难度

伊朗一直极力经营伊朗—叙利亚—伊拉克什叶派—黎巴嫩

真主党“什叶派新月联盟”。伊朗深知，如果巴沙尔政权倒台，美西方及部分地区大国打击的矛头将直指伊朗。叙利亚对伊朗而言具有唇齿相关的战略重要性。伊朗不仅向叙利亚政府军派出军事顾问，伊朗革命卫队已经赴叙利亚参战。黎巴嫩真主党武装早就与叙利亚政府军并肩作战。出于共同利益的考量，伊朗与俄罗斯在叙利亚问题上密切配合。

沙特为遏制伊朗在地区的影响，极力推翻巴沙尔政权，企图让逊尼派势力在叙利亚掌权。沙特公开支持叙利亚温和反对派武装。与此同时，“伊斯兰国”及“征服阵线”等恐怖势力也能得到来自沙特以及海湾国家方面的支援。在2014年叙利亚“化武危机”时，沙特极力推动美国出兵叙利亚，一举推翻巴沙尔政权，但美国最终选择了“化武换和平”的软着陆方案。2015年，美国又与伊朗达成“伊核协议”，引起沙特不满。2016年9月28日，美国国会众参两院投票推翻奥巴马总统的否决，强行通过允许“9・11”恐怖袭击事件幸存者和遇难者亲属起诉沙特政府的法案，使得已陷于低谷的美沙关系雪上加霜。但在支持叙利亚反对派、推翻巴沙尔政权方面，沙特与美国立场仍然一致。

土耳其是叙利亚的邻国。叙利亚危机开始后，土耳其联手美国及沙特等地区国家，公开支持叙利亚反对派，要求巴沙尔下台。“伊斯兰国”崛起后，土耳其开放土叙边境，任凭“伊斯兰国”的武装人员通过土耳其进出叙利亚；“伊斯兰国”走私石油无障碍越境到土耳其销售。当叙利亚库尔德武装与“伊斯兰国”军队在叙土边境地区恶斗时，土耳其袖手旁观，拒不对叙利亚库尔德武装伸出援手。土耳其还于2015年11月24日击落一架在叙利亚执行空袭任务的俄罗斯战机，与俄罗斯交恶。

2016年7月15、16日，土耳其发生未遂政变，土耳其政府指认旅居美国的土耳其宗教领袖居伦策划了这场政变，要求美国将居伦引渡回土耳其，并影射美国插手政变阴谋。对土耳其的引渡要求，美国迄未满足。土耳其对美国支持叙利亚和伊拉克库尔德人武装一直不满。土美关系渐行渐远。此外，土耳其纵容“伊斯兰国”的后果是“伊斯兰国”势力在土耳其发展。据悉，大约有2100名土耳其公民加入“伊斯兰国”。“伊斯兰国”还在土耳其策动恐怖袭击。这迫使土耳其改变对“伊斯兰国”的态度。土耳其主动改善与俄罗斯以及伊朗的关系，并派人与叙利亚政府接触。土耳其对叙利亚政策作出调整。阿拉伯媒体透露：土耳其向俄罗斯、伊朗、叙利亚承诺停止支持叙境内部分武装组织，对恐怖势力关闭边界，同意巴沙尔在过渡阶段留任，承认“征服阵线”为恐怖组织。作为交换条件，土耳其要求迫使叙利亚库尔德武装从幼发拉底河西部地区撤到河东；采取军事行动，阻止“伊斯兰国”武装人员进入土耳其边境。俄罗斯和伊朗同意土耳其在叙利亚境内采取有限临时军事介入。土耳其、俄罗斯、伊朗重申维护叙利亚领土完整。此前，土耳其多次主张在叙利亚北部地区建禁飞区，因得不到美国和俄罗斯的同意而未能实现。土耳其派出一个师的兵力于2016年8月24日发起代号为“幼发拉底河盾牌”的军事行动，进入叙利亚，已控制400多平方公里的土地。10月1日，土耳其议会通过决议，把派遣土耳其军队在伊拉克和叙利亚执行任务的授权再延长一年。埃尔多安总统强调，在叙利亚作战的首要目标是建立一个面积约5000平方公里的“没有恐怖组织的安全区”，其实是要遏制叙利亚库尔德人势力壮大。

三、库尔德人的独立倾向使得叙危机更加复杂化

库尔德人约3000万，主要生活在土耳其（1800万人）、伊朗（700万人）、伊拉克（400万人）和叙利亚（100万人）。库尔德民族历史悠久，在中东地区人数仅次于阿拉伯、突厥和波斯民族，但一直未能独立建国。

土耳其库尔德人占其总人口约25%，为争取独立曾多次武装起义，皆被土耳其政府严厉镇压下去。1979年土耳其库尔德工人党成立，拥有一支强大的武装力量，与政府军作战15载，最终失败。残余武装转移到伊拉克和叙利亚。土耳其库尔德工人党被土耳其政府定性为"恐怖组织"。

伊拉克库尔德人在美国的扶植下已经高度自治。美国扶植伊拉克库尔德人，起初是为了推翻萨达姆政权，控制伊拉克；当下是出于对抗"伊斯兰国"的考虑。伊拉克库尔德人扬言要在适当时候举行"独立公投"。

叙利亚库尔德人原本力量有限，"伊斯兰国"猖獗后，他们奋起保卫家园，得到美国和俄罗斯的支持，力量逐渐壮大。2016年3月17日，叙利亚库尔德民主联盟党宣布，决定在叙利亚北部地区建立"联邦区"，实现自治。这些动向引起土耳其的极度不安。土耳其极力介入叙利亚和伊拉克战事，很重要的原因就是阻止伊拉克和叙利亚的库尔德人力量壮大，独立倾向发展，对土耳其库尔德人的独立运动给予精神鼓励和物质支持，威胁土耳其国家统一和安全。土耳其强调叙利亚库尔德人组织是土耳其库尔德工人党的分支，也是恐怖组织，坚决反对美国向其提供支持和援助。土耳其还反对叙利亚库尔德人组织

出席叙利亚危机政治解决进程。土耳其已于2016年8月出兵叙利亚，出于同样考虑，土耳其不顾伊拉克政府的反对，出兵伊拉克，参加进攻摩苏尔的战斗。

叙利亚和伊拉克库尔德人随着力量的壮大，独立倾向增强，但独立建国必然会遭到所在国政府的镇压，地区国家的反对。美国和俄罗斯支持库尔德人武装是出于各自政策的需要，对其独立建国的愿望并不认同。库尔德人独立建国恐怕短期内难以实现，但这一问题势必为叙利亚局势增添复杂的因素。

四、“伊斯兰国”由盛转衰、困兽犹斗

“伊斯兰国”于2014年崛起，在伊拉克和叙利亚攻城略地，似乎势不可挡。这在中国学界引起惊恐，有学者断言，“伊斯兰国”崛起标志着中东进入新的“大乱局”，导致中东政治秩序崩溃，政治版图解体，主权国家体系根基动摇。在可见的未来，中东难以建立起新秩序，持续动乱将成为新常态，没有最乱，只有更乱。他们主张，在中东中国应主要与非阿拉伯国家发展关系。

两年多时间过去，事态的发展表明上述论断不符合实际。2016年年初，习近平主席访问沙特、埃及、伊朗并取得巨大成功。当下，“伊斯兰国”已经由盛转衰，中东局势恢复到总体趋稳、局部动乱的常态。政治秩序在部分国家受到冲击，整体上从来也没有崩溃；少数国家面临分裂的危险，但地区政治版图没有解体；主权国家体系没有面临根基动摇的局面。中东国家尽管面临一些问题和困难，除几个仍处于战乱的国家外，总体上保持稳定并继续正常发展。

“伊斯兰国”是利用叙利亚危机和美国及某些地区大国的纵容、甚至扶植而崛起的。美国和部分地区国家希望利用“伊斯兰国”推翻巴沙尔政权。然而，俄罗斯军事介入后，叙利亚政府军转危为安，转守为攻，在战场上逐渐掌握主动。同时，“伊斯兰国”在极端宗教思想的主导下，将美国为首的西方国家以及地区国家政权均视为打击对象。突尼斯、沙特、俄罗斯、土耳其是“伊斯兰国”的四大兵源国，欧洲国家也有不少青年加入“圣战”。其中一些人在“伊斯兰国”受训后返回本国，从事恐怖暴力活动，威胁到欧洲国家及部分地区国家的安全。“伊斯兰国”残酷杀害异教徒和人质、买卖和虐待妇女、利用幼儿搞自杀式恐怖袭击等恶行令人发指。“伊斯兰国”已成为国际社会的公敌。美国及部分地区国家不得不调整政策，在一定程度上加大打击“伊斯兰国”的力度。

伊拉克政府军从“伊斯兰国”手中夺回费卢杰、拉马迪和提克里特等重镇后，于2016年10月发动摩苏尔收复战。参战的有政府军、库尔德人武装、什叶派和逊尼派民兵，共约3万人。困守摩苏尔的“伊斯兰国”武装约8000人。经过几周战斗，政府军节节胜利，“伊斯兰国”武装减员过半。军事专家估计，政府军取胜只是时间问题。“伊斯兰国”在叙利亚、伊拉克控制的地盘至少减少了80%，人力、财力锐减。该组织由盛转衰，走向失败，已成定局。挫败这个反动落后的“哈里发国”不仅对叙利亚和伊拉克走向稳定意义重大，对整个中东地区乃至世界的反恐斗争都会产生利好影响。但这股势力仍在顽强抵抗，还会跳到外线，在中东其他国家、欧洲和非洲发展力量或发动恐怖袭击。仍不可掉以轻心。只要存在能滋生恐怖主义的土壤，就难以彻底根除恐怖主义。反恐必须标本兼治，反恐斗争势将长期化。

五、政治谈判是解决叙利亚危机的唯一正确途径、但当下尚无现实的可能

中国一直主张政治谈判解决叙利亚危机，这一主张已成为国际社会的共识。2015年10月30日，在维也纳举行叙利亚问题的有关国家外长扩大会议，达成一些共识，成为政治解决叙利亚危机的基本原则，随后举行的会议又作了一些补充。主要有：(1)维护叙利亚的领土完整和世俗性质；(2)维护国家机构；(3)不分种族和宗教，所有叙利亚人的权利都应得到保护；(4)打败“伊斯兰国”和其他恐怖组织；(5)由叙利亚人主导政治进程；(6)叙利亚政府与反对派通过谈判组建过渡政府；(7)制定新宪法并在联合国监督下举行大选。美国和俄罗斯均承认，在巴沙尔去留问题上仍存在分歧。政治进程时而启动，时而停止，迄今除了上述几项原则外毫无进展。究其原因有如下几点：

(一)在军事战场上各派势力僵持、尚未决出胜负

当下，在叙利亚大体上有四股军事势力：一是叙利亚政府军，得到俄罗斯、伊朗和黎巴嫩真主党的支持；二是“伊斯兰国”和“征服阵线”为代表的极端恐怖势力；三是美国领导的国际联盟(包括沙特、土耳其等地区国家)支持的反对派武装；四是库尔德人武装。除此之外，土耳其一个师于2016年10月进入叙利亚参战。表面上，俄罗斯支持的政府军和美国支持的所谓温和反对派武装都标榜打击“伊斯兰国”等恐怖势力，实际上，在阿勒颇战场上反对派武装与“征服阵线”共同对抗政

府军。“伊斯兰国”主力盘踞在拉卡地区。库尔德武装主要对抗“伊斯兰国”的侵犯，与政府军时有配合。土耳其打着反恐旗号军事介入，重点是遏制库尔德武装。战场上未见分晓，谈判桌上也就各不相让。

（二）叙利亚国内各派意见分歧太大、难以弥合

首先，反对派坚持巴沙尔下台是政治解决的先决条件。政府方面强调巴沙尔是民选总统，拒绝讨论他的去留问题。2016年11月初，巴沙尔在接见美国、英国记者时再次宣称，他希望担任总统至少到他的第三个七年任期，于2021年结束。其次，如何组成过渡政府是个问题。如果由现政府主导、吸收反对派人士加入组成过渡政府，等于要反对派放弃推翻政府的主张；如果由反对派主导、吸收政府人士组成过渡政府，等于要通过谈判实现军事手段未能实现的推翻政府的目标。

（三）美国与俄罗斯尚未达成妥协

外国势力已深深地介入叙利亚危机，其中美国和俄罗斯的影响力最大。危机爆发后，俄罗斯一直支持叙利亚政府，多次在联合国安理会否决美西方提出的关于叙利亚的提案，并继续向叙利亚提供武器。2015年9月30日出兵空袭“伊斯兰国”等恐怖势力后，俄罗斯在叙利亚问题上的话语权明显增加。保住叙利亚政府，才能保住俄罗斯在叙利亚的军事基地和其他利益。俄罗斯强调，巴沙尔的去留应由叙利亚人民决定，外国势力无权干涉。美国伙同部分地区国家培植叙利亚反对派武装，挑起内战，奥巴马率先宣称巴沙尔必须下台。2015年9月，美国国务卿克里表示，巴沙尔在过渡期可以不下台，他下台的时间可商量。态度有所松动。但是，美国要更迭叙利亚反美政

府、推翻巴沙尔、从而削弱伊朗的目标从未放弃。美国和俄罗斯在叙利亚较劲，是双方重要的战略博弈，任何一方都不会轻易让步。

六、结语

叙利亚政府军收复阿勒颇将是叙利亚局势的重要转折，但“伊斯兰国”在叙利亚的势力基本保存，彻底挫败叙利亚的极端恐怖势力尚需时日。如果美国及其支持的各种力量不能配合行动，而是掣肘牵制，反恐就难以取得成效。如果俄罗斯和美国不能达成妥协，政治谈判就难以成功，军事斗争还将继续，危机还将拖延不决。叙利亚危机得不到解决，中东地区难以全面稳定，难民潮还会再起，恐怖暴力行动外溢也不会停止。

土耳其未遂军事政变缘由及影响

姚匡乙

【内容提要】土耳其“7·15”未遂军事政变参与者中，有军队中反对宗教势力的世俗力量，也有军队内部的“居伦运动”势力。它既是土耳其政治体制中世俗力量与宗教势力长期斗争的新较量，又是“居伦运动”与正义与发展党围绕政治权力争夺的一次碰撞。政变虽然未遂，但影响深远，埃尔多安政权大力整肃异己，重点打击“居伦运动”；通过修宪实现权力高度集中的总统制；加速推进外交政策的调整，实现土耳其的大国梦，但“居伦运动”势力不小，难以赶尽杀绝，如何妥善处理与“居伦运动”关系、稳定政局、发展经济，将考验埃尔多安和正义与发展党的智慧。

【关键词】土耳其　未遂军事政变　“居伦运动”　埃尔多安　正义与发展党

【作者简介】中国国际问题研究基金会高级研究员，中国前驻土耳其大使。

2016年7月15日晚间，土耳其武装部队总参谋部部分军人发动军事政变，伊斯坦布尔和安卡拉响起密集枪炮声，政变军人一度占领了伊斯坦布尔广场、道路和机场，控制了首都安卡拉的土耳其广播电视协会电视台，播放了一个自称“祖国和平委员会”的军人团体声明，宣称军队已经接管政权，全国范围实行宵禁并实施军事管制法。事发后，正在土耳其西南部马尔马里斯海滨休假的埃尔多安总统通过手机和CNN当地的电视台进行视频通话，声称要“依托国家来声讨军队中少数人的叛变”，表示“绝不认为政变会成功”，呼吁民众到机场和公共广场去，“夺回民主的所有权和国家主权”，并连夜乘专机返回伊斯坦布尔。在机场，埃尔多安受到成千上万民众的欢迎。他发表演讲，指责流亡美国宾夕法尼亚州的宗教人士费特胡拉·居伦是此次政变的幕后策划者，其领导的“居伦运动”成员参与此次政变，扬言发动政变者将付出惨重代价。综合各方面情况看，参与此次政变的既有军队内部的“居伦运动”势力，也有军中传统的世俗主义分子。在广大民众的反对和忠于政府的军警围攻下，政变分子纷纷投降。政变造成265人死亡，其中包括161名平民与警察、104名叛变士兵，另有1440人受伤。这场未遂军事政变仅持续五个小时就宣告结束。7月20日，埃尔多安总统召开国家安全委员会会议，宣布全国进入紧急状态，展开大规模的清洗行动，旨在肃清参与和支持政变的势力，打击居伦所领导的“平行组织”。10月19日起国家紧急状态延长三个月。

此次政变是土耳其政治体制中世俗力量和宗教势力长期斗争中的一次新较量

土耳其军队历来在国家政治生活中扮演极为重要的作用，

是国家世俗政权的坚定捍卫者，也是维护社会秩序和稳定的重要柱石。根据1961年的《土耳其军队内部服务法》和1982年的宪法，军队负有捍卫凯末尔遗产的重任。任何背离凯末尔原则的政府，军队都有权力采取必要措施。1960年至2016年，军队共发动五次军事政变。1950年至1960年，土耳其由一党专制进入多党民主，由民主党主席曼德列斯担任总理。由于他采取自由的经济政策，放任伊斯兰势力发展，违背了凯末尔的世俗主义原则，1960年4月27日，土耳其武装部队总参谋长杰马勒·古尔塞勒发动政变，推翻曼德列斯政权，并出任临时总统、总理兼国防部长。军方以"违反宪法""盗用国家资产"等罪名逮捕曼德列斯，判处他死刑。1961年10月大选后，军人政权还政于民。1971年3月12日，受西欧风起云涌的学潮影响，土耳其国内各种激进组织纷纷出现，严重影响社会稳定，土耳其军方向时任总统苏奈和大国民议会提交了一份备忘录，要求建立"一个强大的可信赖的政府"。当天，德米雷尔政府被迫辞职，史称"3·12备忘录政变"。1980年4月，土耳其举行内阁选举，由于大国民议会中左右政党势均力敌，选举旷日持久，内阁迟迟未能组成，导致经济形势每况愈下。同年9月12日，土军总参谋长科南·埃夫伦发动武装政变，宣布解散议会和内阁，成立国家安全委员会，接管国家权力。埃夫伦自任国家元首，建立军政府。1997年2月，面对土耳其国内出现的部分政治势力的宗教狂热，土耳其军方出动大量坦克、装甲车，展示了军队捍卫政教分离原则的决心。在军方的强大压力下，宗教色彩浓厚的总理埃尔巴坎最后不得不在当年6月18日辞职。1998年1月，当时的执政党繁荣党被土耳其宪法法院取缔。

2002年年底，正义与发展党在大选中获胜并上台执政，该党脱胎于被取缔的繁荣党，宗教色彩浓厚，对军方戒心甚深。

为站稳脚跟，巩固执政基础，该党把削弱军队对政局的影响力作为重要任务。土耳其军方与埃尔多安政府间经历了多次较量：2004—2006年，正义与发展党以推动土耳其民主化进程、为加入欧盟创造条件为由，启动对1982年宪法有关条款的修改。修正案除废除死刑外，还对军人的地位和作用作了诸多限制，要求公开军队开支并接受审计法院监督，大大弱化了军队在土耳其国家政治生活中的作用；2007年，正义与发展党推举的前总理居尔在总统选举中领先，但未达到议会2/3的选票，引发了各界对宪法有关条款的激烈争议，土耳其政治濒临危机，军队在其网站发表所谓“电子备忘录”声明，表达对总统选举相关的世俗主义辩论的关切，威胁使用“法律力量”以维护世俗共和国。正义与发展党也因此面临被宪法法院取缔的危险。后经埃尔多安多方斡旋，危机才得以化解，居尔仍当选为总统。军队此次干预总统选举失败，标志着双方实力开始发生重大变化。军方再也不具备左右政府、发动政变的能力。为进一步打击军方势力，2010年2月，埃尔多安以破获军方秘密制订代号“大锤计划”的政变阴谋为由，对军方发动大规模清洗，共52名高级军官被捕，其中包括前副总参谋长埃尔金·萨伊贡、前空军司令易卜拉欣·弗尔特纳、前海军司令厄兹登·奥尔内克和伊斯坦布尔第一军前军长等军方高层领导在内的17名退休将军和4名现役将军。在随后的案件侦办过程中，土耳其军事检察院以涉嫌参与“大锤计划”和没有履行自身职责为由，勒令55名高级将领提前退役；地方法院又以密谋政变为由，宣判330名军官有罪入狱。[①] 土耳其军方高层领导几乎全部被撤

① 《挥舞起来的大锤——评土耳其未遂政变》，http://world.huanqiu.com/hot/2016-07/9183181.html.

换，军队内部世俗主义势力遭受沉重打击。

当局加紧对军队打压，社会伊斯兰化日趋严重，如埃尔多安颁布禁酒令，在大学修建清真寺，宗教学校数目不断扩张，要求全国中小学课程加入伊斯兰必修课程，称妇女节育违反伊斯兰教法等；外交上，过度介入中东事务，四处树敌，与俄罗斯、以色列等国交恶，国内恐怖活动频发。所有这一切令土耳其军队内部的世俗主义者和城市精英深感不安。这是军队部分中下级军官策动“7·15”军事政变的大背景。但此次政变与以往所有政变在时空背景上已大相径庭，正义与发展党牢牢掌握了政权，而军队在土耳其政治格局中的地位已趋式微。因此，政变既未能获得军方高层的支持和配合，更未赢得广大民众的拥护和呼应，加之缺乏明确的政治纲领和必要的组织协调，起事仓促，带有明显的冒险性，其失败难以避免。

“居伦运动”势力直接参与此次政变表明正义与发展党与“居伦运动”两派从结盟到敌对、围绕政治权力斗争日趋尖锐化

“居伦运动”是现代土耳其最具影响力的伊斯兰运动。该组织的领导者费特胡拉·居伦是土耳其著名的伊斯兰思想家，被土耳其和周围国家数百万穆斯林视为精神与社会导师，曾被《经济学人》杂志称为当今最重要的穆斯林人物之一。从20世纪60年代起，随着土耳其政治经济形势的变迁，“居伦运动”从一个强调宗教保守主义的社团变成了一个“强调民族主义、

自由市场和教育、塑造土耳其新伊斯兰的引擎”，[1]并从土耳其扩展至中东、中亚、欧洲和北美，成为全球性的伊斯兰运动。据称它拥有500万名追随者，在不少国家建立了数千所学校以及下属商业机构，还掌握了若干家媒体。这类学校每年总共约有20亿美元的收入，并在全世界聘用了约10万名教师。在土耳其有超过4000所居伦学校，它们每年帮助约120万名学生准备大学入学考试。“居伦运动”拥有土耳其最大企业集团，掌控媒体集团，包括全国性大报《时代报》和银河电视台等。“居伦运动”通过在教育领域几十年的实践，培养出大量人才，势力渗入土耳其警察、情报、军队、司法和教育等政府部门。“居伦运动”在土耳其各部会有平行组织，有“国中之国”的外号，尤其在警察和司法系统内的实力极为庞大。不少国际媒体称，在土耳其大约有10%的人是“居伦运动”的支持者或同情者。[2]1998年，土耳其法院指控居伦企图“通过伪装的民主和温和的假象颠覆世俗制度”，居伦被缺席审判有罪。1999年，居伦以身体不适为由赴美国就医，定居宾夕法尼亚小镇。

居伦和埃尔多安在相当长的时间内保持着密切关系。埃尔多安在20世纪末担任伊斯坦布尔市市长时就和居伦结为同盟，并一度视居伦为其精神导师。正义与发展党2002年在大选中获胜，其后埃尔多安连任三届总理，一定程度上都得益于“居伦运动”鼎力相助。2007年正义与发展党遭遇总统选举的困境以及2008年面临被取缔的危机，都依靠“居伦运动”在警察、司

---

① 李智育：《从“政治机会结构”理论视角看土耳其“居兰运动”的发展》，《现代国际关系》，2015年第4期。

② 王云松、青木：《揭密居伦及其背后的“帝国”》，http://www.fx361.com/page/2016/0719/202650.shtml/.

法界势力的斡旋得以化解。“居伦运动”也在正义与发展党的帮助下，在政治、文化和经济领域得到前所未有的扩张。土耳其学者和媒体多年来一直认为，“居伦运动”是正义与发展党的“执政伙伴”。

随着“居伦运动”势力坐大，它与埃尔多安的矛盾开始显露，双方开始围绕政治权力展开激烈斗争。2013年12月，针对正义与发展党政府的反腐调查及后续事态发展，是双方斗争公开化的标志性事件。12月17日开始，土耳其警方发起了打击工程招标贪腐的专项行动，拘捕了包括经济部长之子、内政部长之子、环境部长之子和国有银行首席执行官在内的近80人，一周之后，涉嫌腐败两三名部长辞职，此次行动范围之广和涉案人员权位之高震惊全国。[①] 贪腐丑闻引发伊斯坦布尔、安卡拉大批群众的示威游行，要求总理埃尔多安下台，致使股市下跌、货币贬值，局势动荡，迫使埃尔多安撤换10名部长，改组政府。案件明显是针对埃尔多安和正义与发展党的。这次逮捕行动总统不知情，总理不知情，甚至连伊斯坦布尔警察局长也不知情，这是正义与发展党政府和“居伦运动”间权力斗争的最新阶段。埃尔多安怒斥土耳其不是混乱无序的国家，没有人能煽动或是陷害它，发誓要折断利用此次调查来破坏其执政基础的对手的双手。

2014年1月，支持“居伦运动”的检察官和警察又同时在多地开始了土耳其新一波反腐败调查行动。1月，在土耳其先后出现两起“国际公路运输公约”的卡车被拦截事件。检察官称这些卡车运载了武器。对此，埃尔多安指责“居伦运动”检查属于国家情报机构的卡车是根据国外的指令行动，无异于背

① 《土耳其重大反腐调查出现最新转折》，联合早报网，2014-03-01.

叛国家和人民。2月25日，“居伦运动”还在互联网上公布了一段据称是埃尔多安与儿子的对话录音。在录音中，埃尔多安警告他儿子把家中的钱转移到其他地方，矛头直指埃尔多安。①

面对“居伦运动”的步步紧逼，正义与发展党政府利用执政的资源优势，采取一系列反制措施，力图在教育、司法、经济等领域全面压缩“居伦运动”的生存空间。在教育领域，试图取缔各种补习班，摧垮支撑“居伦运动”的教育网络。在司法领域，改组法官检察官最高委员会，并将该机构置于司法部监督之下，以利于清除“居伦运动”势力。在军队内部启动人员调查，以确保将其中的“居伦运动”支持者清除出军营。2014年12月，伊斯坦布尔国家首席检察官下令逮捕居伦，并宣布了居伦的三条罪状:使用暴力、威胁或欺骗手段使人失去自由；通过诽谤手段导致他人入狱或受到司法、行政处罚；建立领导武装恐怖组织。

正义与发展党政府的围追堵截，使“居伦运动”的活动暂时陷于低潮。但经数十年的培育，“居伦运动”的人员安插很广，尽管在司法、教育等领域遭到清理，但其在军队中的组织和人员仍是未解之谜。曾为居伦著书立传的拉提夫·埃尔多安在接受“居伦犯罪组织”调查中作证称，“他们在军队的人员布置已进行了40年，很多人目前应该已擢升到很高级别。在军队任职的人的名字是保密的，只有负责人知道”。

另据报道，军事学校、高中和士官预备学校中有将近300名教职员工和助理与居伦社团有关系。总参谋部有将近2000

① 李智育：《从“政治机会结构”理论视角看土耳其“居兰运动”的发展》，《现代国际关系》，2015年第4期。

人，其中除了士官还有军官、将军和海军上将。[①] 经过短暂的蛰伏后，“居伦运动”策动军队内部人员发动政变，试图一举推翻埃尔多安政权。

这场未遂政变但影响深远并涉及土耳其政治生态的演变、政治权力的重组和内外放策的走向

首先，埃尔多安以清除“居伦运动”势力为名，整肃异己，巩固其执政地位。重点对军队系统实行改革，主要改革措施包括：土耳其武装部队总参谋长和国家情报局局长将从以往向总理报告改为直接向总统报告，陆海空三军司令将直接向国防部长报告；现有军事院校解散，成立包括陆海空军事学院在内的国防大学，同时成立一所宪兵学院，军队医院从以往隶属于武装部队改为由卫生部管辖。通过上述措施，扩大文官政府对军队的控制，进一步削弱土耳其军方的地位。[②] 同时，大规模清除“居伦运动”分子，清除对象涉及军警、司法、教育、媒体、外交、国家机关等领域。截至9月底，已有近10万公职人员被停职，超过3万人因涉嫌参加政变被逮捕，仅军方就有149名高级将领遭到解职，占武装部队高级将领总数的近一半。共有大约7500名受牵连的军方人士被逮捕或被拘留。如此大规模的清洗，从短期看，有利于正义与发展党巩固自身执政地位，但

① 李智育：《从“政治机会结构”理论视角看土耳其“居兰运动”的发展》，《现代国际关系》，2015年第4期。

② 《埃尔多安要改革军队系统 削弱土耳其军方的地位》，http://gx.people.com.cn/n2/2016/0801/c229256-28759271-2.html.

从长远看，将增加土耳其国内不稳定因素。土耳其政局如何发展，存在较大不确定因素。

其次，加速启动制宪程序，实现国家政体由总理制向总统制的过渡。土耳其现行宪法是1982年制定的，虽经多次修改，但已不能反映当今土耳其现实，不可能解决土耳其存在的诸如库尔德民族地位等根本问题。2011年6月，正义与发展党在大国民议会选举中再次获胜后，正式启动制宪进程。经过多年的激烈讨论，土耳其议会各政党已就制定一部新宪法达成基本一致。但执政的正义与发展党和在野的共和人民党、民族行动党、人民民主党各有自身考量，对制宪内容和条款争吵不休，焦点是国家体制。正义与发展党主张实行总统制，但遭到其他政党的反对。此次未遂政变发生后，埃尔多安试图利用高涨的人气加快实现总统制。考虑到制定新宪法耗时耗力，将涉及军队的作用与地位、库尔德民族地位、宗教与世俗主义关系等敏感问题，将引发各种政治力量的博弈和争斗，正义与发展党决定先就关于总统制的宪法修正案提交公投。目前，土耳其大国民议会共有550名议员，正义与发展党占有316个席位，而占有40个议席的民族行动党曾透露出支持总统制的意愿。[①] 根据宪法规定，若能在议会中获得367票，宪法修正案将直接通过。如果获得330票，修宪案将交付公投程序。正义与发展党已组建一个修宪工作组，负责起草修宪草案，完成后将与议会其他政党磋商。土耳其司法部长表示，总统制公投最快将于2017年1月进行，并称此举将保证土耳其的稳定、统一和团结。总统制无疑是为埃尔多安量身打造的，将大大扩展他的权限。

① 《土耳其拟修宪改为总统制再次提到日程，这次通过可能性大》，http://news.163.com/16/1013/20/C39KAS65000187VE.html.

再次，积极调整外交政策，土耳其外交政策将带有更加浓重的埃尔多安个人色彩。正义与发展党执政初期采用前外长达武特奥卢的“零问题外交”，积极改善与周边国家希腊、叙利亚、伊朗、亚美尼亚的关系，取得明显成效。2011年西亚北非发生剧变后，土耳其对外政策发生重大变化：一是误判形势，跟随美国和西方积极介入叙利亚危机，推翻巴沙尔政权。但事与愿违，随着叙利亚内战的持续，库尔德势力坐大，土耳其处于十分尴尬的境地。二是以宗教派系划线，偏好逊尼派伊斯兰国家，冷淡什叶派伊斯兰国家。三是亲美疏俄，制造击落俄罗斯战机事件使土俄关系遭受极大冲击。为改变土耳其外交的孤立被动局面，2016年年中起，土耳其开始调整外交政策，“7・15”未遂政变后这种势头更加明显。土耳其将采取更加积极务实的政策，多交朋友少树敌，营造睦邻友好的周边环境；以自身利益为导向，积极参与中东事务，甚至不惜出兵叙利亚、伊拉克，扩大土耳其在中东事务的影响力和治理能力，重点防范库尔德问题对土耳其的冲击，影响土耳其的主权和领土完整；充分利用土耳其重要的战略地位和地缘政治优势，在东西方和大国间玩弄平衡，获取最大政治、经济和军事利益。2016年6月26日，土耳其与以色列签署协议，决定两国关系正常化；同年下半年，埃尔多安总统与俄罗斯普京总统三度会晤，决定两国关系正常化，并签署铺设“土耳其流”天然气管道协议。这些都是土耳其对外政策调整中具有风向标意义的事件。值得注意的是，土耳其外交政策由埃尔多安亲自掌管。埃尔多安个性专断强硬，土耳其外交政策不可避免带有其强烈的个人色彩，因而也是个不小的可变因素。

结语

“7·15”军事政变是土耳其国内新旧矛盾不断积累和爆发的结果。

所谓旧矛盾，指土耳其社会一直存在的世俗与宗教之争，早在1923年土耳其共和国建立之初，以凯末尔为首的领导层即确定国家政治体制世俗化的原则，自上而下颁布了一系列强制性的法令，如废除哈里法制度、撤销教法部和教法法庭、提高妇女社会地位、改革文字和服饰等，基本上实现了宗教与政治相分离、宗教与司法相分离、宗教与教育相分离。但应该看到，凯末尔的改革缺乏广大民众自觉的参与，因而是一种不完全的、不彻底的改革。如同所有的伊斯兰国家一样，传统的伊斯兰宗教渗透到土耳其社会生活的方方面面，这就为宗教势力挑战世俗政权提供了必要土壤。土耳其执政者的一个主要任务是处理好宗教与世俗的关系。土耳其近一个世纪的世俗化道路上，宗教和世俗两股势力始终处于相互争斗、相互碰撞、相互妥协之中。宗教和世俗力量的相互碰撞和彼此妥协，是土耳其世俗化道路的基本特征。2002年正义与发展党上台后，在坚持伊斯兰价值观的同时，注意避免过于突出宗教色彩，强调党的全民性、民主性和世俗化，坚持政教分离。这种状况说明，共和国90多年的历史已给土耳其社会的世俗化打下深深烙印，达到难以逆转的程度；与此同时，随着土耳其国内形势的演变，土耳其政权在不根本动摇世俗制度根基的前提下，对宗教势力的界定朝着宽松的方向发展。可以说，土耳其在不断寻求世俗与宗教平衡，探索维护伊斯兰文化传统和实现社会生活现代化的平衡。目前，土耳其又到了一个关键的节点。随着正义与发展党势力的壮大，人们对其走向的疑虑也在增加。总的看，正义与发展党还会推出一批带有宗教色彩的法令法规，但都会限定在伊斯兰价值观范畴内，不会碰触世俗政权的底线。土耳其不会走上政教合一的道路。

所谓新矛盾，指正义与发展党和“居伦运动”的矛盾，如何处理与它的关系是正义与发展党面临的重大课题。2002年年底正义与发展党执政后，土耳其经济发展迅速，经历了黄金十年，但近年来由于世界经济低迷，土耳其同样面临资金外流、经济萎缩的困境，土耳其要达到在2023年经济总量位于世界前十位的目标绝非易事。稳定是发展的前提，“居伦运动”在土耳其有相当大的势力，难以赶尽杀绝，如何处置与“居伦运动”的关系、稳定政局、发展经济，将考验埃尔多安和正义与发展党的智慧。

极端组织“伊斯兰国”日渐衰败

唐继赞

【内容提要】“伊斯兰国”曾经占领大片地区，在伊拉克和叙利亚境内形成“国中之国”，其杀人越货、嗜杀成性的恐怖行径令人发指。一时间，人们谈“伊”色变！在俄罗斯、美国及地区多种反恐力量的打击下，2016年，成立不到两年的“伊斯兰国”开始走下坡路，控制地盘锐减，复辟“哈里发国”梦灭，被迫改变策略，加大恐袭力度。随着在伊拉克、叙利亚两战场的进一步失利，“伊斯兰国”已成强弩之末。然而，彻底铲除“伊斯兰国”尚需时日，中东反恐任重道远。

【关键词】“伊斯兰国”　由盛转衰　恐怖袭击　中东反恐　任重道远

【作者简介】中国国际问题研究基金会研究员，新华社世界问题研究中心研究员、中东总分社前社长、高级编辑，中国中东学会常务理事。

2016年伊始，“伊斯兰国”在伊拉克和叙利亚开始走向衰败，中东反恐取得重大进展。但是，短期内该极端组织不会销声匿迹，恐怖袭击将呈多发之势，中东反恐依然任重道远。

一、“伊斯兰国”由盛转衰

一年来，打击“伊斯兰国”不断传出好消息。该极端组织在伊拉克和叙利亚处境日趋艰难，控制地盘缩水、资金收入锐减、人员补充匮乏，元气大伤。曾以攻城略地著称的世界第一大恐怖主义组织，正在将其战略重点转向域内外的恐怖袭击，其复辟伊斯兰帝国——“哈里发国”的梦想恐将彻底破灭。

“伊斯兰国”原本是“基地”组织在伊拉克的一个名不见经传的分支。2006年，“基地”组织趁伊拉克战后的无政府状态，凭借伊拉克民众高涨的反美情绪和一些伊斯兰国家的资助，在伊拉克逊尼派集聚的西部地区成立“伊拉克伊斯兰国”，其头目是伊拉克伊斯兰教士巴格达迪。2013年，与同为“基地”组织的叙利亚反对派“支持阵线”一度合作，更名为“伊拉克和黎凡特（大叙利亚地区）伊斯兰国”。此后，该组织在伊拉克和叙利亚迅速壮大，在两国交界地区和伊拉克北部攻城略地，并在2014年6月10日和11日相继夺取伊拉克第二大城市摩苏尔和战略重镇、萨达姆老家提克里特市，故名噪一时。当年6月29日，“伊拉克和黎凡特伊斯兰国”在互联网上发表声明，宣布要在横跨叙利亚和伊拉克边境的广大区域建立一个伊斯兰教国家——“哈里发国”，拥立巴格达迪为“哈里发”（国家元首），号召全世界穆斯林向其“效忠”。声明还宣布，该组织从此更名为“伊斯兰国”，删去“伊拉克和黎凡特”的前缀。

曾几何时，人们一度谈“伊”（伊斯兰国）色变。“伊斯兰国”曾盛极一时，在伊拉克和叙利亚控制区最多时分别达到两国国土面积的40%和35%，控制人口1000多万，堪称“国中之国”。不过，2015年秋季以来，该极端组织渐渐陷入人、财窘境。随着俄罗斯和美国主导的国际反恐联盟空袭力度加大，尤其是伊拉克和叙利亚两国政府军地面打击的加强，“伊斯兰国”武装控制的地盘大幅缩水，战斗减员日趋严重。据估计，截至2016年年底，该极端组织在叙利亚和伊拉克控制的地盘失去了至少80%，人力、财力锐减，陷入窘境。极端组织“伊斯兰国”已没有能力再自称为“国”了。

2015年9月30日起，应叙利亚政府要求，俄罗斯军事介入叙利亚。俄罗斯空天部队开始对叙利亚境内的“伊斯兰国”武装发动空袭。该军事行动在挽救巴沙尔政权的同时，沉重打击了“伊斯兰国”武装力量，并成功阻断了该组织的境内物资保障和从境外获得补给及增援的途径。此外，随着叙利亚政府军在俄罗斯空袭的配合下由守转攻，“伊斯兰国”武装完全丧失了在叙利亚战场的主动权。

在俄罗斯在叙利亚频频得手并明显占领中东反恐制高点的刺激和国际舆论的压力下，美国主导的、拥有60多个成员国的打击“伊斯兰国”国际联盟也加大了在伊拉克境内的空袭力度。从媒体的报道看，与俄罗斯重点打击机构和设施不同，美国为首的国际联盟更侧重消灭“伊斯兰国”的领导层。据美国媒体报道，截至目前至少有100多名“伊斯兰国”各级头目被美军击毙，其中包括二号人物阿德纳尼和“财政部长”阿夫里。“伊斯兰国”在伊拉克战场的情况也同样不佳，其控制的提克里特、费卢杰等许多重要城镇相继失守。

据多家美国媒体12月9日报道，一位匿名美军高级别官员透露，自打击“伊斯兰国”行动开始以来，已有5万名武装分子被歼灭。美联社当天援引这名美军官员的话报道称，“5万”这一数字为保守估计，实际数字可能更高。该官员称，这一数字显示，国际联盟采取“空袭协同地面作战”的战略打击“伊斯兰国”是非常奏效的军事行动。该官员还透露，国际联盟迄今已对伊拉克和叙利亚境内的“伊斯兰国”目标进行了超过1.6万次空袭，对该组织造成了沉重打击。

这名美军官员还对媒体表示，“伊斯兰国”的吸引力已明显下降。在2015年，该组织每月都可招募数千名外国武装分子。自2016年以来，这一数字降至每月几百人。该官员表示，美军评估认为，目前部署在伊拉克和叙利亚的美军士兵的人数是足够的，当前的重点是如何最大限度发挥作用。

除了分别由俄罗斯和美国主导的国际反恐力量的打击，叙利亚政府军和伊拉克安全部队对“伊斯兰国”武装的地面攻击起了关键作用。此外值得一提的是，土耳其反恐态度的根本性改变起了重要作用。深受“伊斯兰国”恐袭困扰的土耳其，一改对“伊斯兰国”睁一只眼、闭一只眼的做法，2015年7月正式加入打击“伊斯兰国”国际联盟之后，不仅直接参与了打击该极端组织的空袭行动，更重要的是切断了“伊斯兰国”的人员和后勤通道，起到了“釜底抽薪”的作用。

二、加大全球恐袭力度

分析人士注意到，受叙利亚和伊拉克两大战场不断失利、由盛转衰所迫，“伊斯兰国”改变了战略，从攻城略地和固守地盘向大力开展域内外恐袭活动转变，在全球制造恐慌。

在2015年年底和2016年年初相继制造了巴黎恐袭和布鲁塞尔的两起震惊世界的重大爆炸案的“伊斯兰国”，突然把矛头转向域内，在伊拉克和叙利亚疯狂制造爆炸事件。据有关统计，仅2016年第一季度“伊斯兰国”就在伊拉克和叙利亚发动了近900次袭击活动，导致2000多人丧生和更多人受伤。

2016年5月，伊拉克经历了“血腥一周”。11日，“伊斯兰国”在巴格达什叶派穆斯林集聚区萨德尔城制造了汽车炸弹连环袭击，造成94人死亡、100余人受伤；13日，巴格达北部城镇拜莱德又遭恐袭，造成至少16人死亡、近30人受伤。沙特《生活报》将5月的这一周称为伊拉克“血腥一周”。另据联合国伊拉克援助团公布的统计数字，仅在2016年3月一个月内，伊拉克境内发生的暴力冲突和恐怖袭击就造成至少1119人死亡、1561人受伤。

叙利亚境内也是爆炸声不断，主要恐袭事件也都是“伊斯兰国”所为。据叙利亚通讯社报道，5月23日，叙利亚西北部沿海城市塔尔图斯和杰卜莱相继发生连环爆炸，造成130多名平民死亡。“伊斯兰国”宣布对事件负责。塔尔图斯有俄罗斯海军基地，杰卜莱附近则有俄罗斯空军基地，战略地位的敏感性和重要性不言而喻。

如果说在西方等域外国家制造恐袭是为了宣示存在、扩大影响的话，那么，“伊斯兰国”在自己的“窝边”大搞恐袭，显然是出于对伊拉克和叙利亚政府军及其盟友反恐的报复。“伊斯兰国”这一战略调整，无疑佐证了该极端组织在伊拉克和叙利亚战场上的失利，从而也折射出其对在这两国“建国”失去信心。

“伊斯兰国”的恐袭目标目前已遍布全世界。欧洲历来是“伊斯兰国”的主要恐袭目标。欧洲刑警组织12月2日在荷兰海牙发布报告说，极端组织“伊斯兰国”近期很可能谋划针对欧洲的平民聚集场所等“软目标”发动更多无差别袭击。这份报告估计，数十名由“伊斯兰国”操控、有能力发动袭击的人员目前已身在欧洲。而随着“伊斯兰国”在叙利亚和伊拉克战场上节节败退，将有更多来自欧洲的“伊斯兰国”武装人员从中东地区返回欧洲，欧洲地区受到袭击的风险相应升高。

报告认为，如同2015年11月在法国巴黎针对体育和演出场馆、2016年3月在比利时布鲁塞尔针对机场和地铁站发动袭击一样，“伊斯兰国”仍将把普通民众聚集场所作为目标。报告说，对“软目标”发动无差别袭击对公众的恐吓效应巨大，而造成全社会恐慌正是恐怖组织的主要目标之一。

报告还说，参与美国主导的国际联盟在伊拉克和叙利亚打击“伊斯兰国”的欧洲国家极有可能成为袭击对象。美联社报道，此前被袭击的法国和比利时均参与了这一国际联盟，其他参与的欧洲国家还包括英国、荷兰、德国和丹麦，不过德军并未参与前线作战。

美国同样是“伊斯兰国”的重要袭击目标。美国总统奥巴马2016年8月5日说：“‘伊斯兰国’在叙利亚和伊拉克的颓势似乎迫使他们转向我们此前未见过的策略，把主要注意力放在大型恐怖袭击上，包括在美国的恐怖袭击。”美国近期发生的俄亥俄州立大学枪击案似乎应验了奥巴马的预判。一名18岁的索马里难民驾车冲入人群，他还抽出随身携带的一把大刀砍向无辜民众，造成至少9人受伤。美国警方将此人当场击毙。事发后，“伊斯兰国”证实行凶者为该组织成员。特朗普胜选之后，“伊斯兰国”扬言要策划袭击美国新总统的就职典礼。2017年1月20日，特朗普将走马上任。白宫易主典礼仪式上是否会上演恐袭事件令人将信将疑，但“伊斯兰国”的威胁已经引起美国人的恐慌和全世界的关注。

2016年年底以来，发生在埃及、土耳其、也门、叙利亚、德国和俄罗斯等国的一系列恐怖袭击事件和恐袭阴谋，引起了国际社会的广泛关注。这些恐袭事件或为“伊斯兰国”组织亲手实施，或受其极端思想的蛊惑所致。12月11日，埃及首都开罗一家天主教教堂发生恐袭事件，造成25人死亡、49人受伤。当天，联合国秘书长潘基文和安理会发表声明予以谴责。“伊斯兰国”声称对此事件负责。也门亚丁一军事基地18日发生自杀式袭击，造成49人死亡、40多人受伤，也是“伊斯兰国”所为。俄罗斯15日宣布，该国联邦安全局挫败了数起与“伊斯兰国”有关的恐袭图谋，逮捕了4名嫌犯。19日发生在土耳其安卡拉、德国柏林和瑞士苏黎世的“一日三连击”，在喜迎圣诞节的欧洲多国引起了极度恐慌，俄罗斯驻土耳其大使遭枪击身亡更让人觉得不可理解。

值得指出的是，恐袭事件的实施者越来越年轻化。12月16日，叙利亚首都大马士革一警察局爆炸事件的实施者，是一位只有9岁的女童；一位拥有德国和伊拉克双重国籍的12岁男童，11月16日和12月5日先后两次策划并实施了未遂爆炸事件。“伊斯兰国”利用未成年人实施自杀式爆炸事件的频率增加的势头，当引起国际社会重视。

三、三大反恐战役值得期待

目前，在伊拉克和叙利亚大地上，正在进行两场打击“伊斯兰国”的战争，即“摩苏尔收复战”和“拉卡解放战”。摩苏尔是“伊斯兰国”宣布“建国”并占领两年多的伊拉克北方重镇，拉卡是被“伊斯兰国”定为“首都”的叙利亚中北部城市。两场战役的胜败关系到“伊斯兰国”的生死存亡。“伊斯兰国”一旦失去这两座城市，将难以在伊拉克和叙利亚地区有立足之地。

继2016年伊拉克政府军从“伊斯兰国”手中夺回费卢杰、拉马迪和提克里特等重镇后，10月17日凌晨，伊拉克总理阿巴迪宣布开打”摩苏尔收复战”。参加该战役与极端分子进行战斗的主力，是伊拉克安全部队、伊拉克库尔德自治区武装、支持政府的伊拉克什叶派和逊尼派民兵，约有3万人。战役初期，伊拉克联军在美国主导的国际反恐联盟的空中配合下，从东西南北四面发动进攻，一路高歌猛进。进入第四周后，随着巷战的逐渐展开，战事日趋胶着。极端组织布防的路边炸弹、狙击手以及大量平民“人体盾牌”，给伊拉克联军的进攻制造了不少困难。不过，极端组织已大量减员，越来越难抵挡政府军的强大攻势。军事专家估计，政府军取胜只是时间问题。

“拉卡解放战”于11月6日凌晨打响。随着“伊斯兰国”在伊拉克战场上的节节败退，美国主导的国际反恐联盟开始把打击目标转向叙利亚境内。参加“拉卡解放战”的主力部队是叙利亚民主军，其核心是得到美国训练和资助的库尔德人民保护部队。这支部队曾在叙利亚北部地区重创“伊斯兰国”武装。据估计，“拉卡解放战”可能比“摩苏尔收复战”难打。其一，参战人员不是极端分子的对手，准备也不够充分；其二，随着摩苏尔的逐渐失守，“伊斯兰国”的残余势力必将设法逃往其最后一个大本营，负隅顽抗，拉卡反恐压力显然会骤增；其三，或遭遇土耳其的掣肘。土耳其政府对库尔德武装为主力的此次战役有所忌惮，担心库尔德人一旦在该战役中取胜乃至实现在叙利亚“自治”，势必会激励土耳其境内为库尔德独立而战的库尔德工人党，后果不堪设想。不过，军事专家认为，总体而言，腹背受敌的“伊斯兰国”武装胜算不大。“拉卡解放战”虽然可能耗时较长，但国际反恐力量最终取胜应该不成问题。

“阿勒颇争夺战”其实也是叙利亚境内的反恐战争，直接参战的叙利亚“征服阵线”同样是一个具有恐怖色彩的极端组织。2016年9月22日，叙利亚政府军宣布开打“阿勒颇争夺战”。政府军步步推进，把阿勒颇东部的反政府武装包围在一个南北走向的狭长地带内，并于11月下旬加大军事打击力度，在短时间内取得重大进展。最终，阿勒颇的剩余反政府武装被围困在该市东南部约2平方公里的区域内。12月15日，叙利亚政府军在俄罗斯和伊朗的大力支持下，解放阿勒颇全城。根据交战双方达成的撤离协议，约4000名反对派武装撤出东城，向阿勒颇以西农村地区和附近的伊德利卜省逃窜。当天，巴沙尔总统发布视频，庆祝收复阿勒颇。

“征服阵线”曾是“基地”组织叙利亚分支，后更名为“支持阵线”，被美国和西方国家列入恐怖组织黑名单后又于2016年7月28日改名为“征服阵线”，并发声明强调取消与“基地”组织一起发动全球“圣战”的主张，只强调专注叙利亚内战、推翻巴沙尔政权。因此，叙利亚政府军取得“阿勒颇争夺战”的胜利，也是一场反恐战争的胜利。

四、中东反恐任重道远

“伊斯兰国”虽然在伊拉克和叙利亚大势已去，甚至可能已被迫放弃在伊拉克和叙利亚地区建立“哈里发国”的梦想，但仍有垂死挣扎的余力。

首先，百足之虫死而不僵。联合国2016年年初发布的一份报告称，全球已有34个团体宣誓效忠极端组织“伊斯兰国”。早在鼎盛时期，“伊斯兰国”已将触角伸向区域内的其他国家，诸如利比亚、埃及、也门等高度混乱和内战激烈的国家，并在利比亚港口城市苏尔特建立了据点，多次在也门南部省区和埃及西奈半岛制造恐袭事件。目前，随着在伊拉克和叙利亚地区节节败退，该极端组织更是加速了向上述国家渗透的步伐。

从眼下的情况似可判断，如果被彻底赶出伊拉克和叙利亚，“伊斯兰国”在区域内可以发展的国家可能还是利比亚和也门。利比亚虽然国内安全形势有所好转，但军阀割据的局面并未彻底改变，加之民众对政局的不满情绪依旧，极端和恐怖组织仍然容易浑水摸鱼并站稳脚跟。“伊斯兰国”虽然在利比亚也遭遇了沉重打击，其所占领的苏尔特地区已被利政府军夺回，但从伊拉克和叙利亚逃出的余孽仍可找到落脚之地。

其次，前来加入“伊斯兰国”等极端组织的数以万计的外国“圣战分子”的余孽，有些已经或正在逃回本国，他们会不断在其国内制造恐怖袭击活动、营造全球恐怖气氛。值得指出的是，这些可能回逃的“圣战分子”余孽中，也包括中国新疆地区的“东突分子”，我们必须加以重视，并采取有效应对措施。

分析人士认为，国际社会必须清醒地看到，“伊斯兰国”虽然正在丧失在伊拉克和叙利亚的老巢，但在数年内伸向域内外的余脉不会被完全斩断，其恐怖思想流毒也不易肃清。而且，反恐必须标本兼治。只要中东地区还存在恐怖主义适宜生存的土壤，“伊斯兰国”就不会被彻底铲除。中东反恐任重道远。

第七章

非洲政局总体稳定
拉美经济可望触底

撒哈拉以南非洲形势的新变化与新特点

张宏伟

【内容提要】2016年，撒哈拉以南非洲地区形势继续向好，总体和平、稳定、发展的局面得到巩固。乌干达、刚果（布）、乍得、赞比亚、加蓬、加纳等17个国家举行总统或议会选举，绝大多数国家选举过程总体平稳、顺利，“逢选易乱”现象进一步改善。非洲联合自强呼声持续增强，常备军建设取得积极进展。非盟和伊加特、东共体等非洲次区域组织坚持自主解决索马里、南苏丹、布隆迪等热点问题。与此同时，非洲经济艰难前行，依靠初级产品出口实现发展难以为继，实现工业化和经济多元化意识和动力增强。和平安全形势仍有诸多不稳定因素，索马里、马里、南苏丹问题久拖不决，贫困落后、宗教部族矛盾等恐怖主义滋生土壤难以根除，几内亚湾海上安全问题日益凸显。恐怖主义活动、政局不稳以及亚丁湾和几内亚湾海上安全问题将是今后一段时间对非洲和平稳定与发展的重要威胁。同时，考虑到非洲国家债务风险压力加大，美国等西方国家政策内顾倾向增强，非洲继续保持和平发展面临的不确定性因素未来将有所增加。

【关键词】非洲形势 和平稳定 恐怖主义 海上安全
【作者简介】中国国际问题研究基金会研究员。

2016年，撒哈拉以南非洲地区形势总体上继续保持和平、稳定、发展局面，维持了总体向好的大趋势，并呈现出新变化。同时，非洲仍处于社会转型阶段，局部地区形势的脆弱性、不稳定因素依然存在，在和平安全领域仍面临较大挑战。

一、形势总体向好中孕育新变化

2016年，撒哈拉以南非洲大陆和平、稳定、发展的总体向好趋势愈加明显，在三个主要方面呈现新的变化。

（一）政局更加稳定、探索自主发展道路的意愿更加坚定

2016年可谓“非洲大选年”，乌干达、尼日尔、中非、贝宁、刚果（布）、佛得角、吉布提、科摩罗、乍得、赤道几内亚、赞比亚、加蓬、圣多美和普林西比、塞舌尔、加纳、冈比亚、科特迪瓦等17国先后举行总统或议会选举。绝大部分国家选举过程总体顺利，选后局势保持平稳。加蓬、冈比亚总统大选后各方就选举结果产生争议，但局面总体可控，未引起大范围、大规模骚乱。绝大多数国家执政党胜选，其中尼日尔、乌干达、刚果（布）、佛得角、吉布提、乍得、赤道几内亚、赞比亚、加蓬等国总统成功连任，乌干达、刚果（布）等国长期在位的总统谋求“第三任期”获得民众广泛支持，赞比亚等国左倾或泛非主义色彩浓厚的领导人成功连任。以上表明，非洲“逢选易乱”现象持续得到改善，大选和政权更迭对政局稳定造成的影响进一步降低。非洲国家和人民对西式多党民主模

式对非洲的不适应性有了更加深刻的认识，期待长期执政的强人、强党保持国家稳定和经济发展。街头暴力、违宪夺权等极端手段愈发不得人心。

（二）发展困难增加、实现工业化和经济多元化的诉求更加强烈

进入新世纪以来，撒哈拉以南非洲经济保持持续增长，大部分国家平均增长率远高于世界平均水平。2000年到2010年，非洲的经济增速达5.4%。然而，非洲经济基础薄弱、起点较低、结构单一等问题依然存在。2010年到2015年，由于受到全球经济低迷、大宗商品价格下跌等因素影响，该地区经济增长势头明显放缓，增速回落至3.3%。[①]尼日利亚、南非、安哥拉、莫桑比克、津巴布韦等能源资源富集国经济失速、通胀严重、本币汇率下跌，引发社会矛盾。同时，肯尼亚、卢旺达、坦桑尼亚、埃塞俄比亚等经济结构更加多元的国家成功保持相对强劲的增长势头，增速近7%。世界银行和国际货币基金组织将2016年撒哈拉以南非洲国家经济增速预测下调至1.6%，但分别预测2017年将回升至2.9%和3.3%。在事实面前，越来越多的非洲国家已经意识到，单纯依靠初级产品出口实现经济发展的模式已难以为继，早日实现工业化和经济多元化才是根本出路，才能实现自身可持续发展。

---

① 安晶：《非洲崛起已停滞？麦肯锡并不这么看》，2016年12月7日，http://www.jiemian.com/article/1002222.html.

（三）联合自强呼声增强、自主维和维稳意愿上升和能力不足的矛盾进一步凸显

非洲联合自强态势进一步巩固，自主维和维稳意愿显著上升。非洲国家在安理会改革、气候变化、2030年可持续发展议程等重大国际问题上坚持一个声音说话，坚持通过非盟和非洲次区域组织自主解决地区热点问题。7月南苏丹局势恶化以来，东非政府间发展组织（伊加特）继续积极斡旋，成功说服南苏丹政府同意接受新增维和部队，极力主张不应对南苏丹实施制裁措施，为南苏丹局势缓解切实发挥了主导作用。同时，东非共同体（东共体）继续主导调解布隆迪问题，西非经济共同体（西共体）积极斡旋几内亚比绍政治危机、冈比亚选后争议，均为有关国家保持局势总体可控发挥了重要作用。尼日利亚联合周边国家共同打击“博科圣地”恐怖组织取得积极进展，尼日利亚已宣布摧毁该组织的“最后据点”。非洲常备军建设取得重要进展，五大区域常备旅中的四个已经宣布具备行动能力。南非等十余个非洲危机应对快速反应部队自主贡献国已就快反部队建设达成诸多共识。与此同时，非洲在维和维稳方面仍面临诸多“短板”，如经费和装备严重依赖外援、人员经验和能力不足等，加之非洲各国关系复杂、诉求各异，在地区热点问题上难以形成合力，已成为非洲早日实现“非洲人以非洲方式解决非洲问题”夙愿的一大阻碍。

二、和平安全形势仍有诸多不稳定因素

2016年，撒哈拉以南非洲安全形势在总体稳定的同时，传

统安全和非传统安全问题相互交织程度进一步加深，局部安全形势仍存在脆弱性和不确定性。

（一）恐怖主义

“伊斯兰国”在伊拉克和叙利亚渐呈颓势，加紧对外渗透，非洲已成为其袭击重灾区之一，并引发当地恐怖组织纷纷效仿其暴恐模式。索马里恐怖组织“沙巴布”不时在索马里境内外制造恐怖袭击，肯尼亚、坦桑尼亚、乌干达、吉布提均不同程度面临其威胁。“博科圣地”组织虽受重大打击，但未来其实施的游击式、“独狼式”袭击预计不会很快平息，尼日利亚、尼日尔、乍得、喀麦隆等国仍将受其影响。马里北部地区成为以“基地组织马格里布分支”为首的不同派别恐怖分子的聚集地，恐怖袭击活动多发，波及区域从马里北部向中部、东部地区延伸，联合国驻马里综合稳定特派团驻地及首都巴马科已多次成为袭击目标，已造成1名中国维和人员牺牲，2015年还造成3名中资企业高管遇难。此外，马里恐怖势力还不断向周边国家渗透，在科特迪瓦、布基纳法索等邻国发动恐怖袭击。

（二）政局不稳与暴力事件

埃塞俄比亚接连发生多起示威游行和骚乱，政府已宣布于2016年10月9日起全国进入为期六个月的紧急状态，并实行部分地区宵禁、加强外国人管控等措施。厄立特里亚与埃塞俄比亚关系长期不睦，2016年两国边境发生小规模交火事件，有关边境局势存在进一步紧张的可能。索马里大选在政治、安全和资金等多重因素制约下一再推迟举行。南苏丹冲突双方2016年7月再度爆发战斗，造成中国维和部队2名维和人员牺牲。目前局势虽有所好转，但仍存较大隐忧。布隆迪选后局势虽总体可控，但暴力事件仍时有发生，政治对话未取得实质性进展。刚果（金）围绕大选问题已在首都金沙萨两度爆发大规模骚乱，造成人员伤亡。刚果（布）南方普尔省一度沉寂的反政府武装分子活动再度频繁，与政府军时有冲突。加蓬大选期间首都利伯维尔等地曾发生骚乱。中非国内局势目前虽然总体平稳，但小规模武装冲突等暴力事件时有发生。冈比亚大选后前总统贾梅出尔反尔，不接受选举结果，目前亦未接受西共体调解方案。南非近年来经济增长乏力，导致国内民粹主义上升，种族问题有所抬头，因劳资矛盾、民众不满公共服务水平等引发的罢工、示威游行、骚乱不时增加，恶性刑事案件多发的状况难以得到有效改善。此外，喀麦隆、津巴布韦领导人长期执政，已入耄耋之年，迄今未明确接班人，这两国的未来政局走向不明。

（三）海上安全问题

在国际护航行动联合打击下，索马里海盗袭击事件大幅下降。2015年10月至2016年9月底，索马里海盗袭击等事件共发生15起，远低于2011年索马里海盗盛行时期。但亚丁湾、索马里海域过往船只安全仍然面临海盗威胁。当地海盗活动越来越多地转向为索取赎金而劫持小船。截至2016年11月，仍有近40名海员被索马里海盗囚禁。鉴此，联合国安理会于2016年11月通过决议，将各国及区域组织在索马里沿海与索马里当局合作打击海盗和海上武装抢劫行为的相关授权再延长一年。[①]

---

① 倪红梅、史霄萌：《联合国安理会延长打击索马里海盗授权》，http://news.xinhuanet.com/2016-11/10/c_1119885691.htm.

自2011年以来，几内亚湾海盗盛行，威胁地区航运安全，每年给沿岸国造成数十亿美元损失。近年来，几内亚湾海盗袭击事件不断增多，袭击范围向北扩大至几内亚，向南延伸至安哥拉海域，劫持人质数量和索要赎金数额也在持续增长。仅2016年第一季度，国际海事局海盗报告中心便在几内亚湾地区记录了6起海盗袭击事件，另有6起袭击未遂事件。[①] 联合国安理会已公开呼吁综合施策打击几内亚湾海盗和海上武装抢劫行为，并特别强调几内亚湾海盗和海上武装抢劫与西非和萨赫勒地区恐怖组织之间可能存在关系，要防止海盗和海上武装抢劫行为的收入用于资助恐怖活动。[②] 非盟也就海上安全问题举行了特别峰会。

三、两大潜在问题值得关注

近期看来，撒哈拉以南非洲有两个潜在问题将对该地区安全形势走向产生重要影响，需要特别关注。

（一）债务安全问题凸显

进入新世纪以来，新兴国家经济快速发展带动国际大宗商品价格大幅上涨，撒哈拉以南非洲国家自然资源丰富，实现经济快速增长。2000年至2014年，国际社会以及世界银行、国际

---

① 《中国代表主持联合国安理会打击几内亚湾海盗公开辩论会》，http://www.chinanews.com/gn/2016/04-26/7847989.shtml.

② 倪红梅、顾震球：《安理会呼吁打击几内亚湾海盗和海上武装抢劫行为》，http://news.xinhuanet.com/world/2016-04/26/c_1118732293.htm.

货币基金组织等国际金融机构对非洲重债穷国实施的减债措施使30个非洲国家的外债由平均占国内生产总值的119%下降至33%。[①] 很多国家不但获得了更大的预算支配余地，还享受到了更加优惠的融资条件。在这种情况下，不少国家急于解决长期制约经济发展的基础设施落后等问题，大幅增加公共投资，大规模对外举债，债务水平迅速攀升。但撒哈拉以南非洲国家未能抓住机遇，推动解决总体经济结构单一问题，基础设施投入缺乏规划性、系统性，基础设施建设的发展未能带动工业化和经济多元化，一些项目自身的经济社会效益不佳，难以实现自主可持续发展。许多国家虽然经济快速发展，实际上未能有效转化为自主可持续发展能力，偿债能力十分有限。

近年来，受国际经济金融危机影响，世界经济持续低迷，国际市场总需求下降，大宗商品价格低位徘徊，不少撒哈拉以南非洲国家特别是能源资源富集国外汇收入和外汇储备锐减，收不抵支，债务风险显著上升。据统计，撒哈拉以南非洲国家的平均负债率（外债余额与国内生产总值的比例）由2008年的23.5%上升至2015年的34.5%。如果排除南非和尼日利亚这两个非洲主要经济体，其余非洲国家2015年的负债水平估计达到44%，较3年前的31%大幅上升。其中加纳、安哥拉、刚果（布）、莫桑比克、津巴布韦等国情况更为严峻。加纳的负债率由2006年的26.2%上升至2015年的72.8%。安哥拉和刚果（布）2015年的负债率分别为57.4%和57.5%。莫桑比克的负债率则

① 《非洲国家债务危机再露端倪》，http://cg.mofcom.gov.cn/article/ztdy/201604/20160401304302.shtml.

由2011年的37.6%上升至2015年的61%。[①] 2016年年初，莫桑比克被曝光隐瞒数笔主权债务，负债率陡升至81%，世界银行、国际货币基金组织等西方援助方均暂停向莫桑比克发放直接经济援助和贷款。[②] 津巴布韦在偿还其欠国际货币基金组织债务的同时，仍然拖欠世界银行约11.5亿美元债务，拖欠非洲开发银行约6亿美元债务。[③] 尼日利亚和南非经济发展遭遇严重困难，面临财政拮据、货币贬值等困境，偿债能力恐不断下降。有关国家债务安全问题或将进一步加剧其经济困难，甚至引发社会动荡，值得高度关注。

（二）"逆全球化"对非洲构成新挑战

2008年国际金融危机爆发以来，全球范围内保护主义、内顾倾向抬头，多边贸易体制受到冲击，"逆全球化"力量急速上升的趋势非常明显，"黑天鹅事件"层出不穷。在近期美国大选中，两党候选人均对"跨太平洋战略经济伙伴协定"（TPP）说"不"，且偏好封闭、孤立、民粹与保护主义的特朗普出人意料地最终赢得了总统大选，其对外来移民和发展中国家极富偏见的有关言论、对气候变化问题不以为然的态度令世界愕然。与此同时，欧洲民族主义和民粹主义政党在一些国家获得越来越多民众的支持，英国脱欧公投产生出人意料的结果，意大利修宪公投失利，德国、法国公开反对"跨大西洋贸易与投

① 李志伟：《非洲国家债务风险上升》，http://world.people.com.cn/n1/2016/0513/c1002-28346808.html.

② 中国出口信用保险有限公司：《莫桑比克被曝隐瞒巨额债务》，2016年6月13日，http://www.ccpityt.org/NewsViewobor.asp?id=7331.

③ 张玉亮：《津巴布韦向IMF偿旧债求新贷款》，http://news.xinhuanet.com/world/2016-10/21/c_1119766293.htm.

资伙伴协定”（TTIP）。发达国家普遍倾向于实行贸易、投资保护主义，人员、商品、资本自由流动的壁垒愈发明显。全球范围内“逆全球化”思潮乃至行动大有愈演愈烈之势。

非洲在全球化进程中不断成长，趋利避害的意识和能力不断增强，正处于从全球化进程中更多获益的收获期。一方面，发达国家通过全球化，压低能源、矿产、经济作物等初级产品价格，推高粮食和工业产品价格，剥削广大非洲国家，令非洲国家长期处于全球产业链分工中的较低层次，在某种程度上助长了非洲的贫困和落后。另一方面，非洲国家已普遍意识到，只有加快实现工业化和农业现代化，主动升级自身在全球产业链分工中的层次，同时加速经济区域化和集团化进程，“抱团出海”深度加入全球化进程，才能摆脱被边缘化的命运。有关愿景已在非盟发布的《2063年议程》中得到充分体现。非洲是“全球化的下一个、同时也是最后一个前沿”已成为国际社会的普遍共识。

近年来，非洲已在全球化进程中初尝甜头。特别是有关国家或区域组织与美国、欧盟等发达国家签署的双、多边自由贸易协定有利于提升非洲出口产品竞争力，客观上助推了非洲国家的工业化进程。近期发达国家日趋明显的内顾倾向不仅将使非洲得到的外来援助和投资减少，其在贸易、投资领域的保护主义行为必将影响已经签订的有关双、多边贸易协定，直接打击非洲加入全球化进程的势头。在当前非洲多国经济不景气、社会矛盾凸显的情况下，这种“逆全球化”趋势或将对一些国家的国内稳定和安全局势产生一定负面效应。

同时，美欧内顾倾向增强，对非洲可能进行战略收缩，经济安全投入减少，非洲和平与发展外部助力减少，挑战上升，但非洲自身能力仍有不足，非洲和平安全面临的复杂因素增多。同时这也是非洲实现经济安全自主的机遇。非洲国家能否立足自身携手应对挑战，在实现自主可持续发展与和平安全的道路上取得新的进展，值得期待。

变局中的拉美地区形势

曾　钢

【内容提要】2016年拉美政治格局发生重大变化。地区左右翼两大阵营激烈博弈，“左退右进”态势明显。尽管双方斗争激烈，但都能维护现有民主体制，地区政局保持总体稳定。经济困难下行，连续第二年出现负增长。面对经济困难局面，拉美各国纷纷采取积极应对举措，经济有望触底回升。地区一体化进程总体放缓，政治领域步履维艰，经济领域驱动力增强，亚太因素影响作用凸显，一体化发展方向面临转型。对外关系有所转向，但多元务实总体取向未变。对美关系优先度与合作面上升，主动修复同西方关系，继续拓展和融入亚太经济圈，经济外交强调多元平衡，积极利用多边舞台提升国际地位。美国加大对拉美介入，但未能完全实现其战略目标。

【关键词】拉美形势　政治格局　经济　一体化　对外关系

【作者简介】中国国际问题研究基金会研究员，中国前驻厄瓜多尔、阿根廷、墨西哥大使。

2016年，国际格局继续深刻演变，大国战略博弈胶着，地缘冲突加剧，“黑天鹅事件”层出不穷，世界经济复苏步履蹒跚，经济全球化和贸易自由化进程受到严重挑战。在此背景下，拉美地区经历了重大政治格局变化，但政局总体保持稳定；经济持续困难下行，但出现探底迹象；一体化进程总体放缓，发展方向面临转型；对外关系有所转向，但多元务实的总体取向未变。

一、政治格局发生重大演变、“左退右进”态势明显

21世纪初以来，随着新自由主义经济政策在拉美绝大多数国家的失败和遭到民意唾弃，左派和中左翼力量在拉美国家纷纷上台执政，“左强右弱”成为近十多年来地区政治格局的主要形态。但自2015年岁末起，这一格局开始发生重大变化和逆转。在当年11月举行的阿根廷总统选举中，中右翼变革联盟总统候选人马克里战胜了中左翼执政联盟对手，终结了阿根廷连续12年的中左翼政权。在随后的委内瑞拉全国代表大会（国会）选举中，反对党联盟以巨大优势胜出，控制了委内瑞拉国会2/3绝对多数席位，执政联盟遭遇惨败，委内瑞拉左翼政治力量受到重挫。2016年，拉美左右翼两大阵营继续激烈博弈，左翼政治力量不断受挫，连失阵地。巴西众议院全体会议以367票（超过2/3）对137票、参议院全会以55票对22票通过对中左翼政府总统罗塞夫的弹劾案，罗塞夫被正式罢免。在10月举行的市政选举中，已连续执政12年的巴西劳工党遭到惨败，市长席位减半，国内影响力大幅滑落。在秘鲁大选中，左翼政治力量在首轮选举中全军覆没。二轮选举结果，中右翼变革联盟候选人库琴斯基击败其对手、右翼人民力量党候选人藤森庆子，当选秘鲁新一届总统，秘鲁政权左右易帜。在6月举行的

墨西哥地方州长选举中，执政的中左翼革命制度党经受重大挫折，仅获得12个州当中的5个州长席位，而中右翼反对党国家行动党则一举赢得了7个州长席位。与此同时，革命制度党首次滑落2018年大选民意调查榜首，前景堪忧。在2016年10月举行的智利市政选举中，中左翼执政联盟卷入贪腐案和内耗严重，其民众支持率下跌，反对派联盟的势头明显上升。此外，玻利维亚左派总统莫拉莱斯谋求第四个任期的宪法修正案在公投中遭到否决。其他一些左派和中左翼政府也各自面临执政困难，并受到较大战略压力。上述一系列变故凸显出当前拉美地区左右翼政治力量对比发生明显变化和逆转的态势，表明拉美政治格局正在经历新一轮周期性深刻调整。

拉美政治形态出现“左退右进”的重要格局变化，是地区内外多重因素叠加作用的结果。

一是地区经济状况不断恶化。近年来，巴西、阿根廷、委内瑞拉等中左翼或左派政治力量执政下，国家经济持续低迷，甚至陷入深度衰退，货币急剧贬值，物资短缺，物价飞涨，失业率总体攀升，劳动者收入和社会福利缩水，中产阶级返贫人数扩大，引发民众普遍不满。

二是腐败层出不穷，频频曝光，导致执政党形象严重受损。腐败问题是拉美政治中的顽症，民众对之深恶痛绝。拉美中左翼打着反腐败旗号上台，但在多年执政后自己也深陷腐败泥淖。2015年巴西惊爆国家石油公司腐败案，涉案金额达数十亿美元，被称为“巴西历史上最大的贪腐案件”，涉及整个巴西政坛高层，甚至牵连巴西左翼领军人物、前总统卢拉和在位总统罗塞夫。2016年卢拉又因涉嫌贪污、洗钱、权钱交易和阻碍贪腐案调查等受到司法指控。委内瑞拉各级政府官员腐败问题严重，包括马杜罗总统夫人的亲属涉嫌贩毒遭到曝光。阿根廷前总统克里斯蒂娜及其政府要员受到非法致富指控和司法调查。墨西哥总统夫人被披露接受当地企业巨额房产贿赂，导致培尼亚总统不得不宣布有该企业联合参与并中标的高铁项目废标。智利总统巴切莱特本人及执政党联盟亦受到贪腐丑闻影响，公信力下滑，民众支持率跌至低谷。相关国家执政党在民众中的威信不断下降，民意基础受到严重侵蚀。

三是反对势力乘势推波助澜。美西方长期视拉美左派和中左翼政权为异己，对其领导人搞监听、炒作腐败案、扶持反对派，不断削弱其执政基础。拉美各国反对势力充分利用左派和中左翼力量的长期执政损耗，抓住其当前因经济形势恶化面临执政困难的时机，在美西方支持下沟通串联，利用掌控的媒体优势大肆炒作政府负面新闻、组织游行示威等，不断煽动民众不满情绪。

从深层次看，拉美左翼力量受挫也暴露出其执政理念、执政能力以及政治体制等方面存在的严重问题和偏差：政治上，意识形态色彩浓重，激进左派力量执政国家尤为如此，朝野斗争激烈，相互之间难以妥协，所代表的不同阶层民众立场尖锐对立，社会分裂严重；经济上，过于强调政府对经济的干预，过度保护本国市场和企业，不重视通过调整经济结构提高国家生产能力和发展水平；社会政策上，大搞民粹主义，社会福利水平盲目攀高，国家财政不堪重负，竭泽而渔，难以为继。

尽管在拉美政治格局演变的过程中，左右翼政治力量的激烈博弈和朝野严重对立造成了一些国家的社会动荡和公共治安形势恶化，但总体而言，都能尊重并维护现有的民主体制和法律框架，政权更迭均能够平稳有序进行，因此，地区政局保持了总体稳定。

特别值得一提的是，哥伦比亚政府和哥伦比亚最大反政府武装“哥伦比亚革命武装力量”经过艰苦谈判，终于达成和平协议。当该协议因涉嫌部分条款对游击队方面让步过多而意外遭到哥伦比亚民众公投否决后，双方锲而不舍，继续谈判。经征求反对派意见并大幅修改相关内容后，和平协议又重新签署并最终获得哥伦比亚议会批准通过。这标志着长达半个世纪的哥伦比亚武装冲突正式结束，拉美地区尚存的唯一热点终于消除，对哥伦比亚乃至整个地区的和平、安全与稳定具有重大意义。

目前，拉美地区已步入新一轮左右政治力量轮替变更周期，矛盾和斗争起伏在所难免，部分国家的政局稳定可能会受到影响，委内瑞拉等个别国家局势突变的可能性不能排除，但在可以预见的未来出现地区性动荡的可能性基本可以排除。

二、经济持续困难下行、但有望触底回升

2016年，受世界经济复苏乏力、国际市场需求不振、大宗商品价格持续走低以及地区经济结构性缺陷等影响和拖累，拉美经济继续深陷困境。地区国家经贸条件普遍恶化，外贸持续萎缩，外资流入迟缓，全地区吸收外国直接投资比上年下降8%，资金外流加大。与此同时，国内消费需求和投资也均呈下降趋势。总体来说，拉美国家普遍面临外需下降、内需不足的双重困境，地区经济整体进入周期性下行阶段。

据联合国拉美经济委员会最新预测，拉美地区全年经济增长率为-1.1%，连续6年下行，接连第二年出现负增长，再度成为全球增速最低的地区。其中，由于南美国家多为初级产品生产国和出口国，经济形势最为困难，预计该地区经济增长率

为-2.4%。得益于美国经济复苏回暖，与其经贸关系密切的中美洲地区经济增长率为3.6%。就国别而言，拉美地区国家之间分化比较明显：激进左翼国家委内瑞拉和贸易保护主义色彩浓重的巴西衰退严重，经济增长率分别为-8%和-3.4%，阿根廷经济复苏低于预期，为-1.8%。而拉美太平洋联盟中的南美国家虽同为初级产品生产国和出口国，但因对外开放程度较高，经济状况要略好于其他南美国家。秘鲁、哥伦比亚和智利的经济增长率分别为3.9%、2.3%和1.6%。此外，墨西哥经济增长率为2.1%。中左翼或左派执政国家乌拉圭、厄瓜多尔、玻利维亚和古巴的经济增长率分别为0.6%、-2.5%、4.7%和0.8%。

面对经济困难局面，拉美各国纷纷采取多项举措积极应对，主要包括：（1）财政政策强调收支平衡，力保基建和减贫两大重点。各国均大幅削减预算，重点减少行政支出和非必要社会补贴。巴西、墨西哥分别削减公共支出57.8亿美元和70亿美元。阿根廷削减电力补贴，委内瑞拉大幅上调汽油零售价。多国纷纷公布基础设施建设领域公共投资计划。各国力保扶贫、减贫领域社会投入，多国上调最低工资标准。（2）货币政策强调适度紧缩，缓解通胀高企、汇率动荡和资本外流三大压力。多国央行紧跟美联储加息上调本国利率，并通过公开市场操作平抑汇率波动。巴西连续多次加息。阿根廷取消外汇管制，委内瑞拉实施外汇并轨，两国还通过汇率调整释放贬值压力。厄瓜多尔通过对出境资本征税减缓外汇流出。（3）结构性改革强调市场导向，减少管制多、保护高和税负重三大投资障碍。墨西哥解禁外资进入石油勘探开采、电力、电信领域，允许外国银行在墨西哥开设分行。巴西扩大外资在盐下石油开发、民航运输业中占有比例，拍卖国有水电站特许经营权。委内瑞拉宣布开放石化、矿业等核心产业。各国纷纷探索通过公私合营、特许经营和明确投资回报率等方式，吸引外资和私人资本参与基建项目，并出台简化出口手续或减税政策，重点鼓励农业、制造业等产品出口。一些国家积极推动劳动力市场改革。

近几个月来，由于国际市场对美国和新兴经济体发展前景趋于乐观，拉动石油、铁矿砂等大宗商品价格止跌回稳，国际机构对巴西、阿根廷等主要国家经济增长前景看法转趋积极。联合国拉美经委会预测2017年拉美经济将整体走出衰退，实现1.3%左右的低速增长。但鉴于世界经济新的增长动力尚未形成，贸易保护主义抬头，拉美经济结构性痼疾一时难以克服，美联储加息的外溢效应等不确定因素，本地区经济仍面临诸多问题、困难和挑战，脱离低速增长困境尚需时日，经济转型任重道远。

三、地区一体化进程总体放缓、发展方向面临转型

当前拉美地区政治和经济形势的发展变化，对地区一体化进程及次区域一体化组织的发展方向产生明显影响，出现“政弱经强”和发展方向调整转型动向。

（一）政治一体化步履维艰、动能减弱

拉美和加勒比共同体内部机制运转不畅，2017年轮值主席国迟迟难定，“四驾马车”机制实际成为“三驾马车”。南美洲国家联盟在协调地区议程上的作用出现弱化。南方共同市场（南共市）内部争斗激烈，巴西、阿根廷和巴拉圭坚决反对委内瑞拉接任轮值主席国。12月1日，南共市四个创始国阿根

廷、巴西、巴拉圭和乌拉圭以委内瑞拉未按期履行南共市有关贸易、司法和人权方面的协定为由，决定停止其行使成员国权利。委内瑞拉表示强烈抗议并拒绝四国做出的决定。美洲玻利瓦尔联盟深受委内瑞拉政治和经济形势恶化影响，合作收缩，表现沉寂，面临较大发展困难。出现上述现象的主要背景和原因是：当前拉美左右翼国家博弈激烈，随着巴西和阿根廷政权左右易帜，原先志同道合、共同引领地区一体化的南美三强巴西、阿根廷和委内瑞拉如今政治上分道扬镳，经济上因国内困难而力不从心，内顾倾向抬头，在地区组织中担当重要职责的意愿和能力下降，号召力和凝聚力减弱。拉共体和南共市等偏重政治和安全领域的一体化机制内部分歧和矛盾增多，对区域融合的推动作用受到抑制。

（二）经济一体化驱动力增强、开放型经贸合作取得新的进展

与拉共体、南美国家联盟（南国联）、南共市和美洲玻利瓦尔联盟等地区一体化组织上述状况形成鲜明对比的是，以外向、开放和贸易自由化为主要特征的拉美太平洋联盟活力四射，表现突出，成为当前次区域一体化的一大亮点。太平洋联盟自由贸易区正式建成，金融一体化稳步推进，同时积极吸收阿根廷等7个观察员，联盟观察员国总数增至49个。联盟大力加强与亚太经合组织和东盟等域外地区一体化组织的交流与合作，更加积极有为地参与全球次区域和跨区域自贸安排。此外，原先比较内向封闭和保护主义色彩浓厚的南共市主要成员国巴西和阿根廷等开始调整该组织发展战略和模式，酝酿松绑集体对外自贸谈判机制，放开各成员国自主单独对外自贸谈判。南共市同欧盟的自贸谈判进程有望推进。

（三）亚太因素对拉美地区一体化进程的影响作用日益凸显

美国当选总统特朗普的施政理念和纲领过于强调“美国优先”，孤立主义乃至以邻为壑色彩浓重，对美拉关系及拉美一体化的影响不容乐观。欧盟受经济低迷、英国脱欧、难民危机、恐怖袭击频发等一系列问题困扰，对拉美实质投入有限。较之美欧，亚太对拉美一体化的影响越来越大，已经并将继续成为该地区一体化的重要促进者、伙伴方和重点发展方向。拉共体明确将中拉论坛作为该组织与其他国家和地区开展合作的“范本”，积极推动同中国、韩国等国的交流合作。拉美太平洋联盟以推动太平洋沿岸国家贸易政策协调和自由流通为宗旨，致力于将自身打造为对亚洲最具吸引力的拉美次区域经济一体化组织和亚洲进入拉美市场最便利的门户，观察员中已包含中国、日本、韩国、澳大利亚等亚太重要国家，同东盟达成框架合作协议，并积极推动举行联盟与亚太经合组织领导人对话，谋求深化双方合作。南国联也提出希望中方支持南美地区互联互通建设项目。

总而言之，目前拉美各国面临的经济困难以及左右翼政治力量的激烈博弈对地区一体化进程产生了一定负面影响，政治动能减弱。但同时也应看到，拉美各国为尽快摆脱经济困境，增强了联合自强、抱团取暖、团结进取的紧迫感。此外，巴西和阿根廷等南美大国新领导人的执政理念和政策取向更为务实开放。这些为拉美一体化在困难形势下进行调整和继续发展提供了新的契机和动力。拉美地区一体化进程继续向前推进的趋势不会发生严重逆转。

四、对外关系有所转向、但多元务实的总体取向未变

2016年，拉美地区主要国家主动改善和加强对美欧关系；新上台的中右翼政府外交西倾明显；同时地区国家延续多元外交战略，积极开拓和融入亚太“经济圈”，积极利用多边舞台提升国际地位。美国及其他域外大国和大国集团纷纷加强在拉美地区的存在和投入。

（一）对美关系优先度与合作面上升

古巴和美国开启关系正常化进程。巴西、阿根廷等中右翼政府上台后主动向美国靠拢。巴西、墨西哥、秘鲁总统先后访美。美国借机加大对拉美地区介入。奥巴马总统访问古巴，成为88年来首位访问古巴的美国在任总统。两国多名部长互访，美国多名州长访问古巴。双方签署多项合作协议和备忘录，涉及农业、医疗、航运、环保和文化等多个领域。两国直邮、民航商业直航和游轮往来正式恢复。美国访问古巴人数比2015年同期增加了80%。美国政府多次出台放松对古巴封锁新举措，涉及金融、贸易、旅游和农业等多个领域。首次在联大对要求美国取消对古巴封锁的决议案投了弃权票。随着古美关系的改善，拉美左派反美调门有所降低，中左翼力量执政国家对美关系有所缓和。此外，奥巴马还在阿根廷总统马克里上台刚满百日就赴阿根廷访问，以示对阿根廷中右翼政府的支持和改善美阿关系的积极态度。与此同时，美国继续打压委内瑞拉左翼政权，延长对委内瑞拉“制裁”。美国还通过扶持拉美太平洋联盟和推动“跨太平洋战略经济伙伴协定”（TPP）等方式，强化

美拉经贸关系。

进入新世纪以来，在拉美地区“左强右弱”的政治格局下，拉美左派和中左翼掌权国家团结一致，联合反对美国的霸权主义和对拉美干涉控制图谋，拉美国家对美国离心力普遍增大，美拉关系渐行渐远。而当前拉美地区形势的变化，特别是2015年年末以来拉美政治生态发生的“左退右进”重大演变，为美国“重返拉美”提供了可乘之机。一年来，美国对拉美左派和中左翼力量执政国家诱拉和打压并用，同时积极扶持新执政的中右翼力量，旨在瓦解拉美“反美联盟”，构建亲美地区政治格局，对冲域外力量在拉美快速上升的影响力，并打造奥巴马个人政治遗产。

虽然美国乘势加大对拉美的介入，但并未完全实现其战略目标。在美古关系上，两国虽然恢复了外交关系，但美国仍未解除对古巴的经济封锁和贸易禁运。奥巴马政府的对古政策受到美国国内右翼保守势力的严重掣肘，美国国会甚至通过新的进一步加强对古巴封锁的法案。美古关系改善趋势难以逆转，双方根本矛盾没有改变。古巴对美国的和平演变图谋始终保持高度警觉、处处防范。巴西、阿根廷等中右翼政府对美西方的亲近政策更多是对左翼政府反对和疏远美国政策的一种“纠偏”，不会完全倒向美国。特朗普当选美国总统给未来美拉关系增添了新的不确定因素。特朗普在竞选期间除对其邻国墨西哥多有偏激言论，扬言要在美墨边境修筑高墙阻止非法移民进入美国、废除北美自由贸易协定外，涉拉美地区言论不多，其执政对美拉关系影响如何尚有待观察。

（二）主动修复同西方关系

巴西、阿根廷公开表示要全面恢复与欧美等传统合作伙伴关系。阿根廷新政府外交战略明显向西方倾斜，以欧美为优先方向，全面加强同欧美各层级互动，积极改善同国际货币基金组织等西方主导国际机构关系，谋求加入经济合作与发展组织，对外战略明显向西方倾斜。马克里总统出访德国、欧盟，在达沃斯论坛、二十国集团峰会等多边场合同欧美领导人频繁互动。美国、法国、意大利等10余名西方领导人访问阿根廷。阿根廷还同英国淡化马岛主权争议，探讨渔业和油气合作。巴西、阿根廷新政府在意识形态取向上明显“西倾”，在民主、人权等问题上立场向西方靠拢。古巴在同美国开启关系正常化进程的同时，与欧盟关系也得到持续改善。双方于12月12日正式签订了《政治对话与合作协议》，标志着古欧关系实现了正常化。古巴国务委员会主席兼部长会议主席劳尔访问法国，外长访问德国，部长会议副主席访问西班牙和斯洛伐克。欧方的奥地利总统、葡萄牙总统、德国副总理、英国外交大臣、欧盟外交和安全政策高级代表等政要先后访问古巴，双方在经贸、债务、能源、农业、卫生、基础设施、科技、文化等领域的交往与合作加强。智利总统巴切莱特访问瑞典、英国、法国，接待德国总统、斯洛伐克总统访问智利。西班牙、挪威等国积极参与斡旋委内瑞拉国内政治对话和哥伦比亚和平进程。欧拉双方克服英国脱欧公投影响，继续开展整体对话，在金融、能源、汽车等经贸领域的合作有所发展。

（三）继续开拓和融入亚太经济圈

拉美国家普遍将对华关系作为外交战略的主要方向，合作意愿积极强烈。墨西哥、阿根廷重视同日本、韩国在融资、制造业和基建等领域的合作。墨西哥与韩国重启自贸谈判，并推动批准TPP。古巴、委内瑞拉和厄瓜多尔同俄罗斯在经贸和防务等领域保持密切合作关系。智利继续推动TPP国内审批程序。秘鲁公开支持亚太自贸区建设，申请加入亚洲基础设施投资银行，推进与印度商签自贸协定，并成功承办APEC系列会议及峰会。日本、印度则加紧开拓拉美资源和市场，在拉美并购活跃。

（四）经济外交强调多元平衡

阿根廷积极改善同国际货币基金组织关系，同“秃鹫基金”就偿债问题达成协议，开启重返国际融资市场进程。墨西哥、智利、秘鲁三国积极参与TPP谈判，巴西推动南共市加快与欧盟自贸谈判。委内瑞拉大力推动世界主要产油国“冻产”，以使油价止跌回升。地区中小国家积极寻求世界银行和美洲开发银行等金融机构支持。拉美国家领导人还利用出席世界经济论坛、二十国集团峰会等契机，积极开展经济外交。

（五）利用多边舞台提升国际影响力

巴西、墨西哥、阿根廷等地区大国参与国际多边事务意愿强烈，在联合国、二十国集团、金砖国家、亚太经合组织等多边机制，就气候变化、可持续发展议程、毒品、难民、反恐、维和、核安全等全球议题发声，彰显全球责任。巴西顶住寨卡病毒流行、公共治安、财政预算等压力，成功举办奥运会和残奥会，提升了巴西和南美洲的国际形象。阿根廷率先向联合国交存《巴黎协定》批准书，成功申办2017年世贸组织部长级会议和2018年二十国集团峰会，积极谋求在全球治理舞台中占据一席之地并发挥独特影响和作用。

当前世界格局中的拉丁美洲

徐贻聪

【内容提要】拉美没有热点，风平浪静。整体地位提升，已成多极世界中的一极，为各方瞩目。“左派”渐失优势，但社会根基犹在。地大物博，资源丰富，被视为世界的“掌上明珠”。美拉关系继续有改变，拉美进一步走出门罗主义阴影，更加独立、团结。中拉互补性突出，关系深入发展，互信明显增强，未来合作、共赢的前景乐观。

【关键词】拉美地位　拉美经济　美拉关系　中拉关系

【作者简介】中国国际问题研究基金会研究员，中国前驻厄瓜多尔、阿根廷和古巴大使。

纵观全球，数年前形成的世界格局总体没有发生根本性的改变，多极并存的局面也依然如故。

但是，世界形势在不断的变化之中。无论是整体还是局部，都在变得越来越错综复杂，越来越扑朔迷离。各个地区在世界形势中的作用和影响此消彼长，各有千秋。作为世界重要组成部分之一的拉丁美洲也不例外，近年来地区内外的变化都不可谓不明显，而且越来越让世人侧目相看。总体而言，拉美基本形势的变化对本地区有利，对世界形势的整体发展起的也是正能量的作用。

拉美在联合国被称为“拉丁美洲和加勒比”，地跨北美洲、中美洲、南美洲和加勒比海域，由33个独立国家和13个尚未独立的政治单位组成，共有2200多万平方公里的陆地面积、7亿多人口，是个地广人众、资源丰富、物产齐全、教育科技都有一定水平、文明独树一帜的地区，为世界其他地区所普遍关注和重视。

拉美让人侧目，以致被一些方面视为当今多极世界中的独立一极，主要原因是它自身的团结在日益密切，参与世界事务的主动性和积极性在明显提高，在世界事务中的话语权愈来愈重，在世界上的整体影响日渐增大，其拥有的丰富资源更被越来越多的人看重，与之合作的可能性和前景也被越来越多的国家和企业看好。拉美两年前以整体名义与欧盟建立了新的联络纽带；与有着文明和文化历史渊源的非洲正在进一步走近；下一届APEC和二十国集团峰会都将在拉美举行，与中国关系发展之快更被一些国家所“嫉妒”。这些应该都是各方看重拉美和拉美加快走向世界的有力例证。如果说，过去的拉美因为“独处地球的一隅”和被美国所“保护”等原因而被世界“冷落”，今天的拉美则被世界捧为了“掌上明珠”。

二

拉美地区没有热点，区内的冲突也都不很显著，整体局势相对比较平静。就连交战了50余年、造成数十万人死伤和流离失所的哥伦比亚政府和游击队，也在一些国家和力量的斡旋下于11月底签署停火协议，让人们看到走向和平的曙光。可以用“风平浪静”来形容拉美的整体局势。

拉美近期形势的突出变化之一是，一度盛行的“左倾”渐渐失去优势，原先被划入“左翼”的八九个国家都有了新的态势，有的“变右”，有的“失势”。比如，作为“左翼”代表的委内瑞拉由于查维斯的离世而困难重重，“查韦斯时代”的“左翼效应”日趋淡薄，逐渐给人以“难以为继”的感觉。幅员辽阔、发展潜力巨大的巴西国内形势动荡，游击队员出身、被称为“左派”的女总统罗塞夫因卷入腐败案和违法动用公共资金被国会“弹劾”下台，所属的工人党遭到重创，接任的总统有“右翼”之嫌；阿根廷“左翼”政府在大选中失败，被划入“右派”行列的政党取代。出身于印第安人的玻利维亚总统、被认为是“查韦斯弟子”的莫拉雷斯面临失势的境地，国内反对他的声音有渐强的趋势。厄瓜多尔面临大选，有评论称戴有“左派”桂冠的科雷尔总统按宪法规定即将去职。古巴的劳尔·卡斯特罗由于调整国内的发展政策和与美国“复交”而被误解为在“背叛社会主义事业”，甚至有“在古巴存在两个共产党”之说。因此，多方评论认为“拉美的左派在进入冬季”，甚至称“拉美的左派在走向消亡”。虽然除古巴外的“左”、“右”更迭是拉美政治、经济、社会因素引发的“土生土长”的自然现象，产生这些变化的土壤、环境和民众等条件依然存在，左右更迭同各国的经济走势有必然的牵连，还同一时叱咤风云政坛人物的个人因素有关，时时都可能发生，外界应该以平常心看待拉美的“左”“右”变异，对之不必惊叹、紧张和奇怪，但对这种在内外因素作用下的变化和走向仍应予以关注和实事求是的分析，因为它不仅涉及相关国家的形势变化，对世界形势和格局变化毕竟也是一种影响成因。

二

政治离不开经济。在由政治、经济、社会等诸多方面组成的局势中，经济起着基础的作用。

近些年来，拉美经济形势在内部和外部多种客观因素共同影响下的持续低迷，是拉美总体形势中可以看得见的一个显著特征。但是，综合其基础、资源和各国对此方面问题的认识和治理思路，加之世界经济有望结束徘徊，可以预期拉美有能力在不很长的时间里逐步走出这种状态，扭转颓势，重新拾起活力，再度让世界侧目。

俗话说，“留得青山在，不怕没柴烧。”拉美的“青山”不仅多，而且各种资源的藏量都非常丰富，让世人垂涎。以阿根廷为例。据初步勘察和推算，在这个有280万平方公里陆地面积、有各种地形地貌、但仅有4000万人口的国度，世界上已知和被利用的矿物应有皆有，蕴藏量多在世界前10位，有些甚至位居前5位，但多数都尚未被开采。近几年间，矿产品以及其他初级产品在国际市场上的价格低走，确实给依靠这类产品的出口为经济支撑力的拉美国家造成了巨大的压力，但世界的制造业毕竟需要复苏，也必然会给拉美带来新的机遇。这样说，不完全是理论上的一种推测，而且是世界经济走向复苏的必备条件和可预测的曙光。

经济的发展离不开稳定的社会秩序。总体而言，拉美的社会秩序在整体相对稳定中继续向好，有利于经济环境的好转，特别是能够增强外部投资者的决心和信心。至于一般性的社会不稳定因素，则是其他地区的各个国家也普遍存在的现象，虽然在拉美国家中的案例多一些，流传的故事广泛一些，但不应被视为影响拉美经济发展的重要因素。

应该看到，在各个国家和世界各种组织、机构，尤其是诸如中国在其中发挥着重要引领作用的二十国集团、金砖国家组织、亚洲基础设施投资银行等的共同关注和努力下，国际经济在慢慢走出低谷。虽然难测时间，但毕竟“东方开始见白”。拉美由于其资源、政局、对外关联等方面的有利因素，必将成为这种态势的首批得益者之一。

拉美各国政府普遍在因势利导、积极采取推进发展的举措，应该是地区经济整体形势能够向好的基础和动力。在此意义上说，巴西、阿根廷、智利、古巴、墨西哥等国都有了令人瞩目的举措和动向，且在逐步取得成效。

顺便说一句，乌拉圭总统明白表示该国愿意加入中国发起的“一带一路”发展计划，这应该是拉美为谋求改善经济发展状况向世界发出的一个积极信号，体现这个地区愿意为推进经济发展、扩大与世界交往的强烈期待。“一带一路”战略虽然有其地域性和历史根由，但将这个有益于亚洲、非洲和欧洲相当数量国家经济发展的宏伟计划与世界其他地区有机地联系在一起，发挥其“包容”作用，应该是中国相关方面的研究课题之一，而且越快越好。

三

拉美地区形势中近期的另一个变化是拉美与美国的关系有所改善。

100多年来，美国的对拉美政策一直受门罗主义的直接影响。以地区近邻的利益不应受外部力量干扰为由，美国坚持门罗主义的灵魂，反对和阻挠其他地区的国家介入美洲事务，自己则将拉美视为“后院”，凌驾其上，颐指气使。虽然遭到拉美国家的普遍反对和长期抵御，但依然故我，仗势欺人的态势和态度从未有实质性的改变。奥巴马执政时期，面对拉美国家呈现出越来越团结的形势以及世界各国间全球化的联系和相互依赖程度的日益加深，美国进一步意识到门罗主义的时效性已过，至少在理论上不再视拉美为“后院”，还强调发展与拉美“平等关系”对其的特殊重要性，因而在一定程度上改变了门罗主义的形式和内涵，也得以在一定程度上缓解了美拉关系中的传统矛盾。美国的做法虽属迫不得已，但已初现成效。是否继续抑或推进，则需拭目以待，但重回老路显然已无可能。

拉美和美国同在西半球，属于“近邻”，但始终不认为自己属于美国的“后院”，同美国“欺凌和反欺凌”的斗争也长期不断，只是程度和表现方式在各个历史时期有所不同而已。照理说，近邻之间，如果能够互相尊重、互通有无、互利合作，本可以互相促进、推动各自的发展，问题在于美国并不把拉美视为平等的合作伙伴，形成诸多的矛盾和摩擦。毫无疑问，造成美拉关系不和谐的动因在美国。近年来，拉美对于同美国近邻关系实质和内涵的认识在改变之中，拉美方面寻求的是平等互利的正常国家关系，并在多方面逐渐摆脱对美国的依赖和从属，独立性明显增强。这种态势在对待美国与古巴关系上就有非常显著的反映。在同属西半球的地区关系中，美国与坚持走社会主义道路的古巴关系一直是拉美各国“鲠喉之刺”。从20世纪70年代以来，拉美各国一直在致力于拔除这根“长刺”，以既促美国改变政策，也为自己改正历史错误。经过多年的不懈努力，拉美国家终于迫使美国顺应其非常一致的强烈呼声，美国于2015年宣布与古巴“复交”并重建使馆，还在一定程度上推动美国在任总统时隔80多年后对古巴进行了国事访问。虽然因为美国政府尚未取消对古巴长达50余年的野蛮贸易封锁和禁止美国人赴古巴旅游的法律等问题的存在，拉美国家尚未完全达到长期的期待，但美国与古巴关系的明显突破对拉美无疑是一场值得欢庆的胜利，也在一定程度上推进了拉美与美国整体关系的新发展。

四

讲到拉美在国际上的地位和影响，应该、也必须看到它与中国的关系及此种关系对拉美的重大积极作用。

拉美与中国的关系源远流长，在拉美更有众多学者认为中拉之间的交往涉及远古，可以分为远古、中古、近代和现代四大阶段。由于双方关系和交流的传说很多、很广，拉美不少国家对这些交往的考古和研究也始终不断，甚至成为考古界的“新宠”。人们可以很容易地发现，拉美与中国之间存在的、富有实际内容的关系近年来一直处在不断的巩固和深化之中，范围不断扩大，理解不断加深，对双方的影响都举足轻重。人们有理由预期，中拉双方相互信任和互相看重的程度将随着合作成果的不断显现而越来越有所提升。

拉美和中国都是新兴国家，是世界发展中的推动力量，虽然相距遥远，近年受国际经济衰退的影响，使得双方的合作又稍受挫折，但天然形成的巨大互补性，没有历史恩怨和现实冲突的政治状态，还有着长期的民间友谊，都为中拉进一步发展更加密切和更深层次的友好合作关系奠定了坚实、牢固的基础，也为双方提供了共同挖掘、以利未来进步的良好条件，完全可以期待双方关系今后发展的可乐观性。

此外，在拉美的多边事务中，中拉关系也显示出愈来愈明显的活力和榜样性作用，反映在联合国及双方都参加的国际和地区机制中的合作态势和作用都很明显，受到许多其他方面的赞扬和肯定，还有嫉妒。2015年宣布建立的“中拉论坛”，更为双方互利、共赢合作的具体化创造了沟通的机制和落实的条件。继续推动稳定、扎实的中拉平等、互利的合作关系，符合双方的意愿和需要，也符合世界格局演变的需要。可以期待，拉美与中国的有基础、有成效、有密度的双边合作，必将对助推双方关系以及世界形势朝着更加和谐、更加稳定的方向发展作出新的贡献。

关于中国与拉美的关系，有些人，还有一些西方大国的媒体，总在明里暗里讲“中国在同美国争夺拉美”。说到底，持这种观念的人还是在用门罗主义的思维看待域外国家与拉美的正常关系和合作，如果不是在进行政治挑拨，也是对中国和拉美国家政策的误解，既完全不足为信，也无必要予以批驳，因为事实摆在那里。

五

拉美各国有共同的历史、共同的文明，但国家数目多、政体不一、政党林立，对许多国内和国际问题的看法存在不同，在国家未来发展方向和发展政策上无疑也会有歧见，故而要实现“拉美一体化”并非易事。但是，综观各种因素，拉美未来发展是有希望的，也是可以信赖的。一个欣欣向荣的拉丁美洲在世界格局中的地位必定会愈加显要，拉美对推动世界形势向和平、和谐、稳定前行的作用也会愈加重要。

第八章

中国外交攻坚克难
开拓进取彰显特色

中国特色大国外交的辉煌成就和面临的挑战

尹承德

【内容提要】近年来，以习近平同志为核心的党中央实行有中国特色的大国外交，取得新的历史性成就。同邦交国的关系显著提升，普遍进入历史最好时期；国际地位空前提高，开始迈入世界舞台中心和国际规则与秩序重要塑造者之列；为国家创造了良好的国际环境，促进了民族复兴事业，为延长中国的战略机遇期并对世界和平发展事业作出了重要贡献，同时面临挑战。

【关键词】中国特色　大国外交　成就　挑战

【作者简介】中国国际问题研究基金会研究员,《国际问题研究》前主编。

中国特色的大国外交，以促进世界和平发展、构建人类命运共同体为主要目标，以维护本国主权安全、发展大局为核心诉求，以建立合作共赢国际关系为理念宗旨，合乎时代潮流和中国与国际社会的共同利益。这是新时期中国外交大发展的根本保障。

一、对外关系全面突进

中国同邦交国普遍建立了战略合作伙伴关系或全面战略合作伙伴关系，相互关系全面提升。

（一）大国关系新局面

1. 中俄关系在历史高位运行。

中俄高层互访与接触对话频密，自2013年至今短短3年间，习近平主席与普京总统互访与会晤达17次之多，达成了诸多重大成果与共识。两国总理在2016年11月举行的第21次定期会晤期间签署了经贸、金融、投资、高科技等领域的20余项合作文件。

中俄全面战略协作伙伴关系迈上新高度，其中突出亮点有二：一是在“一带一路”框架下的合作取得重大进展。两国签署了关于“丝绸之路经济带”建设和“欧亚经济联盟”对接合作的联合声明，并就上合组织作为“对接平台”达成共识。双方还启动了一批重大合作项目，包括签署了共建莫斯科—北京高铁合作备忘录，该项目总投入约1.5万亿元人民币，将是中国投入最多的海外项目。二是战略安全合作提升新水平。2016年6月，中俄元首发表关于加强全球战略稳定的联合声明，奠定了双方加强和深化战略合作的基础。为了应对共同威胁，中国和俄罗斯提升了军工军技合作水平；扩大了联合军演的规模与范围，有效提高了两军协同作战能力；首次举行“空天安全—2016”联合反导演习，并定于2017年进行第二次联合反导演习；在“萨德”入韩问题上加强立场协调，共同声明在必要时采取联合行动。中俄深化战略合作是当前世界战略格局正向变化的主轴。

2. 中美关系稳中有进。

奥巴马政府在强化对华遏制的同时，更加强了对华接触、对话与合作，中美关系在矛盾中保持了基本稳定并向前发展的局面。年内两国元首进行了三场会晤，取得许多重要成果。6月上旬举行的第八轮中美战略与经济对话，达成100多项成果，[①] 这是成果最丰富的一轮中美战略与经济对话。两国元首在9月3日共同向联合国秘书长潘基文交存本国对气候变化《巴黎协定》的批准文书，合作推动该协定在11月生效。

在核安全领域，双方在2016年2月举行首次核安全对话，就加强核领域安全合作和防止核恐怖主义达成共识，3月18日，中美共建的核安保示范中心在北京运行。[②]

在军事领域，两军领导人成功互访，推进两军交流与合作。双方达成《海上意外相遇规则》和《海空相遇安全行为准则》，避免发生意外安全事故。中美两国海军同时参加了环太平洋联合军演，两军还举行了人道主义救援和减灾联合实兵演练。

经贸关系的“压舱石”作用进一步凸显。2015年，中美贸易额达5584亿美元，中国首次超过加拿大，成为美国第一大贸易伙伴国。相互投资是两国经济关系中的新亮点，2015年，中国对美投资超过150亿美元，首次超过美国对华投资，[③] 双向投

---

① 《2016：中国大步走到世界舞台中心》，《北京日报》，2016年12月23日，第10版。

② 《中美两国核领域最大合作项目核安保示范中心建成运行》，http://news.xinhuanet.com/tech/2016-03/18/c_1118374625.htm.

③ 《机构报告：中国对美直接投资历史上首次超过美对华投资》，http://news.xinhuanet.com/fortune/2016-11/17/c_1119936063.htm.

资累计超过1240亿美元。2016年前七个月中国对美投资达到355亿美元，全年有望突破500亿美元。[①]

3. 中欧关系更趋密切。

双方高层互访频密，政治互信与战略协作增强。中欧和平、增长、改革、文明四大伙伴关系全面推进，投资基金、互联互通、数字化、法律事务对话和便利人员往来五大合作平台建设都取得重要进展。经贸关系发展尤为迅捷。

贸易总额在2014年达6151亿美元，创历史最高。近年世界贸易严重下滑，中欧贸易景况仍好，欧盟保持了中国第一大贸易伙伴地位。2016年前11个月，中欧贸易逆势而进，双边贸易额达3.26万亿元人民币，增长3.1%。相互投资增长迅猛，现累计已超过2000亿美元。双方制定的《中欧合作2020年战略规划》提出到2020年双向贸易总额达1万亿美元的目标，并启动中欧投资计划，决定开展成立中欧自贸区可行性研究。欧盟国家积极参与中国倡议的“一带一路”建设，所有欧盟大国和多个欧盟成员国参加亚投行，并将其发展战略同“一带一路”对接。

（二）周边关系稳中有升

中国贯彻“亲、诚、惠、容”方针，取得丰硕成果。除少数国家坚持冷战思维、与中国关系生变外，中国同周边国家的关系普遍提升。

1. 同中亚国家关系攀历史新高。

中国同中亚国家领导人频繁往来，全面战略合作伙伴关系

---

① 《中国正大规模撤离非洲？真实内幕让人叫绝》，http://mt.sohu.com/20160825/n465884297.shtml.

跃升新台阶。“丝绸之路经济带”把彼此紧紧联结在一起。中亚是共建“丝绸之路经济带”的先行区、示范区。其中哈萨克斯坦对“丝绸之路经济带”建设倡议评价最高，合作最力，成果最丰。迄今从哈萨克斯坦通往中国的输油管道累计输油超过8500万吨，从哈萨克斯坦境内管线输往中国的天然气超过1300亿立方米；哈萨克斯坦是同中国贸易与投资量最大的中亚国家，中国在哈萨克斯坦投资现已超300亿美元。哈萨克斯坦总统纳扎尔巴耶夫2016年9月访华时，双方签署了总额逾200亿美元的51项协定，[①] 将中哈合作推向新高潮。

2. 中国同南亚国家的关系全面提升。

习近平主席出访多个南亚国家，南亚各国领导人接踵访华，都取得极大成功。南亚是“一带一路”的枢纽地带，共建成果显著，尤其是位于“一带一路”交汇处的“中巴经济走廊”和“孟中印缅经济走廊”两大拳头项目，前者已取得突破性进展，成为“一带一路”上闪耀的明珠，后者也已取得积极进展。

3. 南海局势缓和，中国同东盟国家关系尤其在“一带一路”框架下的合作成果丰硕。

近一年南海很不平静。域内外反华势力勾连，一再挑事。中国坚持原则立场，进行坚决斗争，巧妙周旋应对，击退了反华逆流，维护了国家主权与国际正义，使局势朝着有利于和平稳定的方向发展。9月举行的第19次中国—东盟领导人会议上中国提出“双轨思路”，通过对话协商和平解决南海争议。[②] 特

---

① 《境外媒体：李克强访问哈萨克斯坦　推动中哈产能合作》，http://news.ifeng.com/a/20161105/50209483_0.shtml.

② 《在第十九次中国—东盟（10+1）领导人会议暨中国—东盟建立对话关系二十五周年纪念峰会上的讲话》，http://politics.people.com.cn/n1/2016/0908/c1024-28699204.html.

别是菲律宾新总统杜特尔特成功访华，推动中菲关系重回睦邻友好、互利共赢的正确轨道。这也是南海局势走向缓和的标志性事件。10月中旬习近平主席访问柬埔寨圆满成功，签署了31项重要合作协议，将中柬关系提升到新层次。11月初马来西亚总理纳吉布访华，极大地推进了双方业已建立的全面战略伙伴关系，引人注目的是提升了军事安全关系，马方决定购买四艘中国军舰，两军还进行了《和平友谊—2016》联合军演，展示了应对地区安全威胁的共同决心。中马合建的马六甲海峡最大港口“皇京港”已正式奠基，[①] 建成后不但有巨大的经济商业价值，对维护南海航行自由及地区和平与稳定也有重大意义。

（三）与发展中国家的团结合作跃上新台阶

中国积极落实“真、实、亲、诚”方针，双方领导人成功互访，全面提升了中国同发展中国家的友好合作关系，其中同非洲及拉美国家关系发展尤为突出。

1. 中非关系达新高度。

新时期中非高层互访与接触愈加频繁，传统友谊和全方位友好合作关系不断深化。经贸领域是中非合作的主舞台。中国在坚持并扩大对非洲国家提供无私援助的同时，大力推进互利共赢的经济合作，经贸关系跨越式发展。中非年贸易额约达1800亿美元，比2000年增长17倍之多，中国连续6年是非洲第一大贸易伙伴国。中国对非投资已超过1000亿美元。[②] 非洲国

---

① 《新报：中马合建马六甲最大贸易性港口　超过新加坡》，http://news.163.com/16/1120/10/C6ADI26T000187V8.html.

② 《中国对非投资存量超过千亿美元》，http://finance.ifeng.com/a/20160907/14865751_0.shtml.

家积极响应中国“一带一路”倡议。埃及，南非等多个非洲国家成为亚投行创始成员国。在“一带一路”框架下，中国承建的非洲大陆首条电气化铁路亚吉跨国铁路（从亚的斯亚贝巴至吉布提）已于2016年10月5日全线通车，中国承建的肯尼亚蒙内铁路（从蒙巴萨至内罗毕）将于2017年建成通车。

2015年12月在南非约翰内斯堡召开的中非合作论坛第二次峰会是中非关系新里程碑。习近平主席同非洲国家领导人一致同意将中非关系提升为全面战略合作伙伴关系。习近平主席在会上建议将“政治互信，经济共利，文明互鉴，安全相助，国际协作”定为新时期中非关系的“五大支柱”，并提出重点实施的“十大合作计划”，还承诺为此中国提供600亿美元融资支持，得到非洲国家领导人热烈欢迎和赞许。现在，这些合作计划正在积极落实，将推动中非合作实现新的历史跨越。

2. **中拉关系新升级**。

习近平主席就任以来三访拉美，将中拉关系推向新水平。自2015年至今，有九位拉美国家元首访华。高层密切互动交往有效地增进了彼此友谊和信任，有力地提升了相互关系。2015年中拉论坛首次部长级会议成功举行，开创了中拉双边与整体关系齐头并进的新局面。现在中国已同七个拉美国家建立了全面战略伙伴关系。

经贸是中拉全方位合作的重点，发展势头迅猛。2015年中拉贸易总额达2365.45亿美元，中国成为拉美第二大贸易伙伴国，是其出口的主要对象国。拉美吸收中国的直接投资累计超过1500亿美元，[①] 是仅次于亚洲的中国海外投资目的地。中国

---

① 《国开行对拉美累计放贷 超1000亿美元》，http://money.163.com/16/1022/06/C3VAKLRB002581PQ.html.

已成为促进拉美地区经济发展的主要动力源。中拉关系合作共赢格局愈益扩大与深化。习近平主席关于构建“中拉命运共同体”的宏大构想开始扬帆起航。

（四）对外经济关系新进展

中国已成为世界第一大外贸国和第一大对外出口国、第二大进口国，是主要的吸收外资国及对外投资国之一。在全球经济复苏乏力和世界贸易与投资双下滑的情况下，中国的对外经济关系仍运行较稳，有些领域还取得突破性进展，亮点有二。

一是对外贸易出现回稳向好态势，对外投资大跃升。2015年中国外贸总额和进出口额分别为3.96万亿美元，出口2.28万亿美元，进口1.68万亿美元，都排在全球前列。2016年前11个月外贸总额和出、进口额分别为21.83万亿元人民币、12.47万亿元人民币、9.36亿万亿人民币，降幅明显收窄。可喜的是，11月单月进出口出现回增趋势，总额达2.35万亿人民币，增长8.9%。中国对外投资则大幅飙升，2015年对外投资额为1456.7亿美元，同增18.3%，实际利用外资为1356亿美元，对外投资超过吸收的外资，首次成为资本净输出国。2016年前10个月，中国对外直接投资达1459.6亿美元，同比增长53.3%，截至10月底，中国对外投资累计达12378亿美元，位居世界前列。

二是人民币国际化迈出实质性步伐。国际货币基金组织（IMF）宣布，自2016年10月1日起将人民币正式纳入国际货币基金组织特别提款权（SDR）货币篮子，一举打破了由美元、欧元、日元、英镑这四种西方大国货币完全垄断SDR货币篮子的局面。这是人民币国际化的重要里程碑。人民币将正式成为国际官方储备货币，为其国际使用和交易提供有力支撑，从而加快人民币国际化进程。人民币“入篮”是第一次以一个发展中国家货币的身份跻身国际货币基金组织特别提款权篮子，权重被确定为10.92%，超过日元和英镑，成为仅次于美元、欧元的SDR篮子中的第三大货币。这是世界经济格局深度变化的客观反映，也是国际金融和货币体系改革的一大成果。随着中国经济持续稳定强劲增长和金融体系的不断完善，人民币发展为全球第三大储备货币，最终形成美元、欧元、人民币“三足鼎立”的世界金融格局是可以预期的。

二、国际地位空前提升

中国的国际地位不断提升，现已成为国际关系新潮流的引领者和世界舞台主角及规则塑造者之一。其标志性事件有三。

（一）“一带一路”成功起航显示中国大步跨上世界主舞台

习近平主席三年多前发起的“一带一路”倡议现已进入全面实施阶段，取得超过预期的成果。目前参与的国家和国际组织达100多个，中国同其中40多国签署了共建协议，金额达上千亿美元。联合国第71届大会全票通过欢迎“一带一路”的决议，呼吁国际社会为“一带一路”倡议提供安全保障环境。参与国在“五通”即政策沟通、实施联通、贸易畅通、资金融通、民心相通方面取得实质性进展，金融领域更有所突破。中国倡建的亚投行于2015年12月25日宣告成立，2016年正式开业。其初始股本为1000亿美元，已认缴股本981.514亿美元，已批准4个融资项目。它现有60多个成员国，预计到2017年成员国将达90多个。它以发展中国家成员国为主体，包括所有欧洲大国在内的众多发达国家，成员国遍布世界五大洲。在联合国安理会五常中，亚投行成员国占到四席。世界银行、国际货币基金组织等国际权威金融机构也决定与其合作。这表明由中国发挥主要作用的亚投行得到国际认可和支持。中国出资400亿美元成立的“丝路基金”也已正式开始运作，注册资本为615.25亿美元。亚投行和丝路基金为“一带一路”建设提供有力的资金支撑。

“一带一路”秉持开放包容、平等互利、合作共赢、互学互鉴原则，坚持共商、共建、共享理念，造福所有参与国人民，是国际合作共赢的最佳平台和典范，也是地区与世界经济发展的推进器。中国是“一带一路”的倡议者及其合作理念的主倡者，也是“一带一路”建设的主力军和最大贡献者。其问世与成功起步必将不断走向辉煌，是中国外交的伟大胜利，也是中国迈向世界舞台中心和国际“游戏规则”制定者之列的表征。

（二）二十国集团杭州峰会是中国深度参与全球经济治理的重要标志

9月初举行的杭州峰会是中国迄今举办的一场最大最重要的主场外交，达成了31项重要成果，包括制定了《G20创新增长蓝图》、《G20全球贸易增长战略》,《G20全球投资政策的指导原则》和落实《联合国2030年可持续发展议程》行动计划等开创性成果，是二十国集团历史上一座承前启后的里程碑，为世界经济实现新一轮增长开辟了广阔前景。

中国作为会议东道主对峰会的成功发挥了主角作用。会议的主题、议程、目标及其在会上达成的成果共识，主要是由中国与有关国家协商设定和推动而成的。特别是习近平主席在会上发表的几次重要讲话，深刻阐述了当前国际形势，准确把脉世界经济，提出以创新改革驱动为核心的世界经济振兴之道和强劲可持续平衡包容发展的总目标，得到积极反响与认同，为峰会及其成功奠定了基调和基础，也为世界经济走出低迷困局、实现强劲复苏与发展指明了方向。

中国所以能推动和引领杭州峰会取得历史性成功，不只是因为东道主地位，更是因为中国提出的理念、主张、方案合乎世界发展潮流，体现了世界经济发展规律与方向，契合各国经济发展的客观需要。其一，强调创新的驱动作用。在传统体制与模式的潜能趋于消退之时，创新就是发展经济的不二选择。只有创新才能充分发挥经济活力与发展潜能，开辟经济增长新天地。而新一轮科技与产业革命又为创新提供了历史机遇。其二，大力提倡自由贸易和投资，反对保护主义。贸易和投资是驱动世界经济的双引擎，双引擎运转不灵、双双萎缩是世界经济严重滑坡的主因之一。中国促成峰会通过《G20全球贸易增长战略》和《G20全球投资政策的指导原则》，将推动双引擎恢复高速运转，从而夯实全球经济强劲复苏与增长的基础。其三，完善全球治理。中国主张继续推进国际经济与金融体制改革，使之能更多地体现发展中国家的权益与诉求，并促进二十国集团转型升级，成为全球治理的主平台。这是实现各国在世界经济中权利平等、机遇平等、规则平等和实现世界经济强劲、可持续、平衡发展目标的必要条件。其四，突出发展问题与发展中国家的作用。在中国力推下，峰会首次把发展问题置于全球宏观框架的突出位置，首次制定落实《联合国2030年可持续发展议程》行动计划，首次邀请诸多非二十国集团成员的发展中国家与会共商全球发展大计，这有利于提升发展中国家地位，促进其发展。中国的主张是应对与推动破解当前世界经济难题和推动世界经济走向强劲复苏的最佳方案。

中国能在二十国集团杭州峰会乃至在世界经济中起主角作用，根本原因还在于中国强大的实力地位。中国作为世界第二大经济体、第一大外贸国、第一大外汇储备国、推动世界经济增长的第一大引擎和全球最大市场之一，对世界各国有巨大的吸附力，成为世界经济的主角之一自不待言。未来5年，中国进口总额将达8万亿美元，利用外资总额将达6000亿美元，对外投资总额将达7500亿美元，出境旅游将达7亿人次，[①]届时中国在世界经济中的主角地位将更加突出。

（三）APEC 利马峰会凸显中国是自由贸易的旗手

11月19日至21日，在秘鲁利马举行的亚太经合组织（APEC）第24次领导人非正式会议，在经济全球化受阻、贸易和投资保护主义盛行的背景下迎难而上，将推进自由贸易和建立亚太自贸区问题定为主题，并取得突破性成果。会议批准了《亚太自贸区集体战略研究报告》和相关政策建议，强调各成员国将致力于最终建立亚太自贸区，并明确决定将此作为下一阶段亚太区域一体化的主要目标。这标志着亚太自贸区建设步入新阶段。中国为APEC利马峰会在建设亚太自贸区问题上取得历史性成就发挥了重要作用。

在逆全球化和区域贸易协定碎片化倾向抬头之际，中国高举自由贸易大旗，最早提出建立亚太自贸区构想。在2014年召开的APEC北京峰会上，中国促成各成员国就《亚太经合组织推动实现亚太自贸区北京路线图》和启动亚太自贸区有关问题的集体战略研究达成共识，全面系统地推进亚太自贸区进程。

---

① 《习近平利马演讲“中国机遇”：未来5年中国进口总额将达8万亿美元》，http://www.nbd.com.cn/articles/2016-11-20/1054464.html.

习近平主席对利马峰会的成功起了引导作用。习近平主席在主旨发言中提出，引领经济全球化进程，提升亚太开放型经济水平，破解区域互联互通瓶颈，打造改革创新格局的建议，早日建成亚太自由贸易区的主张，构建开放、包容、普惠、共赢经济关系的理念，体现了各国和地区以致世界经济发展的客观需要和发展方向，不但为峰会奠定了基调，更为区域与世界经济振衰起弊，走向稳定复苏与发展开出了良方，受到与会者的欢迎与认可，化为了会议成果。

更重要的是中国以实际行动弘扬自贸精神。美国等西方国家从全球化立场后退，对多哈回合谈判持消极以致抵制态度，美国甚至扬言要退出世界贸易组织，企图另搞一套。而中国站出来坚定支持多哈回合谈判，维护多边贸易体制。中国实行全方位对外开放政策，从不设贸易投资壁垒，一跃而成为世界最大贸易国。中国同越来越多的国家和地区签订自贸协定和投资保护协定。中国倡建的“一带一路”，更是各国实行贸易投资自由化便利化和实现合作共赢的良好平台，也是经济全球化深入发展的体现和侧影。这是中国对世界自由贸易的重大贡献。

三、面临的挑战

中国的国际环境总体稳定向好，但严峻的一面也较突出。主要挑战有四。

（一）美国强化遏华战略、中美关系面临考验

一年来，美国从三个方面加紧实施主要针对中国的“亚太再平衡”战略，加大对华战略压力。一是在南海频频搅局，一

再派军舰到中国近海甚至领海示威挑衅，鼓动个别南海声索国抛出公然否定中国南海主权的“南海仲裁案”，挑唆和支持少数南海声索国对华发难。二是强化冷战时形成的以美日联盟为轴心的亚太军事联盟，企图组建“东方北约”，对华进行战略围堵。三是加大在东亚的军事存在，甚至在韩国部署“萨德”，对中国战略安全构成直接威胁。这些给中美关系蒙上浓厚阴影。更严重的是，候任总统特朗普一再对华显示强硬姿态，甚至同台湾地区主张“台独”的领导人直通电话，并派亲信“访问”台湾，挑战“一中”原则这条中国战略红线。美国极右强硬派同“台独”势力勾结在台海生事的可能性不能完全排除，这是中国今后可能面临的最严重挑战。

（二）周边负面因素有所增多

南海局势虽有所缓和，但争端未减。有的国家强化对中国岛礁的非法占领，有的国家把属于中国的海域划作其专属经济区，美国还将继续在南海挑事搅局。日本安倍政府坚持错误史观和对抗中国的错误立场，对华挑衅变本加厉，成为中国周边关系中一颗毒瘤。韩国逆变对华立场，不但执意引进“萨德”，还在渔业问题上多次对华挑衅发难。有的邻国不顾中国的严正交涉和对华关系大局，接待达赖喇嘛，变相支持“藏独”分裂势力。

（三）国际形势依然紧张动荡

地区热点热度不减，中东战乱难息，国际恐怖主义仍然猖獗，特别是美国坚持冷战思维和霸权主义，到处挑事，是世界乱局的主要根源。这些不利于中国营造和平稳定的国际环境和周边环境。

（四）全球经济和世界贸易持续低迷

发达国家保护主义愈烈，中国经济仍然面临不利的外部环境，经济下行的压力仍大。中国外贸连续两年负增长，这种不利状态短期内难以改观。

未来几年，国际形势与周边及国际环境总体对华有利，中方机遇大于挑战的基本面不会改变。就对中国安全与发展全局影响最大的中美关系来说，尽管特朗普入主白宫后对华关系不确定性较大，但维护中美关系基本稳定发展符合美国根本利益，是美国两党和朝野共识，特朗普不会肆意胡为，因为他承受不起破坏美中关系大局的代价，中美关系还会在矛盾中向前发展。只要我们坚持和平发展国策与和平外交政策，一心一意把本国的事情办好，不断提升综合国力，无论国际风云如何变幻，都能立于不败之地。

中美关系及其在世界秩序变革中的碰撞

陈永龙

【内容提要】2016年是中美关系不寻常的一年，不但“修昔底德陷阱论”不断发酵，把挑战美国主导地位的帽子生生地扣在中国头上，还在南中国海等问题上无事生非，挑拨离间，制造紧张气氛。这还不够，防长、总统先后多次亲赴南海，登机上舰，向世界发送错误的信息。习近平主席站在历史的高度，坚持推动构建“不冲突、不对抗、相互尊重、互利共赢”的新型大国关系，确保中美关系沿着正确的轨道前行。2016年又是世界秩序不寻常的一年，“黑天鹅”全球满天飞，资本主义的“心脏”地带摊上了大事，以特朗普当选美国第45任总统为标志，大众民主在全球范围内向新自由主义建制派发起了挑战，西方国家也喊出了世界秩序变革。在当今全球秩序演化进程中，中国和美国是一对不可或缺的关键力量。顺应历史、结伴同行、构建人类命运共同体应是正确选择。

【关键词】修昔底德陷阱　新兴大国关系　国际秩序变革　结伴同行

【作者简介】中国国际问题研究基金会美国研究中心主任、高级研究员。

一、中美关系在曲折中破浪前行

2016年的中美关系，可以说，紧张不分季节，较量随时可现，烈度超过以往。领导人及时会晤，合作基础增强，逢凶化吉保障。总体上有三个突出的方面：

一是“临界点论”继续发酵，被歪曲了的修氏理论不时作祟。在一些美国人的眼中，中国发展了，力量增强了，中国不再韬光养晦了；中国分享了全球化的红利，不但没有按美、西方的思路和要求行事，反而对美国的霸权发起了挑战；中国的维权行为打破了现状，对美国和其他国家造成了威胁；中美之间的对抗性越来越大，中国要取代美国；中国的崛起摆脱不了“修昔底德陷阱”……如果修昔底德本人还在世的话，他一定会大喊冤屈，修氏论述的并不是崛起大国对守成大国构成的威胁，而是已占统治地位的大国中较弱的一方担心较强的一方对自己的威胁。为了遏制中国的发展，一些所谓的理论大家不惜编造历史，制造伪命题，生生地给中国扣上一顶锈迹斑斑的铁帽子。历史真伪终究要澄清，中国义正辞严地驳斥了这些奇谈怪论。中国不厌其烦地告诉美国、告诉世界，中华文明的精髓就是一个字“和”。“和为贵”“和气生财”“和平共处”“家和万事兴”“国和享太平”。中国人的血脉中就没有称霸世界的文化基因。基辛格博士说得好，美中之间并没有相互取代的关系，也没有这样一种意图，中国并没有意图要取代美国成为世界上的一个超级大国。奥巴马执政八年的一个另类“贡献”，就是他成功塑造了新时代的“陷阱”，为其推行“亚太再平衡”

战略制造理论依据。人们记忆犹新，2011年奥巴马总统提出“亚太再平衡”战略，2012年哈佛大学教授格雷厄姆·艾利森再次搬出经过演绎的“修昔底德陷阱论”，隐喻中国要挑战美国。这几年，这一伪理论在中美关系中大行其道，现在应该正本清源、还其历史的本来面目了。它将随奥巴马而去。

二是安全形势较以往更加紧张，南中国海一度恶浪翻转。南海本无事，有人恶为之；中国不惹事，但也不怕事。中美关系紧张，南中国海的形势是一个典型写照。每年的香格里拉安全论坛都会给人留下深刻印象，美国防长、将军们和一些别有用心的政客沆瀣一气，总要惹是生非，对中国的维权行动颠倒黑白、恶语相加。2016年也不例外。美国的高官们利用参加东盟各种高端论坛的机会，挑拨离间，制造中国和东盟分裂，2016年更胜以往。美国鼓动、纵容阿基诺三世政府上演了一场南海仲裁案的政治闹剧。这还不算，关键时刻美国国防部长和总统接连亲赴南海，登机上舰，“视察”在南海游弋的美军官兵，将军们更发出准备“今夜就开战”的叫嚣。是中国在南海的岛礁建设触动了美国的敏感神经吗？中国从来都依照国际法，尊重各国、包括美国在内在南海的飞越和航行自由。美国没有底气了。用他们自己的分析，中国可能要在岛礁建设基础上进一步宣布南海航空识别区了，这将会严重影响美国的“航行自由”。真是恶人先告状。说实在的，美国应当理解，中国的海洋利益注定要发展，这是历史的必然。中国适当发展海洋军事力量，捍卫自己的海洋主权天经地义。中国在全球的军事开支只有美国的1/4，美国有什么可担心的呢？中国提出的“21世纪海上丝绸之路”倡议，是中国和周边国家的公共产品，不仅仅对中国有利，其他相关国家都能分享红利。这对美国应是无害而有益的。美国应当看到，中国和东盟国家2002年签署的

《南海各方行为宣言》能有效发挥管控分歧的作用，中国还将推进《南海各方行为准则》的磋商。中国的"双轨思路"正被相关国家接受，中国和菲律宾关系的华丽转身无可辩驳地证明了相关国家直接对话的作用，身处域外的美国就不要扰乱这一地区的平静了。其实，美国分析家们忽视了一个基本但又非常重要的事实，当年"亚洲奇迹"的出现，正发生在美国在亚洲打的两场战争结束以后。安宁是亚洲快速发展的重要原因。

三是构建新型大国关系的倡议维护了中美关系的稳定和持续发展。对于习近平主席提出的构建"不冲突、不对抗、相互尊重、互利共赢"的新型大国关系，两国虽有不同的解读，各自国内也有不尽相同的看法。许多中国学者认为，美方没有公开使用过中方的表述，说明美方实际上没有接受中方的倡议。也许，相互尊重是美方无法直接否认而又不情愿接受的。然而，美方从未表示过反对，虽然有时用词不同，但两国领导人和高层对话都是围绕构建新型大国关系的核心思想展开的。双方多次表示，两国关系的重要性不是任何其他双边关系所能比拟和替代的。多层次、全方位沟通与对话正成为稳定双边关系的法宝。习近平主席和奥巴马总统一年数次会晤，中美战略与经济对话以及差不多一百个双边对话或磋商机制，一次又一次地确认、再确认中美新型大国关系的大方向。奥巴马总统在杭州峰会期间向习近平主席明确表示致力于大选年中美关系的平稳过渡。特朗普当选总统后在接受习近平主席的祝贺通话时用肯定的语气表示，赞同习近平主席对中美关系的看法，美中两国可以实现互利共赢。相信两国领导人将推动中美关系发展，建立最强劲的双边关系之一。

二、历史留下的远不是“黑天鹅”印记

2016年注定要成为一个时代的重要节点。

这一年，“伊斯兰国”威胁一步步从地区走向欧洲，渗透世界，西方社会不断地品味难民潮、“独狼式”恐怖袭击的苦果。这一年，西方国家自己乱了阵脚：希腊等国家危机；英国脱欧公投意外成功，卡梅伦败走唐宁宫；意大利公投宪法改革失败，伦齐总理被迫辞职；德国、法国等苦苦挣扎着保住经营了半个多世纪的欧洲共同体。这一年，二战中犯下反人类罪的日本，在美国的庇护下，在安倍政府的悉心经营下，悄悄地把军国主义“幽灵”放出“笼子”，要到自由世界游荡，给亚太、甚至更大范围埋下了危险的种子。

这一年，美国大选让世界大跌眼镜。有人说，这是一场“疯子”和“骗子”的对决，有人称是美国式的“选举革命”，也有人戏称是美国的“颜色革命”。直到投票前夜，美国、欧洲和许多国家的主流媒体还在众口一词地认为希拉里·克林顿将荣登世界霸权国美国的首位女总统宝座。《新闻周刊》甚至迫不及待地提前出版希拉里当选的特刊。历史偏偏无情地给美国政治精英、媒体大佬和希拉里·克林顿本人开了一个天大的玩笑。无任何从政经历的特朗普逆势而上，一举当选美国第45任总统。舆论普遍认为，这是大众政治赢得对新自由主义建制派的胜利，世界或将进入一个新的时代。弗朗西斯·福山认为，这将对国际政治体系、国际安全体系、世界贸易和投资体系带来巨大影响，世界似乎正进入一个新的民粹民族主义时代。亨利·基辛格认为，特朗普或将冲击现有世界秩序。

这一年，世界在乱，乱到了资本主义的“心脏”地带。这一年，大国地缘政治、地缘经济、地缘战略博弈的广度和深度超过以往。继世界经济先一步进入低速或温和增长的新常态后，国际政治似乎开始进入了一个权力转移的时代。这个双讲入将会引起国际秩序可能的颠覆性变化，并将决定后单极时代的走向和人类的命运。

令人欣慰的是，2016年我们看到的不仅仅是“黑天鹅”，还看到了有利于新秩序建设的纷呈亮点。以“构建创新、活力、联动、包容的世界经济”为主题的二十国集团杭州峰会，及时引领世界经济沿着正确的轨道前行。利马APEC首脑会议，发表了推动构建亚太自贸区的声明，让世界看到了健康的自由贸易机制的希望。马拉喀什气候变化高端论坛，应对气候变化，中国在行动，世界在行动。这一年，丝路基金、金砖国家银行应运而生，亚洲投资银行运行良好，中国“一带一路”倡议应者如潮，已开始了早期收获。

三、结伴同行，共同维护并建设公正合理的世界秩序

这些年，要求建立公正合理的世界新秩序和呼声一直没有停止，面对频频出现的新问题，面对极其严重的社会分化、分配不均，美国治下的社会秩序不但不能解决，反而使情况更加恶化。不满、抱怨和愤怒成为世界性现象。“秩序崩溃论”“美国全球首要地位终结论”此起彼伏。2016年，世界秩序变革的诉求不是从中国、从发展中国家首先喊出来的，而是从西方、从美国。矛头直指全球化，直指自由贸易，直指全球治理。而这些，都是几十年来西方政治精英极力提倡、西方政府悉心经

营的。

秩序的变革并非偶然，变革的基础早已产生，并在一步步地加深，而且已经悄悄地进行。最为明显的就是，布雷顿森林会议代表的旧秩序正在被新的、更加多元化的秩序替代。二十国集团成为新的国际论坛，显示了强大的生命力，逐渐削弱甚至最终取代七国集团的主导地位。然而，正是特朗普的不可捉摸对今后秩序的变化带来了几多不确定性和更深层次的复杂性。

与此同时，和2010年中国国内生产总值超过日本成为世界第二大经济体时中国被“老二”的情况类似，美国当选总统特朗普接二连三地发出要退出《巴黎协定》的全球气候行动、要废除《跨太平洋战略经济伙伴协定》（TPP）、要重新审议《北美自由贸易协定》等信息，中国又被“要求”担当起对世界秩序变革发挥引领作用的责任。所不同的是，当年中国被“老二”时，政治精英们企图借“修昔底德陷阱论”挑起中美对抗；而这一次，西方精英心态复杂，既表现出对未来特朗普政府实行去全球化倾向、采取保护主义政策的担心和焦虑，又对中国在全球化进程中所发挥的作用怀着一定的肯定和某种程度的期望。当然，挑起中美互斗是美西方政客不变的本性。

世界秩序将如何演变，什么要改，什么要变，什么又会维持现状；变革的理念和路径是什么，等等，这些都是中美共同面临的。综观全球形势和大局，中国和美国都是全球秩序演变进程中不可或缺的关键力量；细品两国的文化差异和价值观取向，两国持有不同的秩序观。两种不同的秩序观将在历史发展的重要节点上发生碰撞。这是必然的，但又未必如政治精英们所说，中美之间要发生所谓的权力交接。作为负责任的大国，中国和美国具有合作的义务和空间。两国应在以下问题上充分沟通，寻求共识，努力为世界秩序的健康演化做些实事。

多极化将是世界大势所趋。所谓变革，要看大势、识时务、顺势而为。中国、美国以及世界各国应当认识到，即使美国不衰落，单极时代也已一去不复返了。随着现代文明发展，坚持单极已显然不合时宜。再说，其他力量也会发展，以金砖国家组织为代表的新兴经济体活力依旧。多样化的世界丰富多彩，而不是混乱无序。维护世界秩序是国际社会的共同目标和责任，不再是美国的特权。

全球化的大势仍不可阻挡。我们应当认清，今日之全球化已非昔日。况且，全球化已使这个世界深度交融、相互依存，形成了较为成熟的全球产业链。资本、人员、资金、技术、商品、服务，各种信息和思想，尤其是自媒体，将继续不可阻挡地在全世界自由流动，不是任何人想反就反得了的。西方应当认识到，不公平早已存在，并非全球化的产物，全球化在某种程度上加深了收入差异，若要去除，应从制度尤其是分配制度上找出纠正之道。

自由贸易制度并非西方国家的专利产品。它应是社会进步的产物，经济发展的产物，生产要素优化配置的产物。西方早期的繁荣得益于自由贸易。中国只是后来者。中国的发展引来很多“搭车者”，共享繁荣。这就是中国成为全球经济增长的重要引擎的意义所在。当然，自由贸易并非十全十美，只要不是全球性的，就容易被政治化，出现排他现象。世界贸易组织多哈回合谈判久谈无多大进展，政治化的倾向难辞其咎。

携手保护我们共同的家园——地球村。特朗普总统先生，你错了，彻彻底底地弄错了，气候变化不是哪一个国家的骗局，先前我们也曾怀疑这是西方国家限制发展中国家发展的政治骗局。世界绝大多数科学家，可以说美国科学家，是这个团队的主要成员。他们经过若干年共同研究认为，人类的生产和社会活动是造成温室气体效应的主要根源，地球已不堪重负，我们必须行动起来。从1992年《联合国气候变化框架公约》通过以来，各国经过一轮又一轮的艰苦谈判，期间达成了1997年的《京都议定书》，发挥了人类应对气候变化的阶段性作用。2015年又通过了《巴黎协定》，2016年11月生效。《巴黎协定》是一个正视现实和未来的协定，体现了各国面对气候变化采取全球行动的坚定决心。《巴黎协定》的达成，中美两国元首三次发表联合声明，引领作用载入史册。总统先生，你可以放弃许多事，万不可放弃应对气候变化，否则就是逆天而行，还望三思。

结伴同行，是识时务的选择。毋庸置疑，中美关系的意义已远远超过双边关系本身，这已成为世界性共识。健康平稳的双边关系是双方共同追求和世界所期望的，尤其在亚太地区具有相当的迫切性。今后，中国和美国在国际性问题尤其是事关世界秩序的“破”和“立”的问题，竞争与合作将成为一个新的常态。在这里，中美双方应当解决好“同盟”和“伙伴”关系的平衡。美国在世界上有很多的同盟，这是美国优越的资源，但“同盟关系”毕竟已经过时了，美国可能还未充分认识到这一点，“同盟”是冷战或热战的产物，是集团政治和地缘政治的产物，排他性很强，依附性很强，不利于不同制度国家间的合作和相同体系内的广泛合作。伙伴关系就不一样了，它摒弃了意识形态的差异，从道义和利益角度出发，进行更广泛的平等合作，具有很强的包容性。我们毕竟生活在同一个地球，竞争是必然的，但不必你死我活。在地缘政治问题上，摒弃零合理念，树立正和思想，基辛格博士提出的中美俄神圣联盟含义深刻。在中美双边战略关系上，约瑟夫·奈在其新著中说了一句话，大意是，美国没有衰退，而中国可以和平崛起。

我赞成老朋友的判断，也想加上一句话：相互尊重，合作共赢，在构建人类命运共同体的前沿秩序中，中美可以结伴同行，有所作为。

本文截稿时，由于特朗普对国际政治的“无知”，在台湾问题上挑战中国主权底线，甚至从其商人本性出发，认为可对主权进行某种利益交换。特朗普能否纠正其“失言”，使中美关系回到正确的轨道上，“球”在他自己的脚下。如果不是“无知”，问题的性质就更严重了。与此同时，特朗普还在喋喋不休地嚷着要宣布中国为汇率操纵国，要向中国产品征收45%的关税，组织了强硬派人员入阁，摆出一副向中国摊牌的架势。特朗普还未正式上任，美国媒体就已开始预演美中关系的紧张。中美关系注定要又一次经历艰苦的磨合期。

特朗普能否成为美国历史上有建树的领导人，历史给了他机会。变革选择了特朗普，但特朗普是选择还是利用变革，只有他自己清楚。但愿他能认清形势，有所作为，为了美国、为了中美关系、为了世界新秩序，作出积极努力和贡献，而不是成为一个历史上的匆匆过客。美国能否成为现行秩序体系的维护者、变革者，和其他国家一起成为未来秩序的建设者，还是成为一个破坏者、搅局者，唐纳德·特朗普将面临历史性的挑战和考验。

欧洲当前困境与中欧关系发展趋势

梅兆荣

【内容提要】欧洲当前处境困难，备受多重危机缠绕。经济复苏乏力，社会矛盾加剧，政治生态变化；乌克兰危机成为“死结”，欧俄关系持续紧张，欧洲外部安全环境恶化；难民危机后遗症严重，不仅难民融入困难，暴恐袭击隐患难除，危及社会稳定；英国脱欧对欧盟是沉重打击，伤及欧盟一体化根基，影响深远。欧盟发展的不确定性增加，在可预见的将来难以改观，但不会“散架”。在上述背景下，2016年中欧关系既有可喜的进展，也有令人担忧的变数。随着欧洲保护主义上升，中欧之间的摩擦可能会增多，但合作共赢的伙伴关系仍有望保持。

【关键词】欧洲困境　四大危机　中欧关系

【作者简介】中国国际问题研究基金会顾问、高级研究员，中国人民外交学会前会长，中国前驻德国大使。

纵观欧洲当前形势，可以用“内外矛盾交织”和“多重危机困扰”来概括，且这一状况短期内难以根本改观。

一、欧盟面临的四大危机及其发展前景

第一，欧洲经济仍未摆脱2008年国际金融危机和2009年主权债务危机的阴影。主要表现在：虽然总体上走出了谷底，但复苏依然乏力，增长低迷。重灾国希腊的债务状况未有明显好转，须靠欧盟的救助贷款维持。欧元区第三大经济体意大利的银行业坏账问题凸显，据2016年12月5日德国《明镜》周刊网站文章披露，意大利政府为稳定银行业需花费330亿欧元，将进一步增加本来就令人担忧的该国债务状况。欧盟第二大经济体法国的经济由于改革缺失而长期不被看好。南欧国家失业率普遍居高不下，青年失业率保持在20%—25%。以德国为代表的北部欧洲国家境况较好，但也未恢复到危机前的增长水平。欧盟委员会在德国主导下力主改革加紧缩的治理方针，但在国情不同的南欧国家难以奏效。欧洲央行以购买困难国家的债券来缓解危机的做法仅是治标而非治本。在上述情况下，欧盟成员国内部和成员国之间贫富差距拉大，草根阶层对精英统治的不满上升，欧盟成员国民众对欧盟总部官僚机构的不信任感有增无减，一些欧元区成员国出现了摆脱欧元的呼声，反全球化思潮应运而生，疑欧排外的右翼民粹主义政党在多个国家崛起，改变了这些国家的政治生态。

第二，乌克兰危机成为美欧和俄罗斯之间的地缘政治冲突"死结"，不仅导致欧俄相互制裁、关系持续紧张，而且美国主导的北约和俄罗斯竞相强化军事部署，形成剑拔弩张的对峙局面，导致欧盟的外部安全环境明显恶化。种种迹象表明，美国有意保持乌克兰危机，以长期保持对俄罗斯压力并阻止欧俄接

近，这是美国推行分而治之战略的具体表现。波兰和波罗的海三国出于同俄罗斯的历史恩怨，力主对俄罗斯实施更严厉的制裁和孤立措施，德国、法国等国在某种程度上受其绑架。另一方面，俄罗斯从维护其地缘政治安全考虑，绝不会放弃克里米亚半岛或停止支持乌克兰东部的亲俄力量，并将竭尽全力阻止乌克兰加入北约和欧盟。据此，欧洲一些知名学者指出，乌克兰危机引发出错综复杂、盘根错节的系列矛盾，将成为“冻结的冲突”。但乌克兰危机保持发酵状态危及欧洲的和平与稳定，不符合欧洲国家的长远战略利益。

第三，始于2015年的难民危机后遗症严重，特别是其带来的暴恐袭击隐患日益显现，非短期内可以消除。突出表现在四个方面：一是甄别、处理和安置无序进入欧洲的100多万难民需要大量人力、物力和财力，负担沉重。以德国为例。每年要为每1个难民支出的费用约11800欧元，已引起20%左右生活不宽裕的本国人的不满。那些被定性为“非法移民”的“难民”须遣返回原籍国家，但由于原籍国拒收而成了“烫手山芋”。而那些被确认为“合格”的“战争难民”，由于民族文化和宗教信仰不同，融入欧洲主流社会非常艰难。越来越多的情况表明，难民已使当地社会安宁受到严重冲击。2015年除夕夜科隆发生的难民对近千名妇女的性侵事件，2016年12月19日圣诞市场卡车碾压恐怖事件，已使德国民众对难民的态度发生了从“欢迎”到“厌恶”和“恐惧”的180°转变。另一方面，右翼排外势力袭击难民的事件也有发生。二是难民中混入了不少伊斯兰极端分子，伺机发动恐怖主义袭击，迄今已先后在法国、比利时和德国发生了多起震惊世界的暴恐血腥事件。据媒体报道，仅德国联邦国防军里已揪出24名潜入的伊斯兰恐怖分子，估计还有至少200名危险分子在各地流窜。防止暴恐袭击已成为德国、法国、比利时等国安全部门的当务之急。三是欧盟为从欧洲外部边界堵截叙利亚难民，不得不求助于土耳其并与之“交易”。欧盟与土耳其2016年3月达成颇受争议的“协议”，其主要内容包括：欧方承诺分两次向土耳其支付共60亿欧元作为补偿；允许对土耳其公民进入欧盟国家放宽或免除签证要求，但土方必须按欧方要求完成72项条件；原则上同意重启土耳其加入欧盟的谈判。土方则承诺从希腊接收经土耳其非法转移至希腊的难民，并负责在土叙边境堵截难民以及制止人贩子开辟新的向欧洲非法转移难民的路径。但执行过程极不顺利，双方不仅对“协议”条文的解读出现严重分歧，而且由于欧方要求土方按欧盟标准修改有关法律，加上土耳其政变后大量库尔德工人党支持者被欧洲特别是德国收容引发土方强烈不满，指责欧方干涉土耳其内政，使欧土合作“协议”成了双方“反目”的导火线。四是难民问题不仅使德国主要执政党内部产生严重分歧，闹得沸沸扬扬，而且由于德国力主在欧盟层面分摊难民而使欧盟内部出现分裂，特别是匈牙利、波兰、捷克、斯洛伐克坚决反对，匈牙利总理指责德国推行“道德帝国主义”，把自己请来的难民强加于人，而意大利和希腊由于收容了大量难民而不堪重负，指责欧盟其他成员国缺乏“团结互助”的欧盟精神。

第四，英国公投脱欧对欧洲一体化是个沉重打击，被认为是欧盟历史上的一个转折点。归纳其主要影响：一是使欧盟实力和影响力受到削弱，国际地位相应下降。英国经济占欧盟总量15%，人口占12.5%，是欧盟内投资存量最大的国家之一，也是欧盟预算的第二大出资国和单一大市场的重要推动力量，又是联合国安理会五常之一，是拥核国家和同美国结成特殊关系的北约成员国。英国脱欧使欧盟体量瘦身、分量减轻、能量减弱。二是英国公投脱欧鼓舞和加强了欧盟其他成员国的疑欧、反欧力量，削弱了欧盟一体化的根基。促使英国脱欧的因素在其他一些成员国或多或少同样存在，特别是对法国“国民阵线”、意大利“五星运动党”、荷兰和奥地利的“自由党”、德国“选择党”起了很大的鼓励效应。英国脱欧公投结果公布后，德国和法国外长对欧盟今后的发展不得不改变调门，不再像过去那样一遇到问题就高喊要“更多的欧洲”（意思是要深化一体化），而改称要建设一个“灵活的欧洲”（即允许双速或多速），强调要“倾听人民的声音”，并说“问题不在于如何使成员国将主权更多地转让给布鲁塞尔”，等等。三是将改变欧盟内部关系的结构，特别是德国、法国、英国三大国既相互利用又相互制约的平衡功能，对欧盟今后的政策走向也会产生影响。比如，德国和英国在推动贸易自由化方面有共性，德国常拉英国压法国，而德国和法国在推进一体化方面有共性，德国常拉法国促英国，英国和法国则在制约德国主导欧洲方面有共性。随着英国脱欧和法国地位衰落，德国在欧洲的主导地位明显上升，但也会引发其他国家的疑惧和抵制。四是英国脱欧后美国将需要在欧盟内部寻找和培植新的“帮手”。西方媒体普遍认为，奥巴马对德国总理默克尔特别青睐，默克尔被认为是“西方自由世界的最后护卫者”，而默克尔也以“欧洲领袖”自居，因而她将是美国在欧盟内最得力的盟友。但美国当选总统特朗普所宣示的政策趋向与奥巴马明显不同，特别是其价值理念和执政风格难以为欧洲领导人接受和适应。德国在多大程度上能替代英国在欧盟内所起的作用，还有待事态的发展。

还需要指出的是，英国要到2017年3月底才向欧盟正式提出脱欧申请，而谈判将是复杂而艰难的，能否在《里斯本条约》规定的两年内完成还是个问题。普遍认为，需要解决的问题很多，但谈判的核心议题是英国是否或在多大程度上留在欧盟的“单一市场”以及如何解决与此相关联的“人员自由流动”问题，包括在多大程度上限制欧洲公民移居英国以及欧洲移民可在多大程度上享受英国的高福利待遇。英国希望谈出一个对英国有利而又不伤及欧盟的结局，而欧盟的态度似乎存在着两种不同的倾向：法国和欧盟委员会主席容克倾向于惩罚英国以儆效尤，德国和欧盟理事会主席图斯克则态度宽容一些，毕竟英国仍是一个需要长期合作的欧洲邻国，又是德国大量工业产品的市场，惩罚过度会带来后遗症。欧盟还希望谈判尽快启动并尽早结束，因为谈判拖长会造成更多的不确定性，这对企业界是致命的，损失会增大。

欧洲的上述困境只说明其当前面临的问题和挑战，并不代表欧洲的全部。欧洲仍是发达国家集中的地区，其经济实力、科技水平、管理经验仍较发达和相对强大，是世界上一支重要力量。欧盟的一体化进程虽然严重受挫，在可预见的将来也难有大的实质性进展，但也不会“散架”，因为多数成员国需要依托欧盟发挥自己的国际影响力，一些中小国家把它看作靠山，部分小国还指望得到它的支持和援助。目前的困境诚然使欧盟的发展增加了不确定性，但还不能与当年苏联东欧的剧变相提并论。

二、欧盟对华政策的两面性及中欧关系前瞻

在上述背景下预测今后中欧关系趋向，需要首先盘点2016年中欧关系现状。应当指出，这一年中欧关系既有可圈可点的进展，合作共赢是主流，但也出现了令人忧虑的变数，亟待认

真对待。

从积极方面看，比较突出的进展可以概括为以下方面：一是中欧之间仍保持了密切的高层互访和沟通，各种磋商、对话机制活跃，反映了双方对发展相互关系的重视和互有需求。英国公投脱欧后新任首相特蕾莎·梅重申继续推进中英黄金时代并宣布批准欣克利角核电项目，即是一个突出的例证。二是中欧贸易因全球经济不景气而受到影响，但中国对欧投资上半年急剧上升令人瞩目，进一步凸显了中欧双向投资的发展趋势。同时，中欧经济合作进一步向覆盖绿色经济、科技创新、基础设施建设、投融资以及在第三国合作的高端层面发展。三是越来越多的欧洲国家对参与“一带一路”合作的兴趣和积极性提高，进一步认识到该倡议将给他们带来机遇和实惠，从而推动了中欧发展战略的对接，一系列基础设施合作项目得以正式签约或进入新的建设阶段。四是中国—中东欧“16+1”合作取得新的进展。特别是苏州会晤发表的《苏州纲要》和《中国—中东欧国家合作中期计划》表明，“16+1”合作不断具体化，日益成为中欧合作的重要组成部分，有利于促进欧盟内部的平衡发展，不仅符合中东欧国家的需要，也是欧盟的整体利益所在。

中欧合作能够不断向更高水平迈进，一是得益于中欧之间没有地缘政治上的直接冲突，也不存在历史遗留下来的争端；二是得益于双方经济上较强的互补性，各有所长、互有所求，合作共赢的空间比较广阔；三是得益于双方都需要一个长期稳定的和平环境，在一些重大国际问题上需要相互借重。但另一方面，由于中欧社会政治制度、意识形态、历史文化传统以及发展阶段和处境不同，也存在一些利益差异和观点分歧，需要不断地进行沟通和有效管控，增进相互了解和相互尊重，加强政治互信，在求同存异基础上寻求合作共赢。在这方面，值得注意的是2016年6月欧盟出台的第七份对华政策文件《欧盟对华新战略要素》，可以看作欧洲方面发出的欧中关系风向标。

欧盟第七份对华政策文件与十年前的欧盟第六份对华政策文件《欧盟与中国：更加紧密的伙伴，承担更多的责任》一脉相承，新文件根据双方在过去十年中发生的变化对未来五年的对华政策框架作了调整和重新规划。人们记得，第六份欧盟对华政策文件与前五份对华政策文件有三个突出的变化：一是改变了承认中国作为发展中国家的定位，要求中国承担更多的“国际责任”；二是认定中国将是未来十年欧盟的“最强劲竞争者”，不仅在经济上，而且在政治制度上；三是提出要对中国奉行所谓“利益对利益”的强硬政策，并提出了一系列要求。

第七份对华政策文件基于中国迅速崛起、国际体量加大、中国国内变化的外溢效应、中国对全球治理的重要影响等因素，一方面，表示要对中国的分量、地位和作用给予重视，通过强化对华关系抓住“新机遇”，为促进欧洲就业、增长和投资以及增强欧盟作为全球力量的地位服务；另一方面，提出了对华交往的“指导原则”：（1）欧盟要“将自身利益置于首位”，声称中国已从现行国际秩序中获得了利益，今后要使中国“承担与其获得的利益相一致的责任”；（2）要“推行普世价值”，“在中国国内和国际上推动尊重法治和人权”，“使中国对其人权记录承担责任”；（3）“认同中国需要在国际上扮演更重要的角色”，但欧盟要“帮助定义这一角色”，把中国纳入西方规则主导的国际体系；（4）“对华政策的制定应充分考虑欧盟与美国及其他伙伴的紧密关系”，“强化欧美在此问题上的合作与协调”；（5）要“最大化发挥欧盟的凝聚力和效率”，“无论是‘一对一’还是‘16+1’形式的合作，都应与欧委会、欧盟对外行动署以及其他成员国合作，以确保与欧盟的法律、法规和政策相符，总的结果对欧盟整体有利”。

该文件力图抢抓中欧关系议程的设置权和主导权，充斥着对中国的“诉求”和“关切”，颇有“再平衡”对华关系的意味，而其核心思想是向中国推行价值观外交，以图渗透、影响和演变中国；以“公平”“对等”等口号谋求欧盟经济利益最大化，并以“国际规则”和“国际责任”等名义给中国“增负担”“抹黑脸”，欧洲则占据“道德制高点”；通过强化内部控制，防止成员国“脱规”，被中国利用；对华政策上要同美国协调，保持一致。

与此同时，欧盟第七份对华政策文件还就中欧关系中的一些现实问题表明了欧方的意图和要价：（1）中方要求欧方履行中国入世协议第15条义务，即2016年12月废除“替代国”条款，欧方却故意把此问题与承认中国市场经济地位问题混为一谈，并以中国钢铁产能过剩和对欧倾销为借口，暗示要采取新的保护主义措施以取代“替代国”条款的作用；（2）声称达成一项中欧全面的投资协定是欧盟深化对华关系的优先选项，但只有中方提供更好的商业环境才能带来更多的市场机遇，欧方才会考虑诸如自贸协定等更富有雄心的目标，意思是要中方在投资协定谈判中作出让步；（3）确认欧盟支持中国经济、环境和社会改革，但要求中国在经济上更加开放，对外资企业大幅度放宽市场准入；（4）声称注意到中国在国际事务中希冀扮演与其经济规模相符的领导角色，但中国在国际关系和全球治理中起更大作用应以中国更好遵守国际规则和标准为前提；（5）主张在外交与安全政策上同中国寻求共同利益，但要引导中国参与推动非洲、中东、阿富汗等地实现和平，履行其作为全球力量应尽的责任；（6）在东海、南海问题上同美国立场保持一致，并坚持对华“武器禁运”。最近，德国又出招并推动欧盟制订新规，以阻止中国并购欧洲高科技企业，并率先撤回原先对中国收购爱思强芯片公司的批准许可，还叫停著名照明企业欧司朗向中国出售一家子公司。欧盟委员会也已正式启动制订保护主义新规，以替代中国入世协议第15条“替代国”条款的作用。

不难看出，按照上述“指导原则”和“要求”行事，今后中欧关系中的摩擦难免会增多。总体上看，第七份对华政策文件再次反映了欧盟对华政策的两面性，延续了其长期以来追求的三个根本性目的：利用中国不断增长的巨大市场和回报率较好的投资环境，最大限度地捞取经济实惠，同时又要尽可能地阻止中国成为其竞争对手；借重中国日益提升的国际地位和影响力为其所用，同时又努力把中国纳入基于西方规则的国际秩序；在合作与交流中推行西方的“普世价值”，以影响中国的发展方向，渗透和演变中国。这当然是欧方一些人的一厢情愿。

中国从当今世界格局和大国关系状况出发，致力于建立合作共赢的新型国际关系，将继续支持欧洲一体化，愿意看到一个繁荣、稳定的欧洲，并希望与欧洲在相互尊重、平等互利、不干涉内政、求同存异的基础上坚定不移地为推进中欧战略伙伴关系而努力，但对欧方不符合上述原则的行为将坚定地进行必要的斗争，努力争取保持中欧长期稳定的合作共赢伙伴关系。

产业合作：促进中国—东盟提质增效共同发展

许宁宁

【内容提要】东盟是中国周边外交和对外经贸合作的优先方向。中国—东盟为适应发展需要，共同应对世界经济增长缓慢，实现持续互利合作，应着力双方合作的提质增效。加大双方产业合作是提质增效的重大措施。2016年9月，在中国—东盟领导人会议上发布了《中国—东盟产能合作联合声明》，将双方产业合作带入了一个新阶段。

【关键词】东盟　经济　产业　企业　合作

【作者简介】中国—东盟商务理事会执行理事长。

一、中国—东盟经济合作简况

2016年1—11月中国与东盟贸易额同比下降了5.1%。中国与东盟确定的贸易发展目标是到2020年达到1万亿美元，2015年双方贸易额4722亿美元，也就是说今后四年要比2016年增长一倍多，即年均需增长20%以上。对此，我们不能坐等世界经济出现快速增长，需要靠中国与东盟自身的努力，靠双方增进合作。

（一）东盟经济形势

目前，东盟是世界第六大经济体、亚洲第三大经济体。在全球经济环境依然动荡中，新兴市场的东盟地区经济持续增长。2015年年底，东盟共同体正式成立。东盟通过一系列举措增加经济联系，并正开展更深层次、更广范围的一体化进程。

从东盟在国际竞争力的世界排名看，大多数国家的国际竞争力均有较快提升。世界经济论坛公布的2001年和2015年全球竞争力排名分别为：柬埔寨从第107位升至第90位，印尼从第57位升至第37位，马来西亚从第37位升至第18位，菲律宾从第53位升至第47位，新加坡从第10位升至第2位，泰国从第35位升至第32位，越南从第64位升至第56位。

预计2016年和2017年东盟经济增速分别将达到4.6%和4.8%，略高于2015年。其中，缅甸、老挝、柬埔寨将实现7%以上的增长，越南和菲律宾在2016年至2018年均有望实现6%以上的年均增长，印尼2016年经济增速将达到5%以上。

在全球经济增速缓慢的形势下，中国和东南亚地区的新兴经济体经济增速及预期乐观，远高于2016年全球2.9%的经济增速预期，中国—东盟产业合作前景广阔。

（二）中国—东盟贸易合作简况

近年来，中国—东盟贸易投资合作快速发展。中国连续7年成为东盟最大的贸易伙伴，东盟连续5年成为中国第三大贸易伙伴。中国和东盟双方贸易额从1991年的79.6亿美元增长到2015年的4721.6亿美元，增长58倍。贸易增长情况在很大程度上是双方产业发展情况、互补情况的反映。

据中国海关统计数据，2016年1—9月，东盟对中国出口最多的商品是：机电、音像设备及其零件、附件；矿产品，塑料及其制品；橡胶及其制品。上述三大类商品的出口额依次为651.2亿美元、158.8亿美元、102.8亿美元，合计912.8亿美元，合占东盟对中国出口总额的67.7%。

2016年1—9月，东盟自中国进口的商品主要是：机电、音像设备及其零件、附件；贱金属及其制品；纺织原料及纺织制品。上述三大类商品的进口额依次为621.3亿美元、239.7亿美元、223.3亿美元，合计1084.3亿美元，占东盟自中国进口总额的60.7%。

2016年1—9月中国—东盟进出口总额3240.9亿美元，比2015年同期下降6.7%。中国对东盟出口额为1874.1亿美元，同比下降7.8%；进口额为1366.8亿美元，同比下降5.3%。

2016年前三季度中国与东盟贸易下滑，与全球经济增长缓慢有着直接关系。一是中国与东盟贸易是全球价值链的重要组成部分，双方贸易产品中的电子产品、服装鞋类等的终端主要市场在欧美，即在中国（或东盟国家）生产零部件销往东盟国家（或中国）组装、形成成品后销往欧美市场。二是全球大宗商品（石油天然气、橡胶、大米、棕榈油等）价格下降，导致中国与东盟贸易额下降。三是发达国家一些跨国公司将产品组装厂由中国转移到东盟国家，使得产业内贸易分工发生变化，减少了从中国生产零配件而到东盟国家组装的贸易往来。四是部分东盟国家限制向中国出口资源性初级产品（如矿石）。

上述贸易和产业分工的变化，提出了中国与东盟加快加大产业合作的需求，向更为合理的区域产业结构发展。

（三）中国—东盟投资合作简况

目前，东盟是中国企业重要的国外投资市场和承包工程市场。东盟地区的投资环境不断改善，各成员国政府均出台了相应政策，支持、鼓励、促进更多的外国投资者在东盟投资。东盟经济共同体的建成增强了投资者对东盟未来发展前景的信心。

截至2015年年底，中国—东盟双向累计投资额达到1564亿美元，较中国与东盟建立对话伙伴关系的1991年5亿美元增加300多倍。

1. 中国对东盟投资。

2015年，中国对东盟直接投资流量首次突破100亿美元达到146.04亿美元，同比增长87%，创历史最高值，占流量总额的10%，占对亚洲投资流量的13.5%。

2015年年末，中国对东盟投资存量为627.16亿美元，占存量总额的5.7%，占亚洲投资存量的8.2%。其中，中国对东盟租赁和商务服务业的投资达到66.74亿美元，占比45.7%，投资主要分布在新加坡、越南、马来西亚、印尼等地。

中国对东盟制造业的投资达到26.39亿美元，占比18.1%，投资主要分布在印尼、泰国、新加坡等地。

2015年，中国共在东盟设立直接投资企业3600多家，雇佣外方员工31.5万人。

2016年前三季度，中国对东盟国家投资总额为35.64亿美元，同比增长3.3%。1—9月，依照中国对东盟国家的投资金额排名，前五位国家依次为新加坡、印尼、老挝、柬埔寨、越南。中国企业在东盟的投资主要涉及贸易、物流、建筑、能源、制造业和商业服务等领域。

2. 东盟对华投资。

2015年，东盟对华投资新设立企业1154家，增长5.2%，实际投入外资金额78.6亿美元，同比增长20.6%。从2015年对东盟投资流量的主要分布行业来看，租赁和商务服务业66.74亿美元，增长438.6%，占45.7%；制造业26.39亿美元，占18.1%；批发和零售业17.43亿美元，占11.9%；金融业9.12亿美元，占6.2%。

新加坡是近三年来中国吸引外资第一大来源国。新加坡在华投资、由中国和新加坡政府合作的三大旗舰性合作项目是苏州工业园、天津生态城、重庆互联互通项目。

（四）当前中国—东盟产业合作中的有利因素和不利因素

1. 有利因素。

高层交往密切，共建合作发展愿景。2016年8月，缅甸国务资政昂山素季访华；9月，越南总理阮春福访华；10月，菲律宾总统杜特尔特访华；11月，马来西亚总理纳吉布、老挝总理通伦相继访华。这些国家领导人都表示进一步巩固双方政治互信，深化务实合作，推动两国关系再上新台阶。

双方具有近25年来建立对话伙伴关系而形成的良好合作基础。2016年是中国与东盟建立对话关系25周年，双方各领域务实合作不断推进。日益密切的贸易、人员及资金往来，将双方的命运紧紧联系在一起。2016年9月，中国—东盟领导人会议暨中国与东盟建立对话伙伴关系25周年纪念峰会在老挝万象市召开，双方发表了《第19次中国—东盟领导人会议暨中国—东盟建立对话关系25周年纪念峰会联合声明》，达成了一系列合作共识，规划了今后合作重点，将双方友好合作关系推向了一个新阶段。

具有发展经贸合作的区位优势。中国和东盟国家山水相连，陆海相通，自古就交往密切，成为友好的邻邦。借助双方在区位上的毗邻优势，为促进本地区贸易、投资、旅游、文化等各领域的融合，双方致力于推动互联互通建设。当前，中国正在与各有关国家共商、共建“一带一路”，东盟正在大力实施《东盟互联互通总体规划2025》，双方在经济发展战略上的契合有利于促进双方互联互通。中国与东盟正围绕高速公路、铁路、港口、物流等领域展开互联互通领域的全方位合作，让中国与东盟之间的海上交通、陆上交通和空中交通更加畅达。

具备中国—东盟自由贸易区建成的合作政策优势。中国—东盟自贸区升级版议定书于2016年7月生效。中国—东盟自贸区的升级，将充分利用更广阔的市场、更便利的贸易条件和更优质的投资环境，有力地推动双方经贸合作再上新台阶，为双方经济发展提供新的助力，推动实现到2020年双方贸易和投资目标；将进一步加快本地区区域经济一体化步伐，实现亚太地区更高水平的贸易投资自由化和便利化。

东盟经济共同体建成和中国正在大力实施的“海上丝绸之路”建设为双方产业合作带来巨大商机。2015年12月31日，东盟共同体宣布成立，其内部要素流动将更加自由便利，营商环境将更加公平透明，经济发展将更加协调均衡，从而推动区内经济稳定发展，也为东盟与中日韩澳新印等16国的区域全面经济伙伴关系（RCEP）建设提供了有利条件。东盟经济共同体发展为中国企业走进东盟构建了有利条件。中国倡导“一带一路”的建设是契合中国和东盟及沿线国家的共同需求，符合区域经济一体化发展的时代潮流，将为区域一体化进程提供前所未有的重大机遇。

2. 不利因素。

双方在服务贸易市场和投资市场开放水平有限。投资环境有待完善。

双方经贸合作受第三方国家和市场影响。中国与东盟企业在服装鞋业、电子产品、橡胶制成品等行业的合作多采取外向型产业链，成品多数销往第三方市场，双方经贸合作受国际大宗商品价格、外部市场需求等因素影响较大，也在一定程度上制约了中国和东盟经贸与投资合作的水平。

中国与东盟个别国家的政治互信有待加强。中国与个别东盟国家在政治层面上还缺乏互信，导致在某些领域中国企业无法参与竞争合作，在一定程度上影响了双边贸易和投资的水平，也阻碍了双方企业的商机对接和产业合作升级。

双方产业政策沟通不充分。中国与东盟在宏观经济规划、产业政策、市场引导措施等方面的沟通和协调还不够充分，尤其是双方在产业合作机制层面的合作仍处在较低的水平，直接导致产业合作水平有限。

二、加强中国—东盟产业合作的意义重大

（一）在更广阔的领域进行各国产业结构调整

面对世界经济增长缓慢的形势，中国和东盟作为新兴经济体加强经贸合作是共同的现实选择，而在双方经贸合作中加强行业对接和产业合作尤为重要、紧迫。当前，中国和东盟国家均将产业结构调整和产业升级作为发展本国经济的重大举措。双方加强行业对接、产业合作，加强产业发展政策的互联互通，积极打造区域内优势互补的产业链，将有利于各国在更广

阔的领域进行产业结构调整，促进本国产业升级，有利于促进地区经济的持续发展和繁荣。中国与东盟行业对接和产业合作已成自贸区发展的当务之急。

中国—东盟自由贸易区实施零关税仅是双方的制度安排，打造好双方密切的产业链才能形成你我相依的经济共同体。随着自贸区全面、深入的展开，双方要实现互利共赢，就需要尽快实施行业对接，打造区域内新的产业链。在中国与东盟已取消绝大部分产品关税的情况下，积极实施行业对接也是双方企业合作发展的需要。

（二）推动配套合作，形成规模效应

加强双方产业合作，有利于产业内和产业间的配套合作得到发展，从而形成产业发展的规模效应。

在中国与东盟的工业合作过程中，产业园区已成为双方深入合作的重要载体。产业园区建设以产业配套性提升企业合作效益，增加产业聚集力。产业园区完善的基础配套将极大提高综合服务能力，整合产品加工、保税、物流、商贸、居住、金融等关联产业，并逐步形成产业的集聚区，实现产业组合有序、空间布局合理、资源综合利用、优势功能互补和产业梯度发展。

（三）通过产业政策协调可更有效地开放市场

加强产业合作中双方产业政策的协调，可促进各国落实产业发展规划，可优势互补促进各国产业新发展，可促进双方企业在贸易和投资上的互利互补合作，实现更多贸易创造和更大投资效益，可减少一些国家对开放市场的担忧。如东盟国家正在发展建材行业，中国建材行业发展的一个重要方面是“走出去”，双方建材发展政策的协调，可惠及双方该行业发展。

（四）加强产业合作可开发经贸互补优势

1.经济发展水平方面的互补。

中国与东盟各国处于不同层次的经济发展水平，相互之间发展差异大，东盟老六国已步入新兴工业化国家行列，而东盟新四国还停留在工业化初始阶段。

按科技发展状况、工业化水平和贸易模式区分，中国和东盟各国的经济水平大致可分为四个层次：第一层是新加坡，具有高科技和知识密集型产业的比较优势；第二层是马来西亚、泰国、中国珠江三角洲和长江三角洲地区，具有中等技术及资金密集型产业的比较优势；第三层是菲律宾、印尼及中国中西部地区，具有自然资源和劳动密集型产业优势；第四层是越南、老挝、柬埔寨及缅甸，具有廉价劳动力和自然资源优势。

中国与东盟有关国家处在不同的经济发展阶段，相互差异在一定程度上成为双方经济发展与贸易增长的有利因素。

2.产业结构方面的互补。

尽管中国与东盟国家在经济发展的一些方面处于同一层次，但双方在经济结构和资源方面的差异是明显的。中国是一个世界上人口最多、疆域辽阔、市场广阔的大国，产业结构具有多层次，既有大量劳动密集型产业，也有迅速发展的资本、技术密集型产业；在技术结构上，不但形成了完整的基础技术部门，正在大量发展中间技术，而且在高新技术的某些领域也有相当的基础。中国的工业门类比较齐全，基础工业力量较为雄厚，并掌握着若干尖端技术，拥有多层次的产业和科技结构。同时，中国沿海和内地的经济水平和产业结构层次差别很大，这就使得中国与处于不同发展阶段的东盟各国都可以在经济发展的各个领域进行广泛的合作。

从产业结构而言，中国与东盟国家存在着多层次的不同程度的互补，即使在相同产业部门，各自产品也有不同的侧重点。以人们认为彼此竞争性较强的纺织业和服装业为例，中国的出口以纤维原料、纱线、坯布和织物为大宗，而泰国、菲律宾和印尼则以服装为主；而服装方面，双方在原料、档次、款式等方面也存在着差异。以电子产品而言，由于种类繁多，不难形成水平分工。

3. **市场方面的互补性**。

中国是一个拥有14亿消费者的统一大市场，在中国政府实施西部大开发、中部崛起、东北地区振兴、长江经济带建设等战略推动下，市场开发正呈新态势。拥有6亿多人口的东盟十国在经济共同体建设中，各国市场正更加密切融合。在中国—东盟自由贸易区框架内，这一拥有20亿消费者的新兴市场对区域外国家跨国公司也颇具吸引力，产业投资可分享市场开发开放带来的商机。值得一提的是，当前一些发达国家对华少数优势产品采取反倾销的做法，使得一些中国企业投资东盟生产产品销往这些发达国家。中国与东盟自身市场的开发以及双方企业向区域外国家的市场延伸开发，使得加强双方产业合作有着更广阔的空间。

此外，加强中国与东盟的产业合作，还有利于挖掘双方科技互补性、资源互补性、劳动力及人才互补性，这些对于实现产业结构优化、延长产业链都有积极意义。

三、加强双方产业合作的建议

我们应充分认识到当前增进双方产业合作的重要性、紧迫性，把它作为实现中国—东盟自贸区互利共赢目标的一项重要工作来积极落实。我们应充分认识到双方产业合作是项系统工程，需要政府部门、行业商会、企业以及各有关方积极协调。我们应充分认识到双方产业合作、调整产业结构具有一定的长期性，应通过制定产业合作的近中长期规划，有重点、有步骤、有计划地加快合作。我们应充分认识到创新是产业合作的活力所在，通过创新来实现优势互补、互利合作。就当前加强双方产业合作提出十点建议：

第一，双方政府应积极沟通产业规划、产业政策，制定产业合作计划并组织实施。近年来，中国和东盟有些国家领导人多次建议将双方的宏观经济发展规划和政策相衔接，其中产业发展规划和政策的沟通与合作则是其十分重要的内容，应切实予以落实。双方政府应制定并落实促进产业合作的各有关政策，鼓励产业合作发展；应将落实《中国—东盟产能合作联合声明》与《东盟经济共同体2025蓝图》相对接；应制定落实《中国—东盟产能合作联合声明》的行动计划；应在中马、中印尼等双边五年经贸合作规划中增加实施产业合作的内容。

第二，双方应将相互开放市场与产业合作有机结合。中国—东盟自贸区升级版《议定书》已经于2015年11月签署，升级版《议定书》涵盖了货物贸易、服务贸易、投资、经济技术合作等领域，这是对原有协定的丰富、完善和补充。升级版《议定书》的实施有利于提升双边的贸易投资便利化水平，促进更高水平的产业合作。相互更大开放市场是实现贸易目标的关键举措，应以加快产业互利合作为相互开放市场创造条件，为RCEP谈判创造条件。

第三，双方应将产业合作与互联互通有机结合。互联互通是中国与东盟合作的重要领域。目前，东盟正在大力实施《东盟互联互通总体规划》，中国各有关方应了解该规划，以提高与东盟及其成员国的合作效益。双方在交通、电力等基础设施的建设和合作方面应充分考虑产业合作，并以实现产业互补性的互利合作促进互联互通，同时双方互联互通的发展也将推动产业扩大合作。

第四，采取配套措施促进产业合作。应充分发挥中国向东盟国家提供的信贷、丝路基金、中国—东盟银行联合体在产业合作中的作用。加强双方产业合作的投融资、保险等金融服务。应加大中国与东盟在物流、科技、知识产权、技术法规和经济法规、标准和合格评定程序，以及法律咨询、商务咨询、会计服务、信息服务等领域的合作，以一系列的配套合作协助产业合作。

第五，应考虑到外部主要国家对自贸区内国家产业合作的影响。中国与东盟开展经济合作的同时，应考虑到一些域外主要国家进一步加强与东盟经贸合作的情况，研究中国、东盟、有关域外主要国家三者之间经济合作的相关性、竞争性、互补性，争取强化互补性，减少中国与东盟产业合作的阻力，注重提升本自贸区产业链价值，并延伸产业链。

第六，应注重扶持、指导中小企业在产业合作中获得新发展。在产业合作中，应让中小企业更多地分享相互开放市场带来的好处，并减少担忧。为协助中小企业参与产业合作，双方行业商（协）会应利用其灵活性、桥梁性强的优势，加强行业对接和合作，建立合作机制，代表企业向政府主管部门建言献策，为企业在产业合作中获得新发展提供服务。

第七，应加大产业园区建设，增加产业配套性和产业聚集力。政府有关部门应积极支持产业园区建设，改善投资环境，做好服务。应加强中国与东盟产业园区建设的研究，为双方务实性、创新性合作提供实施依据。

第八，双方企业应积极参与产业合作。企业应利用好自贸区优惠政策，扩大投资合作，实现更多的贸易创造。应充分发挥中国—东盟博览会和中国—东盟商务投资峰会在双方产业合作中的作用。在政府支持下，双方商务理事会在对方设立若干商务中心，协助企业参与产业合作。

第九，应将双方产业合作与自贸区内次区域经济合作相结合。目前，澜沧江—湄公河流域各国正在实施次区域经济合作，中国正在积极推动泛北部湾次区域经济合作，中国政府鼓励企业参与东盟内部次区域经济合作。产业合作是次区域经济合作的重要内容，产业升级是次区域经济合作的动力所在。双方应充分利用次区域经济合作机制、经济政策，加强产业合作，以缩小次区域内各国经济差距。2016年3月，在澜沧江—湄公河合作首次领导人会议上，通过了《澜沧江—湄公河国家产能合作联合声明》，应积极落实。

第十，应共同实施好中国—东盟的行动计划。《落实中国—东盟面向和平与繁荣的战略伙伴关系联合宣言行动计划（2016—2020）》提出了双方合作的重点，应制定分阶段实施意见。在加强双方产业合作的同时，应不断巩固和发展双方政治关系、社会文化关系，为经济合作大发展构建有利条件。在海上丝绸之路建设中，坚持“共商、共建、共享”的基本原则，携手发展，共创美好未来。

创新发展中非全面战略合作伙伴关系

舒　展

【内容提要】2016年，中非双方进一步拓展全面战略合作伙伴关系，合作理念、合作结构、合作主体转变，中非“十大合作计划”逐步落实。双方战略互信深化，经贸合作成果丰硕，人文交流活跃非常，安全合作新有进展，国际合作多有亮点。中非合作论坛机制创新，非洲对华舆情继续好转。中国同非洲双方着力结成利益共同体，各自讲好对方的真实故事，维护各自以及对方的合法利益。

【关键词】中非关系　全面战略合作伙伴　中非合作论坛　创新机制

【作者简介】中国国际问题研究基金会研究员，中国前驻厄立特里亚大使，浙江师范大学非洲研究院高级研究员。

2016年年初，习近平主席首次出访再到非洲，共商共建“一带一路”朋友圈；年中，召开中非合作论坛约翰内斯堡峰会成果协调人会议，再度创新论坛工作机制；年末，几位非洲国家元首接踵访华，双方落实全面战略伙伴关系。

一、增进政治的平等互信

2016年是新中国与新独立的非洲国家建立外交关系60周年。新年伊始，习近平主席便访问了率先与新中国建交的埃及。2000多年前的古丝绸之路曾引着中国西汉使者到达非洲的亚历山大，如今随着“一带一路”的建设和技术创新的发展，时空更挡不住中非双方贯通古今的交往与复兴丝路的合作。

9月，中国举办二十国集团杭州峰会，邀请南非总统祖马、非盟轮值主席国乍得总统代比、非洲发展新伙伴计划主席国塞内加尔总统萨勒、埃及总统塞西出席，习近平主席分别与这四国元首进行双边会晤。10月15日，习近平主席又在印度果阿出席金砖国家峰会时专门会见南非总统祖马。李克强总理也在其他双多边场合同非洲领导人交往频密。

中国全国人大常委会委员长张德江、全国政协主席俞正声及11位其他党和国家领导人分别访问非洲。

2016年，尼日利亚、喀麦隆、塞拉利昂、卢旺达、塞内加尔五国与中方一道庆祝建交45周年。① 尼日利亚总统布哈里和塞拉利昂总统科罗马专门为此来华访问；卢旺达外交与合作部长穆希基瓦博也利用在北京开会之机参加庆祝活动。

年内，摩洛哥国王穆罕默德六世、莫桑比克总统纽西、多

① 1971年是新中国与非洲国家建交的两个“大年”之一。另一个“大年”是1964年，当年先后有突尼斯、刚果（布）、坦桑尼亚、中非、赞比亚、贝宁等六国与中国建交；当年坦噶尼喀（1961年与中国建交）和桑给巴尔（1963年与中国建交）联合，中国自然延续与坦、桑的外交关系，将1964年4月26日坦、桑联合日定为与坦桑尼亚建交日。

哥总统福雷、刚果（布）总统萨苏、几内亚总统孔戴、加蓬总统邦戈等其他六国元首也先后访华，中国与塞内加尔、莫桑比克、刚果（布）、几内亚、塞拉利昂国建立或提升为全面战略合作伙伴关系，与摩洛哥建立战略伙伴关系，与加蓬等国的关系升级到全面合作伙伴关系。贝宁总统塔隆3月当选后不到半年即到中国出席第二届对非投资论坛。几内亚比绍总理巴西罗·贾赴澳门出席中国—葡语国家经贸合作论坛第五届部长级会议之前坚持到北京参观；佛得角和莫桑比克两国总理也到澳门参会。

中国外交部长26年来每年都选非洲为出访的第一站。王毅部长到访马拉维、毛里求斯、莫桑比克、纳米比亚四国，落实2015年12月中非合作论坛第六次部长级会议暨约翰内斯堡峰会的成果，力争一些合作项目早见效，让中非人民早受益、多得益。

2016年，非洲国家外长访华近20起，有的外长来了不止一次。

中国和非洲国家政府、政党、议会和军队交往日益密切，双方省部级以上官员互访超过100起，进一步深化政治和战略互信。

二、落实经济的合作共赢

2016年是落实中非合作论坛约翰内斯堡峰会成果的开局之年。当前全球经济疲软，大宗产品价格下跌，发展中国家结构调整艰难，大部分国家经济增速放缓。据非洲开发银行预测，非洲经济2016年增长1.8%，为近20年来最低速度。尼日利亚、南非等几个大经济体继续受困，而科特迪瓦、埃塞俄比亚、肯尼亚和塞内加尔等非资源出口国仍强劲增长逾5%。因此，更需要加快落实中非合作论坛约翰内斯堡峰会“十大合作计划”，以助力非洲自主发展，加速工业化，实现多元化，逐步摆脱困境。

不少非洲人士、专家学者认为，中非合作“十大合作计划”与非盟《2063年议程》和联合国2030年可持续发展目标一致，与非洲许多国家的发展重点不谋而合。马拉维外长沙蓬达说，中方提出的合作倡议使非洲看到了发展的希望。①

2015年，中国与非洲进出口总额1790.3亿美元，同比下滑19.2%，但中国仍连续第七年为非洲第一大贸易伙伴国。其中，对非洲出口1086.7亿美元，增长2.5%，占中国同期出口总额4.78%；自非洲进口703.7亿美元，下滑39.1%，占中国同期进口总额4.19%。②

2016年头三季度中国与非洲进出口总额1111.6亿美元，同比下降16.3%，减幅有所收窄，但仍高出同期外贸总体降幅8.3个百分点。其中，中国出口非洲699.5亿美元，同比下降13.5%，占同期中国出口总额4.55%，双双不及2015年同期；自非洲进口412.1亿美元，下滑20.6%，跌幅缩小近半，占中国

① 《王毅与马拉维外长沙蓬达举行会谈》，http://www.focac.org/chn/zt/1_1_2_1_2/t1337251.htm.

② 《2015年中国与非洲贸易额1790亿美元，同比下滑19.2%》，http://www.mofcom.gov.cn/article/tongjiziliao/fuwzn/swfalv/201602/20160201250652.shtml.

同期进口总额3.61%。[①]

这一方面说明，中国和非洲都不宜把经济增长完全押宝于对外贸易，另一方面也说明，不宜只看数据忽略实质。考虑到初级产品价格下降和美元汇率大幅波动，中非贸易额确有所减少，但在数量上并未显著减少。不同非洲国家与中国的进出口还有所增长，如中国与几内亚双边贸易额在2016年1—7月达到9.54亿美元，同比增长21.81%。[②]

难能可贵的是，中国对非洲投资逆势增长劲头不减，头十个月中资企业对非洲的非金融类直接投资逾25亿美元，大幅增长31%。其中，对肯尼亚等经济增速较快的国家此类投资流量同比超过一倍，对非洲制造业的直接投资占比在10%以上。[③]2000年时，中国对非洲投资累计不足10亿美元，到2015年则超过1000亿美元，16年间增长100倍。近十家中国金融机构为非洲国家发展提供融资支持，中国人民银行同摩洛哥、肯尼亚、尼日利亚、刚果（布）、埃及等国中央银行开展双边本币互换等业务合作。

对非投资是中非经贸合作中的亮点和增长点。中国政府支持中国企业到非洲投资兴业，积极参与非洲的工业化和城镇化的进程，因此，相继于2006年的北京峰会和2015年约翰内斯

---

① 《中国对外贸易形势报告（2015年秋季）》，http://zhs.mofcom.gov.cn/article/cbw/201511/20151101156345.shtml.《中国对外贸易形势报告（2016年秋季）》，http://zhs.mofcom.gov.cn/article/cbw/201611/20161101564835.shtml.

② 陈晨：《专访：中几关系必将迈上新台阶》，http://www.fmprc.gov.cn/zflt/chn/zfgx/zfgxzzjw/t1410317.htm.

③ 《商务部召开例行新闻发布会（2016年12月15日）》，http://www.mofcom.gov.cn/article/ae/slfw/201612/20161202215048.shtml.

堡峰会上成立两个基金，一是中非发展基金，二是中非产能合作基金。

2007年运营的中非发展基金初始为50亿美元，2015年年底追增50亿美元。截至2016年11月底，这支基金对37个非洲国家的88个项目实际投资40亿美元，主要是与中国企业成立合资公司对非进行直接投资和经营，重点支持农业、加工业、制造业、基础设施和基础产业、资源开发等长期项目，惠及百余万非洲民众。基金每投1美元，可带动中国企业在非洲投资5美元。目前，中非发展基金的投资带动在非中资企业投资及银行贷款170亿美元。非洲中小企业发展专项贷款50亿美元也已增资到位。①

中非产能基金首笔资金100亿美元，用于股权、债权、基金、贷款等投资，主要服务于非洲"三网一化"的建设，支持港口、公路、航空等基础设施，以及能矿、农牧业、地产等行业。②

结构调整带来中非务实合作的三个积极转型：一是合作观念的转变。非洲国家希望学习中国发展经验，更加期待投资、市场准入和旅游等互利合作。二是合作结构的演变。从政府援助主导向企业投资和融资合作转型，从商品贸易向产能合作和加工贸易升级，从工程承包向经营服务创新。三是合作主体的衍变。双方企业竞相扮演主角。

在工业化合作方面，中国企业已在非洲15个国家投资建设

---

① "Africa: Chinese Fund Invests U.S.$4 Bilion in Africa", http://allafrica.com/stories/201612150543.html?aa_source=nwsltr-africa-en.

② 《商务部召开中非合作论坛约翰内斯堡峰会成果落实协调人会议经贸筹备工作专题新闻发布会》，http://www.mofcom.gov.cn/article/ae/slfw/201607/20160701366459.shtml.

了埃及苏伊士经贸合作区、埃塞俄比亚东方工业园、赞比亚中国经贸合作区和尼日利亚莱基自贸区等20个工业园区，累计投资53.8亿美元，吸引435家企业入驻，累计总产值193.5亿美元，上缴东道国税费16.2亿美元，创造就业岗位33534个。[①]

在基础设施合作方面，中国同非洲在规划、设计、建设、运营、维护等方面加强互利合作。中国与非盟已签署有关“三网一化”合作谅解备忘录，并已共同制定《非洲2063年高速铁路网发展愿景》和《中非铁路合作行动计划2016—2020》。

2016年10月5日，非洲屋脊上的亚的斯亚贝巴—吉布提跨国标准轨距电气化铁路建成通车，全长752.7公里。此前，货物从零海拔的吉布提运到平均海拔2500米的埃塞高原要耗费3—7天，新铁路建成后只需10个小时，物流成本大幅降低，运输安全大有改善。

自坦赞铁路建成以来，中国已通过援助和融资方式支持非洲修建了近6000公里铁路，如已竣工的尼日利亚阿布贾—卡杜纳铁路和沿海铁路、安哥拉本格拉铁路以及在建的肯尼亚蒙巴萨—内罗毕铁路（蒙内铁路）。蒙内铁路仅在建期间就为当地创造超过3万个就业岗位，培训2万名技术人员，已经带动国内生产总值增长了2%。[②]

铁路建设要带动当地产业发展，产业发展才能支撑铁路的可持续运营。王毅外长2016年8月访问肯尼亚时提出，中国和肯尼亚可以打造蒙内铁路、蒙巴萨港、蒙巴萨经济特区“三位

① 《商务部召开例行新闻发布会（2016年12月9日）》，http://www.mofcom.gov.cn/xwfbh/20161209.shtml.

② 《〈金字塔报〉：“铁路外交”助中国走入非洲》，http://www.focac.org/chn/zfgx/t1392894.htm.《王毅：中国铁路正成为中非产能合作的一张亮丽名片》，http://www.fmprc.gov.cn/zflt/chn/zfgx/zfgxzzjw/t1388754.htm.

一体”的产业经济走廊，助力肯方加速工业化。[①]

三、充实文明的交流互鉴

国之交在于民相亲，民相亲在于心相知。人文交流可以拉近中非两边26亿人民之间的感情。年内，中非双方媒体、智库、文化、高校、青年、地方和旅游等人文交流异常活跃。

非洲27国主流媒体派28位记者在华常驻采访报道，中国增派媒体赴非设点，新闻直通、交流直接正成为新常态。

中非智库论坛、中非媒体合作论坛、中非媒体智库研讨会先后举行，37个中非联合研究交流项目付诸实施。中方在14个非洲国家举办“欢乐春节”，双方30多个文化团组互访。

两边共同实施中国15所知名高校青年教师访非团、中国同南非和肯尼亚青年外交官团互访等90多个人文合作项目，非洲18国200名各界青年代表来广州参加“2016中非青年大联欢”以及中非青年创业论坛、青年志愿者座谈会。

10月，非洲15国执政党的60余名代表到重庆参加第二届中非政党理论研讨会，交流治国理政经验。近五年来，“中非青年领导人论坛”等机制逐步完善，1600多名非洲政党的中高层干部来华考察，其中不乏中央级领导干部和青年领导干部。南非、莫桑比克、纳米比亚、坦桑尼亚、津巴布韦、埃塞俄比亚等国执政党分期分批派中央委员来华交流。

“中非民间友好行动”启动58个项目，涉及37个非洲国家。

---

① 《肯尼亚总统肯雅塔会见王毅》，http://www.fmprc.gov.cn/zflt/chn/zfgx/zfgxzzjw/t1388756.htm.

中非地方友好省市关系发展迅速，安哥拉等7国航空公司开通直航中国的班机。上半年，非洲公民来华人数稳步增长；中国公民首站访非77.4万人次，同比增长33.6%。

中非教育与技术培训合作方兴未艾。非洲在华留学生已逾4万人。截至8月，中方已为非洲提供9000多政府奖学金名额，培训3.6万余名各类人才。2000年以来，中国帮助非洲建设了120多个教育设施，为非洲50多个国家和区域组织在华培训8万多人次，而在非洲当地培训的职业技术人员数目更多。

习近平主席2015年9月26日在纽约联合国南南合作圆桌会上宣布设立“南南合作与发展学院”（南南学院），2016年4月29日落户北京大学朗润园，林毅夫教授出任院长。南南学院首批招收28名国家发展公共管理硕士和21名博士，其中埃塞俄比亚、布隆迪、厄立特里亚、津巴布韦、喀麦隆、利比里亚、马拉维、毛里求斯、莫桑比克、南非、南苏丹共和国、尼日利亚、塞拉利昂、塞内加尔、苏丹、坦桑尼亚、赞比亚等非洲国家学员占63%。[①]

医疗卫生等直接涉及民生的领域历来是中非合作的优先重点。中国同非盟委员会就非洲疾病预防控制中心合作以及同南非、埃及、尼日利亚等国科技合作达成了共识，并将正式启动“中非科技伙伴计划2.0”。

目前有1178名医疗队员分布在115个医疗点，为数以百万的非洲患者治病疗伤，保障健康。2016年，中国“非洲光明行”医疗队在喀麦隆、科摩罗、刚果（布）、多哥、贝宁、苏丹等非洲6国治疗白内障患者，帮助3500人重见光明。

---

① 《北大南南学院首期开学　学员期待汲取中国技术创新经验》，http://news.xinhuanet.com/fortune/2016-09/10/c_129276157.htm.

自1963年以来，中国向42个非洲国家派驻43支医疗队、7000多人次。2000年以来，中国在非洲援建了68所医院、30个疟疾防治中心，每年向非洲国家提供医疗设备和药品，为非洲培训医护人员。

四、深化安全的守望相助

中国同非盟在和平安全领域紧密合作，支持非洲国家以非洲方式解决地区冲突，支持非洲和地区组织提高自主维和能力。正如乌干达外长库泰萨所言，中国对非洲合作与西方国家有着本质上的不同。中国一直支持和帮助非洲自己找到解决问题之道，而有些西方国家是将解决方案强加于非洲。[①]

王毅外长将中国为维护非洲和平稳定所作努力归纳为五个关键词：

一是维和。中国是安理会“五常”中向非洲派遣维和人员最多的国家，也是联合国维和摊款第二大捐资国，迄今天已参加16项联合国在非洲的维和行动。中国现有2600多名官兵在刚果（金）、苏丹达尔富尔、南苏丹、马里和利比里亚等7个任务区维和，2016年3名中国维和军人为非洲的和平事业献出了宝贵的生命。

二是斡旋。中方始终秉持具有中国特色的热点解决之道，数次倡议召开解决南苏丹冲突的会议，几度提出积极建议。中国政府非洲事务特别代表积极出席非洲地区的安全会议，持续

① 《乌干达外长盛赞中国是非洲最可靠的伙伴》，http://www.fmprc.gov.cn/zflt/chn/zfgx/zfgxzzjw/t1388758.htm.

推动解决南苏丹和布隆迪等热点问题，20多次穿梭于地区有关国家。

三是援助。中方支持非洲友好国家加强维和、反恐能力建设，援助有关非洲国家和非盟等地区组织在达尔富尔、索马里等地的维和行动，并加紧落实5年内向非盟提供1亿美元的无偿军事援助，以支持非洲大陆和次区域组建常备军和快速反应部队，为非洲和其他发展中国家培训2000名维和人员。

四是护航。中方积极参与联合国在非洲沿海打击海盗行动，先后向索马里、亚丁湾海域派出25批护航编队、78艘次舰艇、21000余人次官兵，执行护航任务1000次，安全护送近6300艘中外船舶，解救、接护和救助60余艘遇险中外船舶。[①]2016年中国任联合国安理会轮值主席国期间，在联合国安理会倡议举行了几内亚湾海盗问题公开辩论会，受到非洲国家特别是西非国家的热烈欢迎。

五是发展。中国认为消除贫困是避免冲突和危机的钥匙，所以中国致力于帮助非洲消除贫困，真正实现可持续的发展。[②]

五、加强国际事务的协作

中非双方在多边场合密集互动，加强在国际和地区事务中的沟通协调，在涉及彼此核心利益和重大关切问题上相互支

① 《大国担当　中国形象——中国海军护航档案》，http://www.mod.gov.cn/photos/2016-12/24/content_4767750.htm.

② 《维和、斡旋、援助、护航、发展——王毅谈中国致力于非洲和平安全的五大关键词》，http://www.fmprc.gov.cn/zflt/chn/zfgx/zfgxzzjw/t1388759.htm.

持。中国力挺非洲国家自主探索符合自身国情的发展道路，支持优先增加非洲国家在联合国安理会和其他机构的代表性。中国轮值二十国集团主席国期间，在杭州峰会上首次倡导支持非洲和最不发达国家工业化合作。非洲国家在台湾问题和南海问题上积极声援中国，3月和12月冈比亚、圣多美和普林西比先后同中国正式恢复外交关系。

中国对待非洲的特点是尊重非洲国家的自主选择。非洲是非洲人民的非洲，以非洲方式解决非洲问题是更有效的、更可行的途径。中国倡议国际社会与非洲的合作要由“非洲提出、非洲同意、非洲主导”，尊重非洲国家的主权和意志，集中力量解决当事国认为最紧迫的问题，无论“己所不欲”还是“己之所欲”，都不强加于人。

中国支持非盟及有关次区域组织从地区视角提出综合全面的和平与发展战略，支持非盟的冲突后重建、非洲团结等倡议，支持区域机制发挥积极作用。中方支持非洲一些国家应对冲突平息后面临的诸多挑战，帮助相关国家尽快恢复经济，通过建设工业化、农业现代化、人力资源开发等途径，使人民早日享受和平“红利”。

六、中非合作论坛的创新

2015年12月中非合作论坛约翰内斯堡峰会提出实施工业化、农业现代化、基础设施、金融、贸易和投资便利化、减贫惠民、公共卫生、人文、和平与安全等中非“十大合作计划”，中方宣布为此提供总额600亿美元的配套资金支持，以支持非洲实现自主可持续发展，促进中非合作转型升级。其中50亿是未来3年面向非洲的无偿援助和无息贷款，重点用于支持非洲国家改善民生和能力建设。其余350亿美元贷款额度和200亿美元基金安排，主要用于大型基础设施建设，改善投资和发展环境。

2016年7月29日，中非合作论坛约翰内斯堡峰会成果落实协调人会议在北京举办，非洲52个论坛成员方300多人来到北京，其中有104位部长，超出预期1倍多，11国派3位以上部长与会。这是约翰内斯堡峰会后中非双方首次高级别集体对话，也是中非合作论坛机制的一大创新。非洲方面也更加积极地发挥主观能动性（Africa’s agency），有30多个国家成立由总统、总理或部长牵头负责的跨部门峰会成果落实协调机制。南非外长马沙巴内在会上说，中方坚持平等互利、非洲主导的对非合作模式，契合非洲的发展目标，体现了非中全面战略合作伙伴关系的新水平。①

会议发表《联合声明》，创造性地提出共同发展、集约发展、绿色发展、安全发展、开放发展等五大合作发展理念，作为未来中非合作的新共识和指导原则。南非协调人苏克拉尔表示，中非合作已经成为非洲发展新的动力，树立了国际发展合作新的模式和样板。②

中非双方面对面交流峰会成果落实工作进展和下一步工作考虑包括中非经贸合作交流会、中方金融机构负责人同非方协调人对话会等11项配套活动，安排36场双边会见、对口会谈

---

① 《外交部长王毅出席中非合作论坛约翰内斯堡峰会成果落实协调人会议》，http://www.focac.org/chn/zfgx/t1386134.htm.

② 《外交部副部长张明等就中非合作论坛约翰内斯堡峰会成果落实协调人会议成果举行联合记者会》，http://www.focac.org/chn/ltda/dwjbzzjh_1/hxxd/t1386406.htm.

等活动。

中非与会国相关部委签署各类合作协议63项，涉及金额182.87亿美元，其中中国企业对非直接投资和商业贷款金额达162.28亿美元，占88.74%。加上2015年年底以来双方签署的各类协议，据不完全统计，截至2016年7月底，中非双方已签署各类合作协议约243项，涉及金额达507.55亿美元。其中，中国企业对非洲直接投资和商业贷款达465.53亿美元，占协议总金额的91.73%。[①]

非洲也是中国建设“一带一路”的重要方向和落脚点，非洲各国亦在争做“一带一路”支点，不少国家期望与中国“一带一路”建设对接，推进产能合作。中国国家发展和改革委员会与埃塞俄比亚、埃及、安哥拉、刚果（布）、莫桑比克、尼日利亚、苏丹、津巴布韦、南非等非洲九国签署产能合作框架协议，正在与肯尼亚、坦桑尼亚、喀麦隆、加纳、阿尔及利亚等国商签协议。双方积极探讨基础设施、经济特区和工业园区建设、装备制造、产业合作、海洋经济、能源开发等重点领域的合作，推进非洲国家各自的产业化或再工业化进程，促进这些国家的经济社会转型。现已开展海信南非工业园、北汽集团南非工厂、亚的斯亚贝巴—吉布提标轨铁路及沿路产业带、蒙巴萨—内罗毕标轨铁路及沿路产业带、蒙巴萨经济特区等产能合作和产业对接的重大项目，并已取得早期收获。

即使是面临国际大宗商品价格低迷的严峻形势，中资企业仍扎根非洲国家搞发展，努力做到不撤资、不减产、不裁员，

① “The G20 Page of Star Published the Article‘Summit to Take Cooperation to New Heights’Written by Ambassador Tian Xuejun”, http://www.chinese-embassy.org.za/eng/dsxx/dsjh/t1394137.htm.

帮助这些国家稳定就业形势，坚持与非洲人民共同发展，共同进步。

七、非洲对华舆论有好转

非洲知名独立民意调查机构“非洲晴雨表”10月24日前发布报告《中国在非洲影响力持续加强赢得广泛积极评价》，开章明义讲“非洲欢迎中国”。[①]4位作者征求了非洲36个国家5.4万名民众的意见，其中63%的非洲人认为中国在非洲的经济和援助活动有助于非洲的发展，56%的非洲人认为中国的发展援助“基本满足”或“完全满足”本国的需求。他们积极评价中国在非洲的基础设施建设和企业投资，不过认为中国产品质量不佳而有损中国形象。马里（92%）、尼日尔（84%）、利比里亚（81%）和喀麦隆（80%）的民众欢迎中国人。报告第一作者博茨瓦纳大学教授莫哈珀迪·勒考维（Mogopodi Lekorwe）说，中国人给非洲带来价格实惠的汽车和手机，“这类产品以前很贵，因为中国产品的大量涌入，价格降下来。非洲人如今能挑选他们以前买不起的商品。”

多数受访者认为，前宗主国对本国的影响力最大，中国（23%）和美国紧随其后。不过，在津巴布韦（55%）、莫桑比克（52%）、苏丹（47%）、赞比亚（47%）、南非（40%）、坦

① http://afrobarometer.org/sites/default/files/publications/Dispatches/ab_r6_dispatchno122_perceptions_of_china_in_africa1.pdf.http://afrobarometer.org/publications/ad122-chinas-growing-presence-africa-wins-largely-positive-popular-reviews.

桑尼亚（40%），中国的影响力位居第一。从区域上看，南部非洲更认可中国的影响力。

报告将“中国在非洲的正面形象”归功于双边的紧密合作。在挑选本国可以借鉴的发展模式方面，非洲人将美国和中国分别列为第一和第二（24%）。在中部非洲，中国（35%）则超越美国（27%），成为当地人心中最受欢迎的样板。在南部和北部非洲，中国和美国的受欢迎程度相同。

前中国政府非洲事务特别代表刘贵今表示，当前中非关系在经贸合作和人员往来等方面的确大有发展，但还存在短板，即中非人民之间还是缺乏相互了解。“如果中非之间不能更好地夯实民意基础，那么中非合作会面临着更多的困难和问题。”[①] 他主张搞好中非媒体之间的合作，通过中国媒体讲好非洲的故事和通过非洲媒体讲述中国的故事，这样的话，“中非就可以对彼此有更好的了解，不再主要依靠西方的媒体，来接受那些经过歪曲或至少不够全面的故事”。[②]

---

① 《“中非公共外交论坛”在坦桑尼亚举行　与会人士坦陈真知灼见》, http://www.focac.org/chn/zfgx/t1388124.htm.

② 《坦桑尼亚新闻部长：西方媒体想方设法歪曲抹黑中非报道》, http://world.huanqiu.com/exclusive/2016-08/9290110.html. 2014 年 5 月 南非前总统姆贝基在南非大学一次国际会议上曾对笔者提过类似的建议。

中拉合作新时刻

吴长胜

【内容提要】2016年，中拉关系继续保持良好的发展势头，取得新的进展。密切的高层互动已成为中拉关系的重要特色，一揽子顶层设计使中拉合作的架构日臻完备。中拉关系的全局性和战略性日益突出，拉美将成为“一带一路”战略的重要拓展和延伸。中拉贸易额持续下降，但经贸合作的多元化发展势头不减，亮点纷呈。“2016中拉文化交流年”成功举行，中拉人文交流再上新台阶。以中国—拉共体论坛为平台，中拉整体合作稳步推进。但是，中拉贸易的持续下降令人担忧。人文交流仍是中拉关系中的短板。中拉双方应将中国和拉美的发展战略机遇期有机地结合起来，延续和拓展中拉关系的发展战略机遇期。将发展需求的对接转向发展战略的对接，将中拉利益共同体推向中拉命运共同体。

【关键词】中拉关系　新发展　新挑战　新思路

【作者简介】中国国际问题研究基金会拉美中心主任、高级研究员，中国前驻玻利维亚、巴哈马和哥伦比亚大使。

2016年，中拉关系在国际局势乱象丛生、世界格局发生重大变动的情况下，继续保持良好的发展势头，取得新的进展。2016年11月，习近平主席对拉美三国的成功访问以及其后中国政府对拉美和加勒比政策文件的发表，将中拉关系推向一个新的历史起点，中拉合作进入一个崭新的时刻。

一、新时刻记录了中拉关系取得的新进展

第一，密切的高层互动已成为中拉关系的重要特色，一揽子顶层设计使中拉合作的架构日臻完备。近年来，中拉国家领导人的互访和在国际场合的交往日益频繁。习近平主席四年内已三访拉美，足迹遍布拉美不同次地区、不同类型的10个国家。李克强总理也进行了两次拉美之行。几乎所有与中国建交的拉美国家的元首或政府首脑都访问过中国，有的还多次访问。就2016年而言，习近平主席第三次拉美之行访问了厄瓜多尔、秘鲁和智利；李克强总理访问了古巴，这是中国总理在两国建交66年来第一次对古巴的访问。国务院总理和国家主席在同一年内先后访问拉美，在中拉交往史上绝无仅有。乌拉圭总统巴斯克斯和秘鲁总统库琴斯基年内对中国进行了国事访问。阿根廷总统马克里、巴西总统特梅尔、墨西哥总统培尼亚、哥伦比亚总统桑托斯分别在多边场合同习近平主席进行了会见和会谈。

在这些高层互动中，双方领导人对中拉关系和合作进行了战略规划和顶层设计，一个全面、系统的中拉合作架构逐步形成。双方确立了中拉关系的定位，即平等互利、共同发展的全面合作伙伴关系；双方共同建立了中拉整体合作的平台，即中国—拉共体论坛（中拉论坛）；中拉论坛首次部长级会议在北京成功召开，标志着以中拉论坛为核心的中拉整体合作正式

开启。它使中拉关系进入到政治上真诚互信、经贸上合作共赢、人文上互学互鉴、国际事务上密切协作、整体合作和双边关系上相互促进的中拉关系“五位一体”新格局；中方提出的“1+3+6”中拉经贸合作框架：“一个规划”，以实现包容性增长和可持续发展为目标，制定《中国与拉美和加勒比国家合作规划（2015—2019）》，实现各自发展战略对接；“三大引擎”，以贸易、投资、金融合作为动力，推动中拉务实合作全面发展；“六大领域”，以能源资源、基础设施建设、农业、制造业、科技创新、信息技术为合作重点，推进中拉产业对接，推动中拉互利合作深入发展，得到拉方的普遍认可，成为中拉务实合作新的框架；双方找到了以中拉产能合作为突破口，带动中拉经贸关系转型升级，打造中拉合作关系升级版的新路子，并对“3×3”产能合作新模式，即共同建设物流、电力、信息三大通道；实现企业、社会、政府三者良性互动；拓展基金、信贷、保险三条融资渠道，进行了有益探索。习近平主席在11月的拉美之行中，又提出了在“1+3+6”中拉务实合作框架内，以贸易拉动新增长，以投资促进新发展，以金融合作提供新支撑，以产业对接催生新动力，以整体合作创造新机遇，坚定推进中拉论坛发展并加速同拉美和加勒比不同次区域组织的合作。在推动中拉发展战略对接的同时，将中拉合作同国家和地区合作相对接的方针，使中拉合作的架构和实施的路线图及方针更加完备。

中拉领导人的密切交往增进了双方的了解和互信，拉近了双方的心灵距离，使中拉关系经受内外局势发生重大变动的考验，逐步走向成熟。2015年以来，拉美地区的政治风向发生重大变化，出现“左降右升”的局面。先是中右翼的总统候选人马克里在2015年11月的大选中获胜，结束了阿根廷自2003年以来由基什内尔夫妇领导的中左翼联盟连续12年执政的历史。然后，也属中右翼的库琴斯基于2016年7月替代原属中左翼的乌马拉就任秘鲁新总统。接着，中左翼的巴西总统罗塞夫被弹劾，属中右翼的代总统特梅尔正式出任巴西新总统。中国同上述中左翼执政国家的关系都十分紧密，并有不少重大的经贸合作项目，这些国家政局的突变使中国同它们的关系面临相当严峻的考验。在拉美形势发生重大变化的关键时刻，中方利用王毅外长访问拉美的时机明确表示，尽管地区形势动荡多变，中国对拉美发展前景的信心没有变，中拉互为机遇的格局没有变，中国加强同拉美国家合作的政策没有变。由于双方利益的深入融合和依存以及中国长期以来奉行的同拉美国家发展关系不以意识形态划线的政策，这些国家新任领导人都表现出希望继续发展对华关系、进一步推进友好合作的意向。阿根廷总统马克里上任不久就在出席世界核安全峰会时同习近平主席进行了会晤，之后，在出席二十国集团杭州峰会时再次与习近平主席举行会谈；秘鲁总统库琴斯基就任后访问的第一个区域外国家就是中国，并在三个月内同习近平主席实现了互访；巴西总统特梅尔继任后立刻赶往机场来华参加二十国集团杭州峰会并与习近平主席就进一步发展巴中关系进行商谈。在双边关系发展的重要关头，双方领导人的互动不但促成两国关系的平稳过渡，而且为双边进一步的合作打下良好的基础。

第二，中拉关系的全局性和战略性日益突出，拉美将成为“一带一路”战略的重要拓展和延伸。2016年以来，中国同乌拉圭建立了战略伙伴关系，同厄瓜多尔、智利建立了全面战略伙伴关系，使中国同拉美国家的战略伙伴关系达到9个，全面战略伙伴关系达到7个。这进一步完善了中国在拉美地区的伙伴关系网络，提升了中拉关系的全局性和战略性。

习近平主席2016年访问的三个国家都是拉美的太平洋沿岸国家，它们都把发展对华关系作为其外交的优先方向。三国中的秘鲁和智利都是亚太经合组织成员国，“跨太平洋战略经济伙伴协定”（TPP）成员国。它们都同中国签署了双边自由贸易协定，并开启自贸协定升级版的商谈。它们和墨西哥、哥伦比亚组成的拉美太平洋联盟已成为拉美地区最活跃的一体化组织，并在亚太大区域合作中发挥着日益重要的作用。在“跨太平洋战略经济伙伴协定”面临搁浅的情况下，它们和拉美主要国家对中国的战略倚重和务实合作的需求进一步提升。秘鲁和智利等国对习近平主席在2016年APEC利马峰会上提出的推动区域经济一体化、推进亚太自贸区建设的主张予以积极回应，并表示有兴趣加入中国倡导的“区域全面经济伙伴协定”（RCEP）。随着亚太大区域合作的逐步加强与发展，中拉关系中的“亚太因素”和中国亚太战略中的“拉美因素”的分量将进一步增加。

“一带一路”的构想是中国实现民族伟大复兴的重大战略。“一带一路”战略目前主要涉及的都是欧亚大陆国家，拉美没有包括在内。但是，中国提出的“一带一路”战略构想在拉美也引起了强烈的反响。不少拉美国家尤其是秘鲁、智利、厄瓜多尔等拉美太平洋联盟国家公开表达出对“一带一路”倡议的坚定支持和加入意愿，它们认为，从1565年开始就被称为“中国之船”的“大帆船贸易”就是历史上“海上丝绸之路”的延续，进入21世纪后中拉之间的政治、经济、文化交流等各方面的跨越式发展，为这段“海上丝绸之路”的复兴奠定了坚实的基础。它们希望把拉美的亚太战略和“一带一路”战略对接起来，取得共同发展。巴西已加入亚投行，2016年以来乌拉圭和智利也表示了加入的意愿。在习近平主席2016年访问拉美前后，不少拉美国家人士再次表达加入“一带一路”战略的愿望。智利、阿根廷、哥伦比亚、巴西、厄瓜多尔等国家积极参与2017年将在华举行的“一带一路”国际合作高峰论坛就是这一意愿的明确表示。今后，随着“一带一路”战略的逐步推进，拉美必将成为“一带一路”战略的重要拓展和延伸。不失时机地把拉美纳入“一带一路”战略也已提到议事日程。

第三，中拉贸易额持续下降，但经贸合作的多元化发展势头不减，亮点纷呈。贸易方面，受到世界经济复苏乏力、大宗商品价格下跌等诸多因素的影响，多项贸易指标均出现大幅下滑。2016年前三季度中国与拉美地区进出口贸易额为1615亿美元，同比下降10.5%，在2015年同比下降10.2%的基础上再次大幅下降。尽管如此，贸易在中拉务实合作中仍占重要地位，中拉贸易总量保持基本稳定，拉美国家对华出口铁矿石、石油、大豆等大宗商品数量仍持续增长。对华贸易在拉美国家对外贸易中的比重有所加大。中拉贸易商品结构在不断优化。拉美已成为中国汽车、轨道交通、通信、工程机械等产品的重要出口市场。中国自拉美进口的商品种类也日趋多样化，农牧产品贸易逆势增长，优质牛肉、水果、海产品等获准输华，成为双边贸易的新亮点。中国对拉美自由贸易区网络进一步拓展深化，中国和乌拉圭就商签自贸协定达成共识；中国同哥伦比亚商签自贸协定的可行性研究进一步推进。中国同智利和秘鲁启动了自贸协定升级谈判和升级谈判的联合研究。投资方面，中拉投资合作规模不断扩大，特别是中国对拉美投资已经成为中拉经济合作一大亮点。以贸易带动投资，以投资促进贸易结构的优化，已经成为中拉双方政府和企业界的共识。据中国对外直接投资统计公告数据，截至2015年，中国在拉美直接投资存量1263亿美元，占中国对外直接投资存量的11.5%。2016年前三季度，中国对拉美非金融类直接投资251亿美元，与2015年同期的147亿美元相比增长了70%。预计到2016年年底，中国对拉美直接投资存量将超过1500亿美元。近年来，中国对拉美投资以产能合作为突破口，积极参与拉美“三大通道”建设，投资的领域和合作方式日趋多元。2016年以来，秘鲁拉斯邦巴斯铜矿建成投产，厄瓜多尔辛克雷水电站并网发电，巴西美丽山特高压输变电项目全面施工，中国国家电网和三峡集团以股权收购方式获得巴西电力公司经营权，中国交通建设股份有限公司中标哥伦比亚公路建设工程，成为中国在拉美首个公私合营模式（PPP）的合作项目。金融方面，随着双边经贸关系的不断深入，中拉在金融领域的合作成为进一步推动双边经贸关系发展至关重要的引擎。目前，中国已经是美洲开发银行的正式成员，与巴西、阿根廷、智利等地区国家签署了双边货币互换协议，中国银行、国家开发银行、工商银行、建设银行、交通银行等中国金融机构已经在拉美设立分支机构。巴西已成为亚洲基础设施投资银行的创始成员。值得一提的是，中方向拉美提供的一揽子融资安排，包括200亿美元的中拉基础设施专项贷款、100亿美元的优惠性质贷款和50亿美元的中拉合作基金、5000万美元的中拉农业合作专项资金以及产能合作基金等各类机制性融资安排稳步落实，已累计批贷48个项目，总金额87亿美元，储备项目近150个，涉及金额超过170亿美元。另外，中国在智利和阿根廷还分别设立了人民币清算银行。

第四，以“中拉文化交流年”为契机，中拉人文交流再上新台阶。2016年，由习近平主席倡议举办的“中拉文化交流年”活动在中国和近30个拉美国家展开，成为新中国成立以来中拉共同举办的规模最大的年度文化盛事。“中拉文化交流年”活动，以“请进来”和“走出去”作为两大方向；以开幕式、“拉美及加勒比艺术节”、“中国文化拉美行”、闭幕式和大众传播为主要版块，通过文艺、文物、电影、图书、传媒、旅游等领域的交流，举办包括演出、展览、论坛、影展、图书节、经典互译、旅游推介等多方面活动，通过与拉美及加勒比地区国家政府、文化机构、院校、国际艺术节等密切合作，全方位、多角度、宽领域地传播与展现中拉双方丰富多元的文化和悠久的历史。2016年11月，习近平主席出访秘鲁期间与秘鲁总统库琴斯基共同出席2016年“中拉文化交流年”闭幕式并参观“天涯若比邻——华夏瑰宝展”，为这一大型中拉文化交流系列活动画上圆满句号。这次活动使中拉双方在一年的时间里集中了解对方灿烂的文明、借鉴对方文化艺术财富和智慧，同时把自己的传统文化的精华整体介绍给对方。它加深了中拉双方的相互理解，拉近了双方人民的心灵距离，为中拉关系长远发展提供了新的动力。

与此同时，中拉其他方面的人文交流也在广泛开展。中国的“西班牙语热”和拉美的“汉语热”不断升温。20个拉美国家开设了38家孔子学院和18家孔子课堂。中国开设西班牙语专业的大学已达74所，学生20000多人。中方在5年内向拉美和加勒比国家提供6000个政府奖学金名额、6000个赴华培训名额以及400个在职硕士名额，邀请1000名拉美和加勒比国家政党领导人赴华访问交流，中拉青年领导人千人培训计划的倡议正在落实且进度超过预期。习近平主席在此次访问拉美时又提出，未来3年在现有基础上将各类对拉美培训名额增加至1万人。中方将在华设立中拉新闻交流中心，邀请拉美媒体记者赴华工作学习。北京—哈瓦那航线的开通也为双边旅游合作提供了便利。

第五，以中拉论坛为平台，中拉整体合作稳步推进。中拉论坛建立一年多来，中拉领导人多次就加强论坛建设交换意见，引领中拉整体合作的发展。双方外交部积极发挥牵头作用，召开了中国—拉共体“四驾马车”外长对话会和双方国家协调员会议，就论坛有关合作加强对表。南美洲国家联盟、拉美太平洋联盟、南方共同市场、美洲开发银行、拉美开发银行、加勒比开发银行等拉美重要地区组织和多边金融机构也积极参与中拉整体合作。各领域分论坛活动有声有色地开展，2016年以来，第二届中拉基础设施合作论坛、第三届中拉青年政治家论坛、第十届中拉企业家高峰会、第三届中拉智库论坛和首届中拉地方政府合作论坛成功举办，推动了双方有关部门、机构和企业建立直接交流，促成了不少合作成果。中方对拉一揽子融资安排稳步落实。中拉双方均高度重视有关举措落实工作，中方及时公布了详尽的实施方案，明确了有关资金申请和使用原则，拉方积极提出项目申请，南美国家联盟也重点推介了数个地区互联互通项目。目前中方已累计批贷数十个项目，储备项目逾百个，覆盖拉美和加勒比地区20多个国家，涉及基础设施、能源资源、信息技术、产能合作、农业等广泛领域。人文交流活动丰富多彩。中拉论坛建立一年多来，中方已邀请拉方250余位政党领导人访华，通过奖学金资助拉方1776名学生来华深造，拉方2000多名官员和技术人员及100名在职硕士来华培训。“未来之桥”中拉青年领导人培训交流营、“中拉科技伙伴计划”和“中拉青年科学家交流计划”已顺利启动并正按计划落实。

二、新时刻面临新挑战

第一，中拉贸易的持续下降令人担忧。2016年，中拉贸易在2015年大幅下滑的情况下再次下降超过10%。一是受世界经济复苏乏力、国际市场需求不振、大宗商品价格持续走低以及地区经济结构性缺陷等影响和拖累，拉美国家普遍面临外需下降、内需不足的双重困境。地区国家经贸条件普遍恶化，进出口贸易持续萎缩。二是近年来拉美不少国家政局动荡，掌控经济的能力式微，汇率不稳，通胀压力增大，加之税法、劳工法和其他法律繁杂，社会治安条件每况愈下，使中国企业和商品在开拓拉美市场时举步维艰。三是中拉贸易的结构不尽合理。在中国对拉美的出口中，91%为各类技术制成品，而从拉美进口主要是能源资源和农牧业初级产品。在当前国际贸易不断萎缩、大宗商品价格大幅下跌以及中国经济进入新常态的情况下，双边贸易出现下降在所难免。四是拉美国家由于经济困难，贸易保护主义抬头，对中国商品采取反倾销措施，设置技术壁垒的情况增加，限制了中拉贸易的增长空间。这已成为中拉经贸合作进一步发展所面临的一大挑战。如果中拉贸易的下滑势头不能得到遏制，那么，中国提出在未来10年内中拉贸易达到5000亿美元的目标就难以实现。

第二，人文交流仍是中拉关系中的短板。虽然近年来中拉双方对人文交流在双边关系发展中的重要地位的认识不断加深并加大在这方面的投入，取得了不小的进展，但与双方经贸关系的跨越式发展仍不相适应。由于地理、历史、政治制度、文化传统、思维方式和语言等方面存在的巨大差异，双方的相互认知和互信尚显不足。中国企业和公众对拉美还缺乏比较精准的了解和认识，不少拉美民众对中国的认知还停留在某个遥远的历史阶段。虽然中国经济的成功以及中拉经贸关系的发展在一定程度上增加了拉美人对中国的好感，但是，拉美人对美国、日本等西方国家的好感率仍远超中国。在西方舆论占主导的影响下，拉美不少民众还对中拉合作存在误解和担忧。例如，视中国为发达国家，将中拉关系定位为“南北关系”；将地区存在和面临的诸多问题归咎于中国在该地区的经济参与，称昨天美国与拉美的关系就是明天中国与拉美的关系，“中国威胁论”“新殖民主义”等污蔑性词汇仍不时出现在拉美的某些媒体上。这些都对中拉关系的深入发展形成负面影响。另外，目前中国与拉美的人文交流活动主要由政府主导，而以市场为导向的文化产业合作水平仍很低，尚处于初始阶段。

三、新时刻需要新思路和新举措

展望未来，拉美政局仍将经历一段调整过渡期，经济的恢复和发展也尚需时日，但总体上仍处于其发展战略机遇期。中拉双方应将中国和拉美的两个发展战略机遇期有机地结合起来，延续和拓展中拉关系的发展战略机遇期。将发展需求的对接提升到发展战略的对接，将中拉利益共同体推向中拉命运共同体。为此，双方应做出以下方面的努力：

第一，继续加强高层互动和对中拉关系发展的顶层设计，发挥其政治引领作用。继续从战略高度和长远角度看待双方关系，支持彼此探索符合自身国情的发展道路，以中国政府新的对拉美和加勒比政策文件发表为契机，按照双方领导人达成的共识和一揽子中拉合作新架构，积极构建中拉关系“五位一体”新格局，推动中拉全面合作伙伴关系实现新的发展。

第二，在“1+3+6”中拉务实合作框架内，贯彻以贸易拉动新增长、以投资促进新发展、以金融合作提供新支撑、以产业对接催生新动力、以整体合作创造新机遇的方针，积极推进各领域务实合作提质升级。在贸易方面，中国对拉美大宗商品有着长期稳定的需求，拉美中高端农产品正日益受到中国消费者青睐，双方要继续以创新的思路开拓贸易新领域，优化贸易结构，提升贸易水平；在投资领域，双方应积极探索产能合作新模式，共建拉美物流、电力、信息三大通道，助力拉美国家打破基础设施瓶颈，促进多元化发展，提高自主发展能力；在金融合作方面，要继续发挥中拉之间各项多双边融资机制的作用，为各领域合作提供有力支撑，在能源资源、基础设施建设、农业、制造业、科技创新、信息技术领域深化产业对接与产能合作，促进双方经济增长、拓展新的发展机遇。

第三，以“中拉文化交流年”的成功举办为起点，继续深化人文交流合作。进一步加强政府、立法机构、政党和地方交往，深化文教、体育、新闻、旅游等领域交流合作，使双方人民在文化上彼此欣赏、心灵上相亲相近，夯实中拉关系长远发展民意基础。

第四，继续推进中拉论坛建设。论坛首届部长级会议举行一年多来，论坛各项合作稳步推进，实现良好开局。双方要继续加强对话协调，不断推进论坛的机制建设，办好各项分论坛活动，鼓励创建新平台，抓紧落实中方对拉美一揽子融资安排，为中拉务实合作提质升级和人文领域交流互鉴提供新的助力。

第九章

“一带一路”重在对接
反恐形势不容乐观

“一带一盟”对接：成果、挑战与前景

傅全章

【内容提要】“一带一盟”对接合作在不长时间里取得了丰硕成果：大型基础设施项目顺利推进，经贸与投资及能源合作形势喜人，高科技合作水平大大提升，产能合作项目的陆续实施展现美好发展前景。“一带一盟”对接合作也遇到国际形势复杂多变等诸多因素的挑战，但只要保持中俄关系高水平运行的战略定力，维护“一带一盟”对接的政治基础，广阔的合作前景可以期待。

【关键词】“一带一盟”　对接合作　成果累累　存在挑战　前景看好

【作者简介】中国国际问题研究基金会研究员，中国前驻塔吉克斯坦大使。

2015年5月8日，中俄两国元首在莫斯科签署了《中华人民共和国与俄罗斯联邦关于丝绸之路经济带建设与欧亚经济联盟建设对接合作的联合声明》。这是中国与“一带一路”沿线60多个国家签署的首个发展战略对接的声明，从而开辟了创新合作模式之先河。鉴于欧亚经济联盟主要成员国俄罗斯、哈萨克斯坦和白俄罗斯地处陆上丝绸之路节点，“一带一盟”对接具有无可替代的引领作用和举足轻重的示范效应。一年半来对接合作的成果表明，联合声明中倡导的互利共赢理念经受住了实践检验，互利合作助推欧亚区域经济一体化，它顺应全球化历史潮流，具有无限广阔的发展前景。

一、“一带一盟”对接一年多来取得超预期成果

2016年12月1日俄罗斯总统普京在一年一度的《国情咨文》中盛赞俄中是当今“国际秩序下国家间关系的典范”，称两国在各个领域的互利合作每年都增添新的大型项目，包括贸易与投资、能源和高科技领域。[①] 这是普京对“一带一盟”对接合作成果的最好总结。

（一）中俄大型合作项目首推基础设施建设

基础设施建设是习近平主席提出的“五通”中的重要一环。建立欧亚陆上大通道，带动沿线国家经济共同发展繁荣，形成利益共同体，这已成为中国与“一带一盟”相关国家的共识。2015年6月，即发布对接声明后一个月，中国中铁二院工程集团有限责任公司参与投标俄罗斯首条高铁的设计合同在圣彼得堡正式签署，成为中国高铁走出国门第一单，是落实“一带一盟”对接合作标志性基建项目。一年半来勘探设计已近尾声，

---

① 《普京纵论俄罗斯与多国的关系 赞俄中关系是典范》，http://www.jjmmw.com/news/detail/1212429/.

只等两国政府签署正式协议，2017年即可动工。根据规划，这条从莫斯科至喀山的高铁全长770公里，为未来莫斯科至北京全长7000公里干线的一部分，未来将更属于连接中国与欧洲、中东的“一带一路”陆上大通道的重要区段。

俄方还希望中俄联合发展北方海路以及滨海大道-1（哈尔滨—绥芬河—格罗杰科沃—东方港—亚太地区港）和滨海大道-2（珲春—克拉斯基诺—波斯耶特/扎鲁比诺—亚太地区）国际交通走廊。2016年11月李克强总理访问俄罗斯期间，两国跨政府委员会讨论了66个项目的投资，金额约1000亿美元，其中最大的数额将首先满足莫斯科至喀山高铁及滨海大道-1和滨海大道-2运输走廊等工程建设。

年终岁末，俄罗斯方面又传来喜讯：历经20多年的磋商，投资25亿元人民币的中俄首座跨黑龙江公路桥（黑河—布拉戈维申斯克）于2016年12月24日动工兴建，计划2019年10月竣工通车。这座长1283米的大桥建成后，将形成一条新的国际公路大通道，为“一带一盟”建设、中俄蒙经济走廊建设增添重要跨境基础设施。预计到2020年两岸间客货运输量将分别达到148万人次和309万吨，比目前分别增加2倍和10倍。[①]

（二）“一带一盟”对接带动中俄贸易投资与能源合作

一是传统经贸企稳向好。俄罗斯对华机电设备及特色优质农产品出口增加，连普京总统都对输华产品结构的优化多次表示满意。2016年前九个月双边贸易止跌回升，2016年可望超2015年突破700多亿美元。俄罗斯总理向中国总理表示，俄罗斯有信心到2020年将双边贸易额提升至2000亿美元。为加速

① ［俄罗斯］《观点报》网站，2016年12月24日。

物流、促进贸易增长，两国经贸部门已就货物过境及通关便利化举行过多次会商。

二是创新合作机制，拓宽投资领域。在保持现有政府间合作机制运行畅通的同时，中国商务部和俄罗斯经济发展部签署中小企业合作文件，首次在政府层面为中小企业搭建合作平台，推动中小企业交流对接。与此同时，两国批准成立俄罗斯远东地区和中国东北地区政府间合作委员会，以便实施两地共同开发项目。俄罗斯总理满意地指出，整个远东地区已签订合同投资额超过10000亿卢布，其中相当一部分来自中国投资者。俄罗斯媒体报道，据中国官方统计，中国累计对俄罗斯投资迄今已达330亿美元，中国已成为俄罗斯重要投资者。①

三是中俄能源合作之树根深叶茂。中国是俄罗斯原油重要出口市场，俄罗斯石油公司计划至2018年将对华石油出口量增至5000万吨，这将是2013年供应量的两倍多。尽管受国际油气价格大跌的影响，中俄天然气领域的合作有所放缓，但年输气量380亿立方米的东线管道仍将如期竣工，年供气300亿立方米的西线管道建设仍在商谈中。2016年11月两国总理定期会晤的联合公报强调，“两国均高度重视适时履行现有政府间关于推进和深化能源合作的义务，将继续落实能源领域双边合作协议”。6月23日普京在访华前夕接受新华社独家专访时高兴地说，中国正逐步强化在俄罗斯能源市场上的存在，中国是“亚马尔液化气”这一重大项目和俄罗斯化学控股公司之一西伯利亚—乌拉尔公司的股东。这充分反映了中俄能源合作达到前所未有的深度。

---

① [俄罗斯]《导报》网站，2016年8月18日。

（三）对接促进中俄高科技合作

中国和俄罗斯的高科技合作突出表现在航天领域和远程宽体客机的合作方面。改革开放以来，中国科技飞速发展，中俄科技合作形成强强联手。中国研制的微电子元器件是航天不可或缺的高科技产品，正好破解俄罗斯受西方制裁禁运之困。作为交换，俄罗斯对华提供迄今只售美国的先进火箭发动机。中方原拟与俄方互换技术，后改为互换产品并签署了知识产权保护协议。中俄还开展“北斗”和“格洛纳斯”卫星导航系统的接收模块和芯片组的合作生产，再加上对地观测、月球与深空探测等领域的大型合作项目的实施，将把两国航天科技合作提高到崭新水平。

中俄联合研制集高科技于一身的远程宽体客机计划2025年投产。客机模型于2016年11月在珠海航展上华丽亮相。双方已达成一致，客机座级为280座。俄方承担了研制大功率发动机等工艺最复杂部分，中国则承建机身主体，总装将在上海完成。项目总投资为150亿到200亿美元。[①]2016年7月4日俄罗斯《专家》周刊网站报道，10年后俄罗斯和中国将共同推出1000架远程宽体客机。11月两国总理会晤联合公报作了明确指示：“加强相关部门和企业间协调、及时有效落实两国关于联合实施远程宽体客机研制、生产、营销和售后服务项目合作的政府间协议。”

---

① 《俄媒：中俄2017年将成立开发轻型商用飞机科研中心》，http://news.163.com/16/1227/02/C98S5R9U00018AOQ_all.html.

（四）对接促进欧亚经济联盟倡导国哈萨克斯坦与中国的产能合作

哈萨克斯坦“光明之路”经济政策与中国的“丝绸之路经济带”倡议对接，纳扎尔巴耶夫总统视之为难得的机遇。哈萨克斯坦为转变过度依赖能源的单一经济结构，实现工业化和促进就业，摆脱当前经济困境，热烈欢迎中国向欧亚经济联盟成员国转移优质产能的计划。两年前，李克强总理访问哈萨克斯坦签署了数额达140亿美元的合作项目协议。2016年9月纳扎尔巴耶夫总统访华，双方又签署了总额200亿美元的51个合作项目。中国已成为哈萨克斯坦主要投资者。纳扎尔巴耶夫总统视察汽车组装厂亲历第一辆江淮汽车下线的动人场面时，赞赏两国协议取得的可喜进展，并表示对高质量落实所有已签项目协议充满信心。

此外，中国企业在乌兹别克斯坦承建的电站、在吉尔吉斯斯坦承建的炼油厂、在塔吉克斯坦承建的水泥厂等大型合作项目运作良好，中国和乌兹别克斯坦正在合建工业园区。尽管乌兹别克斯坦和塔吉克斯坦暂不是欧亚经济联盟成员，但它们均地处“丝绸之路经济带”节点，均为亚投行创始成员国，又均为上合组织成员，而上合组织正是推进“一带一盟”的重要平台。2016年11月3日，李克强总理在上合组织政府首脑理事会第15次会议上主旨演讲中说：“中方愿与各方共同努力，发挥互补优势，把产能合作打造成区域经贸合作的重要支柱，形成本地区经济发展的增长极，造福相关国家人民。”[①] 这预示着

① 《李克强在上合总理理事会第十五次会议上讲话（全文）》，http://news.ifeng.com/a/20161104/50203003_0.shtml.

中国与欧亚经济联盟及上合组织成员国规模化的产能合作还在后头。

二、对接合作可能遇到的挑战

（一）中俄美三角格局的新变数可能冲击“一带一盟”对接的政治基础

中国强势崛起，美国预感在亚洲乃至世界霸权地位受到“威胁”，“联俄制华”有可能成为新当选总统特朗普加强美国地位的选项。2016年2月3日，大三角关系的老玩家基辛格专程赴莫斯科与普京密谈，内容未披露。事后基辛格对外含糊其辞地说，美国和俄罗斯不应对抗、应对话，双方应尊重彼此核心价值观和核心利益，超越怨愤和分歧，以应对两国今后遇到的共同挑战。俄罗斯政治分析家的解读是，美国“要借助俄罗斯制衡中国”。10月25日，在有普京出席的瓦尔代国际辩论俱乐部年会上，美国芝加哥大学著名政治学教授米尔斯海默公开向普京表明心迹，称美国应该改变错误的对俄政策，应该联手俄罗斯、日本和印度共同对付中国，因为中国才是美国的“主要威胁”。这些都为未来美国总统的对中、对俄的新政策作了铺垫。

果不其然，特朗普就任前夕竟在台湾、南海和经贸等问题上不断敲打中国，直至挑战“一个中国”底线，闹得中美外交战频发。特别是特朗普任命主张“联俄制华”的退役中将迈克尔·弗林为国家安全顾问和以“亲俄”著称的普京老朋友埃克森美孚CEO雷克斯·蒂勒森为国务卿，令国际舆论哗然与不安。美国《外交政策》双月刊12月20日透露，特朗普团队只将中国而没有像往常那样将俄罗斯列入美国国家安全主要威胁名单当中。美国总统国家安全事务副助理本杰明·罗兹12月24日对此的解读是，中国比俄罗斯“对美国的安全威胁更大”。

而普京则一再敦促特朗普履行竞选时许下的改善对俄关系的诺言，并在新年前夕致信特朗普，盼两国建立“建设性关系”，一是“重建各领域的双边合作框架”，二是“把在国际领域的合作提高到新的水平”。这一切引起了中国舆论场上对美俄改善关系会否损害中国利益的担心。

（二）俄罗斯一些政治精英对“一带一盟”对接仍心存疑虑

普京2015年6月20日关于“一带一盟”对接给中俄两国和地区带来“巨大发展机遇”的讲话，并未消除一些政治精英对“丝绸之路经济带”建设可能“干扰”欧亚经济联盟进程的担忧。一位号称欧亚经济联盟设计师的人士称，“丝绸之路经济带”只是个“倡议”，“一带一盟”对接的“联合声明”也只是个“政治宣言”，成员国有权中止对接进程。还有人要把“一带一盟”对接作为推进欧亚经济联盟的工具，更有人建议先建成欧亚经济联盟再与中国搞“丝绸之路经济带”对接，等等。来自俄罗斯某些政治精英的这些不和谐声音，缘于俄方担心对接影响自己保持在欧亚经济联盟中的主导地位。莫斯科卡耐基中心“亚太地区的俄罗斯”项目主任亚历山大·加布耶夫说出了心里话，这就是俄罗斯经济上与中国相比“处于弱势”，中亚各国与中国对接“并未利用欧亚经济联盟作为与中国谈判的平台，而是单独与中国推行‘此时此地项目’”，于是加布耶夫失落地喊道

“俄罗斯的利益何在”。[1] 这说明，要纠正俄罗斯一些精英对“一带一盟”对接的误读还需做大量细致耐心的工作。

（三）俄罗斯高调推出的“大欧亚伙伴关系”构想被认为有架空“一带一盟”对接之嫌

2016年6月17日，普京在圣彼得堡国际经济论坛全体会议上发表讲话，认为建立“大欧亚伙伴关系”很有必要，提议参与者可包括欧亚经济联盟成员国以及中国、印度、巴基斯坦、伊朗等与俄罗斯关系密切的国家与组织。12月1日，普京在年度《国情咨文》中又表示，“希望能与欧盟就建立大欧亚伙伴关系进行对话”。俄罗斯媒体把东盟也纳入“大欧亚伙伴关系”。总之，摊子越铺越大。俄罗斯媒体称，“大欧亚伙伴关系”是回应美国主导的TPP和TTIP的“一着妙棋”，但这一说法很不靠谱，因为TPP已被美候任总统特朗普判了“死刑”等待执行，而TTIP也面临与TPP差不多的同样命运。俄罗斯的真实目的是瞄准欧亚经济一体化主导权。在“一带一盟”对接中，俄罗斯深感欧亚经济联盟的总体经济实力处于弱势地位，必须借助“大欧亚伙伴关系”引入印度、巴基斯坦和伊朗乃至东盟、欧盟来平衡中国日益增长的影响力。普京表示，“大欧亚伙伴关系”“可以从简化和统一行业合作、投资、卫生、海关、知识产权保护等领域的规范、标准入手”。[2] 可谁来制订“标准”？普京没像奥巴马那样说“只能由美国制订”，但起码得由俄罗斯主导制订。显然，俄罗斯是想要抢占大欧亚经济一体化高地。

---

① 《俄不应再将欧亚经济联盟成员视为“小伙伴”》，http://world.huanqiu.com/tsrus/2016-06/9081706.html.

② ［俄罗斯］《观点报》网站，2016年6月18日。

三、“一带一盟”对接发展前景

从2015年5月中俄两国元首发表“一带一盟”对接联合声明以来，中国及欧亚经济联盟成员国领导人每次会面言必谈对接合作，对已经取得的成果做了充分肯定，对未来诸多大中项目的落实充满信心，对进一步扩大合作和深挖潜力满含希望，良好的发展前景为各方所期待。

那么，出现的上述问题是否会影响对接合作呢？回答是，只要我们能保持中俄关系高水平运行的战略定力，就能消除“一带一盟”对接合作遇到的挑战。

（一）复杂多变的国际形势改变不了以中俄走近为特征的中俄美大三角关系格局

一是俄美关系难以突破结构性矛盾。特朗普的“美国优先”及发誓增加军费打造超级海军的计划，与奥巴马“要领导世界一百年”的霸权主义目标毫无二致。特朗普不会接受俄罗斯在乌克兰问题上继续保持强势的现实，不会容忍俄罗斯在叙利亚作为大赢家取代美国成为中东主导势力，会时刻警惕俄罗斯以独联体和欧亚经济联盟为平台重建“大俄罗斯帝国”的图谋，会继续强化北约在东欧和波罗的海围堵俄罗斯的军力部署。近日普京与特朗普相差几小时各自宣布大幅加强核力量的计划，双方“以核相逼”，使俄美博弈再增悬念。美军参谋长联席会议主席再次强调，“俄罗斯依然是美国最大威胁”。[1] 这就决定了俄美结构性矛盾不可调和，今后的新碰撞难以避免。特朗普未来对俄关系会有所调整，但以不损害美国国家利益诉求为宗旨。这表明俄美这样的超级大国关系转圜之难，也预示着美俄关系即使改善也不会好到哪儿去。

二是中美关系难以摆脱根本矛盾的困扰。最近特朗普不断挑战中国的核心利益向中国敲响了警钟，中国不会拿国家核心利益作交易换取两国关系的改善。这只能说，无论是俄美关系还是中美关系，改善的空间都是有限的。中俄走近并同受美国挤压的国际大格局不会变化。中俄关系既无意识形态干扰，也无结构性矛盾拖累，在“一带一盟”对接的推动下两国关系有着无限广阔的发展前景。中俄关系保持高水平发展成了两国十分珍视的正资产，这就不难理解普京答日本记者问时称中国“绝对是”俄罗斯主要伙伴的重要意义。普京在12月23日的年度大型记者会上更盛赞俄中关系“超越一般战略伙伴关系”，如此高度评价是他对俄中关系走近的全新定位。因此，俄罗斯某些精英呼应美国“联俄制华”的玩家损害中俄关系的企图难以得逞。

（二）“大欧亚伙伴关系”构想对“一带一盟”对接合作构不成干扰

“大欧亚伙伴关系”构想推出半年多来在俄罗斯内外均未引起什么反响，也未见有何后续行动。其所以雷声大雨点小，盖缘于俄罗斯并无实施这一宏大构想的政治经济实力。俄罗斯

---

① 《候任美军参联会主席：俄是最大威胁 加强对华合作》，http://www.chinanews.com/gj/2015/07-10/7395989.shtml.

政治上拢不起独联体甚至欧亚经济联盟成员，经济上无力充当“火车头”带领成员国共同发展繁荣，更缺乏起码资源主导推进大欧亚经济一体化。中俄两国总理在莫斯科第21次定期会晤联合公报中说，双方“积极评价两国学术机构就构建欧亚伙伴关系概念取得的研究成果”，“责成两国专家共同就此开展可行性研究”。这表明“大欧亚伙伴关系”构想只是个“概念”，还停留在学术研究层面上。

而包括“一带一盟”对接在内的“一带一路”建设已在陆海沿线全面铺开，“已经初步完成规划和布局，正在向落地生根、精耕细作、持久发展的阶段迈进”。① 截至目前，共有70多个国家和国际组织积极参与“一带一路”建设，中方制定出台了推动共建“一带一路”的愿景与行动文件，并同沿线30多个国家签署了共建“一带一路”合作协议，同20多个国家签署了产能合作协议，同17个国家共同建设了46个境外合作区，中国企业累计投资超过140亿美元。57个国家参与的亚投行开始运营，丝路基金、中国—欧亚经济合作基金等顺利组建。2015年，中国同“一带一路”参与国双边贸易额突破1万亿美元，中国企业对“一带一路”沿线49个国家的直接投资额近150亿美元，沿线国家对中国的投资超过82亿美元。② 上述“一带一路”取得的巨大进展就包含了“一带一盟”对接以来的丰硕成果。

尽管“大欧亚伙伴关系”与“一带一路”、“一带一盟”不

---

① 《习近平在乌兹别克斯坦最高会议立法院发表演讲》，http://politics.people.com.cn/n1/2016/0622/c1001-28470362.html.

② 《习近平在乌兹别克斯坦最高会议立法院的演讲（全文）》，http://news.xinhuanet.com/world/2016-06/23/c_1119094900.htm.

具有可比性，但中国仍持积极态度乐见其成，中国多个职能部门也就此议题与俄罗斯相关部门进行接触沟通。只要有利于促进全球化和推动欧亚经济一体化、有利于互利共赢的一切富有创意的设想和建议，都应兼收并蓄，以收互相补充、相得益彰之效。

（三）俄罗斯支持中巴经济走廊的最新行动把“一带一盟”对接推进到一个崭新阶段

2016年12月19日《印度时报》报道称，虽然俄罗斯官方上月否认有意加入中巴经济走廊，但巴基斯坦媒体近日引述俄罗斯驻巴基斯坦大使阿列克谢·杰多夫的话称，他不仅表达了对中巴经济走廊的“强力支持”，还称将讨论“把欧亚经济联盟与中巴经济走廊相连接”。俄罗斯最终不理会印度的不悦与反对，坚持参与中巴经济走廊建设，说明俄罗斯不仅要紧抓“一带一盟”对接所展示的陆上机遇，而且要抓住中巴经济走廊建设所展示的海上机遇，意味着未来俄罗斯的人员和货物可从本国腹地经中巴经济走廊抵达紧邻波斯湾面向印度洋的瓜达尔港，俄罗斯的商贸船只、甚至游弋在印度洋的军舰均可停靠这一优良的暖水港，这将给俄罗斯带来巨大政治经济利益。中国、巴基斯坦和俄罗斯三方共同开发这块宝地，将打造“一带一路”多边合作共赢的绝佳样板。

国际反恐的新特点与中国方案

吴正龙

【内容提要】过去15年，国际反恐力度日益加大，但是国际恐怖主义活动却愈演愈烈。其原因是美国借反恐之名行霸权之实；美国反恐执行双重标准；国际反恐合作缺失；滋生恐怖主义的土壤得不到彻底铲除。国际恐怖主义日益显现出全球化、本土化、个体化和网络化的新特点。应对国际反恐新挑战，中国提出标本兼治的中国方案。

【关键词】恐怖主义　新特点　国际反恐　中国方案

【作者简介】中国国际问题研究基金会高级研究员，中国前驻安提瓜和巴布达、圭亚那、克罗地亚大使。

2016年就要过去了，当世界盘点2016年国际大事时，人们不约而同地把目光聚焦在全球各地发生的形形色色暴恐事件之上。“9·11”恐袭事件对世界和平与稳定造成威胁，促使国际社会统一认识，坚定打击恐怖主义的决心。然而，15年过去了，世界恐怖主义非但没有减弱，反而愈演愈烈，成为全球的主要威胁。

一、国际恐怖主义的新特点

随着国际反恐斗争的深入，恐怖组织的袭击能力也在增强，并且发生了“基因变异”，出现了新的恐怖组织形态、新型暴恐分子、新的暴恐运作方式，恐怖主义呈现出新特点，国际反恐斗争进入新阶段，面临新挑战。

（一）全球化

过去15年间，恐怖主义大肆世界扩张，呈现全球化的趋势。恐怖主义从南亚和中东策源地扩散到非洲、美国、欧洲等地，恐怖活动目标从美国、南亚、中东国家扩大到非洲、欧洲、东南亚等地。

一是叙利亚、伊拉克等中东国家成为传播恐怖主义新据点。“伊斯兰国”（IS）等极端组织，利用萨达姆政权被推翻留下的权力真空以及巴沙尔政权疲于应对反对派武装力量的困境，在伊拉克和叙利亚迅速坐大，开国建政，抢夺虐杀，既从世界各地招募极端分子，为“IS”而战，又将训练有素的恐怖分子派遣到世界各地，开疆拓土，创建新的恐怖主义输出中心。

二是南亚恐怖势力强势复苏。阿富汗是伊斯兰“圣战”运动的策源地。以美国为首的西方国家在南亚反恐十几年，虽然击毙了“基地”组织头目本·拉登，但是当地的恐怖活动依旧猖獗，特别是在美国从阿富汗撤军背景下，地区恐怖活动呈现复苏的势头。塔利班武装不时主动出击，同政府军形成拉锯之势。面对日趋恶化的安全形势，美国被迫调整政策，2016年宣布减少计划中的撤军人数。在巴基斯坦，巴基斯坦塔利班（“巴塔”）不断在经济、政治腹地制造事端，发动骇人听闻的袭击。虽然巴基斯坦政府反恐取得较大成效，但“巴塔”近来掀起的报复性恐怖袭击浪潮一波又一波，震惊了国际社会。孟加拉、印度等国也发生不少恐怖袭击事件。

三是恐怖主义在非洲营造“不稳定之弧”。自西亚北非大动荡以来，尤其是利比亚冲突导致政治真空和武器走私失控后，盘踞在阿尔及利亚的“基地”组织“伊斯兰马格里布分支”与近年来崛起的索马里“青年党”、尼日利亚“博科圣地”等恐怖组织，利用利比亚战争、马里内乱等地区性危机，大肆进行恐怖活动，并在北非、东非和西非形成鼎足之势。从东非之角的索马里，经北非马格里布地区和撒哈拉沙漠南缘的萨赫勒地区，直至大西洋沿岸的尼日利亚，正在形成一条恐怖主义异常活跃的“不稳定之弧”。

四是中亚反恐形势日益严峻。中亚地区除了面临“乌兹别克斯坦伊斯兰运动”、“伊斯兰解放党”、“东突厥斯坦伊斯兰运动”和“哈里发战士”等传统本土恐怖势力的威胁，“IS”等国际恐怖组织也企图向中亚渗透，吸引具有极端主义思想的人员前往伊拉克和叙利亚参加“圣战”，中亚成为全球恐怖组织人员集散中心，反恐形势十分严峻。2016年8月，中国驻吉尔吉斯斯坦大使馆遭恐怖袭击，使馆三名人员受轻伤，馆舍受损。

五是东南亚恐怖活动死灰复燃。2016年年初，印尼首都雅加达发生多起爆炸事件，造成多人伤亡。“IS”发表声明，声称对恐怖袭击事件负责。自2015年泰国遭受恐怖袭击后，整个东南亚地区已经进入恐怖活动的阴云之中。印尼已经被恐怖组织开辟为新的战场，其周边国家如菲律宾、马来西亚等也进入了恐怖活动的高发期。

六是美国、法国、比利时、德国等西方国家已成为恐怖袭击的主要对象。相比过去，2016年在美国、法国、比利时等西方国家恐怖袭击频率明显增强。

“9·11”纪念日还未过去一周，美国全国却已被“恐怖袭击”的阴霾笼罩。9月17日，美国多地一天内发生三起袭击伤人事件，且都已被证实为恐袭。之前美国佛罗里达州奥兰多“脉搏”夜总会发生枪击事件。枪手在夜总会外与警察枪战，并劫持人质与警方对峙，交火导致了大规模伤亡，枪手自称“IS战士”。之后美国再次遭遇爆炸事件，新泽西火车站附近发生爆炸。

7月，法国南部海滨城市尼斯发生恐袭事件，80多名无辜群众死于一辆重型卡车的撞击和碾压之下。这是继2015年1月巴黎发生《查理周刊》编辑部遭恐袭和和11月巴黎北郊法兰西体育场和市中心巴塔克兰剧场同时发生的爆炸和枪击案之后，法国发生的第三起造成巨大伤亡的血腥恐怖案件。自2015年发生两起恐袭案件之后，法国政府采取了最高级别的警戒措施，全国处于紧急状态。

3月，布鲁塞尔机场和市中心地铁站发生连环爆炸，造成150多人伤亡，“IS”宣布对布鲁塞尔恐怖袭击负责。

（二）本土化

过去15年，本土的恐怖势力呈井喷式发展。所谓本土化，指施暴者系本国公民，而非外来者。这些人都是土生土长的本地公民，或者是来自伊斯兰国家的归化居住国的公民，或者是第二代、第三代穆斯林公民。

在美国，为支持反恐行动，美国政府采取了一系列措施：如国会通过《爱国者法案》；成立国土安全部；对陆海空口岸进行严格安检，包括机场的全身X光扫描；实施大规模监听计划；收集个人电讯资料；强化街头录像监控；等等。可以说，美国的“严防死守”有效地杜绝了“输入型恐怖”对美国本土的威胁，但是本土的恐怖活动却防不胜防，且近年来有增多之势。本土恐怖分子钻了美国枪支管控松懈的漏洞，模糊了极端主义、枪支犯罪、仇恨犯罪的界限，给美国反恐机制带来了新的挑战。从一定程度上来说，美国大选中的特朗普现象也是恐怖主义本土化结果的一种反映。

在欧洲，本土的恐怖组织或个人，利用申根地区人员自由流动之便，勾连聚合，跨国施暴，流窜作案。震惊世界的巴黎和布鲁塞尔恐怖袭击事件的施暴者大都是比利时国籍的布鲁塞尔人，布鲁塞尔俨然已成为培训、武装以及发动暴恐事件的大本营、欧洲心脏地带的反恐前线。

在西亚北非中亚等重灾区，产生了大量本土的恐怖组织。如叙利亚自2011年冲突爆发以来，出现了许多极端主义团伙，其中势力最大的是“支持阵线”（2016年更名为“征服阵线”），成为反对巴沙尔政权的中坚力量之一。又如索马里的“青年党”、尼日利亚的“博科圣地”、乌兹别克斯坦的“乌兹别克斯坦伊斯兰运动”等。在与“基地”组织和“IS”保持合作与竞争关系的同时，这些本土的恐怖组织立足本国，辐射周边，不断制造大规模的暴恐事件，对地区安全和稳定造成严重威胁。

（三）个体化

个体化也即“独狼式”恐怖主义。参与个体化恐怖袭击的人大多为西方国家的年轻穆斯林。他们对主流社会的不满和反叛，与伊斯兰教极端主义思想一拍即合。从伊斯兰教极端主义思想中，一些激进的年轻穆斯林获得了精神慰藉和归宿，走上了反西方的“圣战”不归路，也为“IS”招募暴恐分子提供了不竭的来源。而不少暴恐分子经过“IS”暴恐战争“洗礼”之后又重返母国，吸收更多的失意、堕落或犯有前科的年轻穆斯林加入恐怖主义行列。

个体化恐怖活动风险更大，因为他们通常不属于某一个受到监视的特定恐怖网络，与外界交往少，更难被探测发现，化整为零后甚至丝毫不会引人注意。个体化恐怖活动的欺骗性更大，随意性更高，隐蔽性更强。因此，危害性也更大。

“基地组织阿拉伯半岛分支”还曾专门制作、出版英文网络杂志，煽动西方极端和恐怖分子发动个体化恐怖袭击。这些因素在很大程度上助长了个体化恐怖主义的崛起。

（四）网络化

恐怖组织越来越多地通过网络传播极端和恐怖主义思想；培训实施恐怖活动的手段与方法；组织、策划和实施恐怖活动；利用电脑“黑客”闯入储存绝密信息的网址进行破坏活动。恐怖组织还利用网络，加强相互间的联系，形成更紧密、更分散和更隐蔽的网络架构。同时，恐怖分子抓住现代信息传播的快速性、广泛性、渗透性的特点，利用现代媒体，散布恐怖信息，制造恐怖氛围，进行恐吓和威胁。

二、恐怖主义愈演愈烈的根源

过去15年，国际反恐力度日益加大，投入了大量人力、物力和财力，付出了大量人员伤亡，但是国际恐怖主义活动不断加剧，究其原因主要有以下几方面。

（一）美国以“反恐”为名行霸权之实

美国假借“反恐”名义强推政权更迭，以牟取霸权私利，不仅使美国反恐失去道义制高点，更加剧中东乱局，为恐怖势力蔓延制造新的温床。

“9·11”事件后，在强大民意支持下，小布什政府确定了以军事手段反恐的策略，相继发动了阿富汗战争和伊拉克战争，赶走了支持“基地”组织的塔利班政权，推翻了后来证明与“基地”组织毫无关联的萨达姆政权。虽然美国削弱了“基地”组织，强化了美国在中东的霸权地位，但是换来的却是深陷阿富汗战争与伊拉克战争的泥潭而无法自拔的困境以及中东的乱局。

八年前，奥巴马借着厌战民意的东风，“以结束阿富汗战争、伊拉克战争为号召”，一路杀进白宫。奥巴马上台伊始便采取“战略收缩”政策，于2011年将美军完全撤出了伊拉克，并计划于2014年年底撤出驻阿富汗美军。奥巴马政府的如意算盘是以撤军来缓解国内政治与经济面临的困局，并将军事重点东移亚太，推行“亚太再平衡”战略，但事与愿违。阿富汗境内塔利班势力在美军撤出后大有卷土重来之势，迫使美国一次又一次推迟撤军时间以及削减计划中的撤军人数。阿富汗和伊拉克已成了恐怖极端势力的“孵化基地”。

为展示反恐决心，应对国内指责，奥巴马政府确定了以“代理人战争”为主的消灭“IS”策略：美军空袭削弱“IS”；支持伊拉克和库尔德等武装力量地面围剿“IS”；支持叙利亚温和反对派武装力量和库尔德等武装力量清除叙利亚境内“IS”；辅之以少量美军顾问负责对伊、叙两国亲美武装力量的培训和顾问工作，但是收效甚微。奥巴马政府的中东反恐战略是以最小的代价谋求取得最大的战略利益，以维护其在中东的霸权地位，其结果是引发区域更多的战乱，繁衍更多恐怖主义。

（二）美国在反恐问题上长期奉行双重标准

基于意识形态和国家利益等方面的考虑，美国反对的只是针对美国的恐怖主义，而对别国打击恐怖主义、维护正当权益的行为，美国不但不愿意给予支持，甚至还表示反对或阻挠。美国的双重标准充当了一些恐怖主义组织的保护伞，这也是恐怖主义得不到彻底清除的重要原因。

2015年年底，中国立法机构通过了《反恐怖主义法》，要求电信业务经营者、互联网服务提供者为公安机关、国家安全机关依法进行防范、调查恐怖活动提供技术接口和解密等技术支持和协助。该法案通过前曾遭到奥巴马总统及商界的批评，通过后又招致美国指责。其实，美国、英国、荷兰等国家的法律都对电信以及网络企业协助执行通信监控措施、就一些加密信息提供解密支持作了规定。同样一件事，美国可以做，而中国就不能做，这充分暴露了美国所推行的赤裸裸的双重标准和霸权主义。

同样，对2013年10月在北京天安门发生的汽车冲撞致人伤亡案，美国迄今仍拒绝称其为恐袭。与之形成鲜明对比的是，在犯罪性质上同天安门袭击案高度类似的波士顿马拉松爆炸案却迅速被美国定性为恐怖主义袭击。

美国反恐坚持双重标准，其反恐的正义性和恰当性必然受到了各方的质疑，美国如不摈弃双重反恐标准，不但自食恶果，而且有可能成为国际反恐斗争的“特洛伊木马”。

（三）反恐国际合作缺失削弱了打击恐怖主义力量

当前叙利亚正在进行的战争几乎是一场小型世界大战。在消灭共同敌人“IS”的名义之下，交战各方形成了两大对立集团。一方以美国为首，成员包括土耳其、沙特、卡塔尔，支持反对派武装力量，推翻巴沙尔政权。另一方由俄罗斯、伊朗和黎巴嫩真主党组成，打击恐怖组织，力保巴沙尔政权。土耳其在未遂政变后态度有所变化。

美方对恐怖组织“支持阵线”的态度暧昧，一直拒绝将其与“温和”反对派武装分隔开来，其用意正如普京总统所说，“他们（美国）想利用这些恐怖组织（‘支持阵线’）和激进分子的潜在战斗力，达到其政治目的，也即打击巴沙尔总统和他的政府”。[①] 作为美国集团的重要成员，土耳其以反对库尔德恐怖主义、维护国家安全为由，越界出兵打击叙利亚境内的库尔德武装力量，而该武装力量恰恰是美国打击“IS”的主要依靠对象，出现了“敌人的敌人还是敌人”的奇特现象。

近来，伊拉克宣布对盘踞在摩苏尔的“IS”发起总攻。美国媒体报道称，在收复摩苏尔战役打响之前，美国和沙特达成一项协议，双方商定为伊拉克境内的极端组织开辟一条“和平通道”，以便其撤离摩苏尔并转移至叙利亚的东部地区，与叙利亚政府武装和俄罗斯的反恐军事力量作战，夺取叙利亚东部的帕尔米拉和代尔祖尔。美国和沙特此举意在消减俄罗斯和叙利亚政府的反恐成果。

以上种种充分说明，对于打击“IS”以及其他恐怖组织，

---

① “Answers to questions from French journalists from TF1 TV channel”, http://en.kremlin.ru/events/president/news/53081.

由于受教派、族群和地缘政治等因素的影响，两大集团以及集团内部同床异梦，明争暗斗，互挖墙角，形不成合力，更谈不上密切合作，协同配合，这大大削弱了国际反恐力量。

（四）西方国家的穆斯林公民被边缘化

在西方国家，穆斯林公民游离于主流社会之外，身份认同的尴尬如影随行，一直纠结着他们，成为一道无法逾越的障碍，为恐怖主义泛滥提供了经济、社会和思想的土壤。

全球金融危机之后，发达国家经济情况不佳，首当其冲的受害者是穆斯林，其集中居住区域成为失业率最高的地方。尽管同为一国公民，但是二代、三代穆斯林处处感受到主流社会在教育、就业、职业升迁等方面的排斥和歧视。他们的肤色、种族以及服饰，决定了他们不可能像本国原居民一样享有同等待遇。穆斯林受教育程度远低于本土居民，受过高等教育的极少，多数拥有中学或中学以下学历；大多从事较为低端、艰苦、收入低微的行业，主要居住在贫民窟。正因为如此，不少二代、三代穆斯林对主流社会存在着强烈的反叛情绪。

一些激进的年轻穆斯林走上了反西方“圣战”的不归路，与伊斯兰教极端主义思想的传播是分不开的。他们从伊斯兰教极端主义思想中获得了心灵安慰和皈依，而不少暴恐分子经过“IS”暴恐战争“锤炼”之后又重返居住地，成为吸收更多激进的年轻穆斯林加入恐怖主义行列的先行者。

可见，恐怖主义本土化和个体化并不是偶然的。长期以来，美国和欧洲国家未能把外来穆斯林移民融入社会，对伊斯兰教极端主义思潮蔓延打击不力或采取放任自流政策，其结果是美国和欧洲成为本土化和个体化恐怖主义活动高发地区。

三、国际反恐的中国方案

当前，国际恐怖主义活动明显上升，对国际和平构成了现实威胁。恐怖主义的全球化，需要国际反恐的全球化应对。中国从构建和谐世界、打造人类命运共同体的高度出发，提出了标本兼治的反恐中国方案。

（一）打击恐怖主义需要充分发挥联合国及安理会的主导作用

一切行动应符合《联合国宪章》的宗旨和原则及其他公认的国际法准则。当前，国际反恐斗争之所以出现全球化趋势，其主要原因是美国和一些国家拉大旗作虎皮，以“反恐”为名，行或强推政权更迭、牟取霸权利益，或煽动教派和族群斗争之实。国际反恐应加强区域乃至全球范围内的通力合作，完善合作机制，建立国际反恐统一战线。

（二）摒弃反恐问题“双重标准”是国际反恐合作的前提

一些国家奉行反恐“双重标准”，是对恐怖主义的纵容，对国际反恐斗争起到破坏作用，导致恐怖主义不断坐大、扩散。中国坚决反对“双重标准”，主张对恐怖主义一视同仁，无论恐怖活动以何种方式出现在何时、何地、针对何人，都坚决予以打击。不解决“双重标准”问题，国际反恐合作就难以深入，也不会取得实质性成果。

（三）实现包容性发展是反恐治本之策

恐怖主义兴起并非缘于不同文明间存在的差异，而是世界经济发展失衡、南北贫富差距悬殊、全球治理包容性不足等因素所致。特别是长期处于贫穷和落后状态的社会边缘群体，容易成为恐怖分子招揽和利用的目标。当前，要消除本土化和个体化恐怖主义，必须实现包容性发展，既要发展经济，消除贫穷，又要解决包容性不足，让发展的成果惠及所有人，避免穷者越穷、富者越富的两极分化现象，从根本上铲除滋生恐怖主义的土壤。

（四）综合施策，标本兼治

反恐实践已反复证明，“以暴制暴”只会陷入越反越恐的恶性循环，而军事压力一旦放松，极端和恐怖主义势力又卷土重来，无法斩草除根。应对国际恐怖主义，要全方位运用政治、经济、军事、外交、文化、法律等手段，多管齐下，综合施策，而不是单纯依靠武力。中国综合施策、标本兼治应对国际恐怖主义的主张，为国际反恐提供了新思路。

（五）不断创新反恐观念和手段

针对恐怖主义的全球化、本土化、个体化、网络化的新特点，要求反恐也要与时俱进，不断创新打击恐怖主义的战略理念、反恐策略和武器装备；不断创新网络反恐和金融反恐举措；不断创新国际反恐合作模式，从而彻底阻隔恐怖分子流窜作案的途径，切断恐怖分子的资金链条，降低恐怖分子利用互联网和金融系统兴风作浪的风险，防止和打击恐怖主义利用新媒体策划恐怖活动。

恐怖主义已经成为全人类公敌，国际反恐将是世界各国面临的一项长期、复杂而艰巨的任务。中国作为负责任的大国，将忠实履行自己的国际责任和国际义务，积极与各国人民一道，为国际反恐斗争作出应有的贡献。

第十章

塑造南海构建和平能源治理大有可为

塑造南海及其周边的几点思考

王校轩

【内容提要】 经略南海是一个重大的战略问题，“塑造”应是经略南海的着力点和重要选择。所谓“塑造”，就是要把南海建成和平之海、和谐之海、强国之海。只要中方充分发挥政治、经济、文化以及军事等优势条件，坚持“积极合作、善用策略、综合控制、维护权益”基本指导方针，就可能使矛盾不激化、开发有合作、政见有共识、经济有共赢、军事不对抗。这必将有利于创建良好的南海周边环境，有利于中方实施“走出去”的既定战略，有利于中方在南海保持主动地位。

【关键词】 塑造　南海　合作　共赢

【作者简介】 中国国际问题研究基金会研究员，中国国际战略基金会特聘研究员，享受国务院政府特殊津贴。

南海是中国四大海域中最大的海域，无论是在地缘政治还是在经济发展等方面都具有极为重要的战略价值。可以说，南海关乎国家的崛起发展，关乎国家的安全和平。因此，如何经略南海就是一个重大的战略选择问题。根据长期中国开发利用南海的理论探索和基本实践，应把经略南海的着眼点放在“塑造”上，也就是把南海建成一个和平之海、和谐之海、强国之海。

一、塑造南海及其周边的主要动因

当今的南海可谓环境复杂，矛盾交错，热点频发，乱麻一团。不过，仔细梳理不难发现，南海僵局中存有诸多盘活因素，斗争中可以争取团结，分歧中可以找到利益共同点，局部动荡中保持着总体稳定。可以判断，南海安全存在风险，但风险并非不可化解。争取和保持南海方向大局稳定，无论对中国发展还是对亚太和平都是有利的。所以，选择塑造南海比高压控制可能更实际、更具可操作性，也更能展示中国之和平形象。具体地看，塑造南海具有重要的基础性因素：一是中国和南海周边有关国家互有需求。一方面，南海周边国家多且都是小国，与中国有着悠久的传统友好关系，无论是政治还是经济都对中国有相当的倚重，在地区和世界事务中需要中国相助；另一方面，中国的大国地位需要这些国家发挥向心作用，中国“走出去”也需要他们的合作，建设“海上丝绸之路”更需要他们的积极参与，这些都为中国塑造南海及周边提供了重要前提。二是南海问题需要放在一个历史跨度内寻求解决。中国与南海周边有关国家的矛盾和问题，有其复杂的历史原因，不能期望一朝一夕全部解决，应该有足够的耐心。而解决矛盾和问题最好的办法是磋商谈判，尤其应用文化、价值观的趋同性去融合，寻求最大利益共同点，求同存异，和而不同。这是塑造南海及周边的思想基础。三是中国与南海周边有关国家打仗的可能性较低。南海周边国家对中国虽有防范、戒备和警惕，但政治、经济不够发达，其军事能力也较一般，与中国打仗特别是打大仗的企图不强，虽然对中国有威胁，但程度较低，危机底线比较容易控制。这就增加了中国塑造南海及周边的可能性。

还值得关注的是，塑造南海有利于中国实施“走出去”战略。我们知道，在中国海上方向当面横亘着“两条岛链”，即所谓的第一岛链和第二岛链。所谓第一岛链指在中国海外围的海洋中彼此相距较近、数量较多并呈链锁状的岛群，北起日本列岛，经琉球群岛，过台湾岛、菲律宾群岛、巴拉望岛，南至加里曼丹等；第二岛链指在第一岛链外的海洋中呈弧形、链锁状排列的岛群，北起日本列岛，经小笠原诸岛、硫磺列岛、马里亚纳群岛、雅浦群岛、帕劳群岛至哈马黑拉岛等。“岛链”是第二次世界大战后美国首先提出来的，主要目的是利用西北太平洋海域中一些特殊岛群封锁苏联和中国等社会主义国家。岛链封锁是美国长期不变的战略，即使冷战结束也没有放弃封锁中国，相反，随着“亚太再平衡”战略的提出和推行，更加强化了对中国的岛链封锁，无论是空海一体战构想还是离岸控制理论，都充分表明了其封中国、遏制中国的战略野心。中国要走出去，必须跨越岛链封锁这个障碍，这也是我们经常所说的“突破岛链”问题。但在哪里突破？全面考察分析“两条岛链”周围环境，选择第一岛链南部（东盟）作为突破口更具有可行性。中国与东盟关系在波折中不断发展，有些矛盾解决得比较好，增强了东盟对中国的信任。所以，危机时中国最有可能选择从三巴海峡、巽他海峡、望加锡海峡以及马六甲海峡等走向大洋、走向世界。

二、塑造南海及其周边中国握有的优势条件

一般来说，塑造地区乃至世界环境是大国所为，这主要是基于大国的综合优势和重要影响力。对于南海周边国家，中国无疑占有大国主动优势地位：一是中国具有影响深刻而广泛的和平理念与实践。中华民族历来就是一个爱好和平的民族。从秦汉开始，中国形成了关注国内秩序而不偏重对外扩张的传统，大一统的思想根深蒂固。中国是一个农耕文明的国度，主要通过人和土地的结合创造财富，自给自足，难有产生对外扩张的原始动力。特别是中国文化与儒家思想息息相关，以德为本，重视道义，在维护国家安全上把防守作为首要，强调“义兵”、“义战”，卫国土、保和平、求统一、制侵凌。中国长期把海当成护城河，把海作为保卫陆地安全的天然屏障。新中国更加强调维护地区和世界和平，永远不称霸。这些理念和实践在周边地区以及世界产生广泛的影响。二是中国经济发展惠及周边国家。目前，中国已连续十年成为东盟的最大贸易伙伴，而东盟也已成为中国第三大贸易伙伴。中国提出建设21世纪“海上丝绸之路”倡议以来，正在扩大与东盟各国的合作，目前还正在打造中国—东盟自贸区升级版，推进公路、铁路、水运、航空、电信、能源以及金融等方面的合作。三是中国拥有较强的军事实力提供保障。当今世界，国家的依旧存在决定了战争不会退出历史舞台。无论在地区还是在世界，国家不能没有军事实力。这是战争的力量，也是消灭战争的力量。因此，塑造南海，中国占优势的军事力量无疑能够起到重要的支撑和保障作用。如果没有军事力量的支撑和保障，塑造南海将是虚

幻的。四是中国具有明显的地缘优势。南海是沟通太平洋与印度洋的咽喉地带，是世界海上交通的重要枢纽和海上航运最繁忙的海域之一，是美国、日本、俄罗斯等国的重要海上战略运输线。日本贸易量的75%、美国从东南亚的多种战略物资及从中东、东南亚运往西太平洋美军基地的石油大部分都经过南海海域。俄罗斯欧洲地区与太平洋沿岸地区经济和军事的海上联系，其主要航线也经过南海海域。由此可见，南海在亚太地缘格局中居于十分有利的地位。首先，塑造南海，有利于中国对南海周边地区发挥重要的影响力，建立有效的安全机制，促进南海周边地区的安全与稳定。其次，塑造南海，可大力改善海洋开发与利用的环境，进一步加强与亚太国家的经济关系、密切经济往来，共同开发利用海洋资源，建立区域化的经济体制，实现地区经济的快速发展，同时充分发挥南海海域的战略通道作用，可沟通与世界各大洋和地区的联系，参与经济全球化的发展进程。

三、塑造南海及其周边的主要标准

塑造南海及其周边应基本达到：一是矛盾不激化，并朝着和平解决的方向发展。在南海，中国与有关国家既有岛礁主权之争，也有权益主张上的分歧。而解决业已存在的矛盾和问题，谈判和磋商应是中国的首选措施，一时解决不了可以搁置、等待有利时机，最大限度地避免矛盾的激化。二是开发有合作，推进与周边国家务实性共同开发。目前南沙油气资源开发是越南、菲律宾、马来西亚等单方面进行，中国没有打一口井出一滴油。要改变这种现状，中国可先实施自主开发，同时积极主动倡议与周边国家开展合作，以互利共赢实质推进共同开发。三是政见有共识，对地区和世界事务的看法趋同性增强。由于中国与南海周边国家存在相近的文化形态，价值观具有趋同性，所以，中国应站在世界道义的制高点上，坚持平等与和平，积极保护周边国家的正当合法权益，不断增强周边国家对中国的信任，形成具有相当的政见共识。四是经济有共赢，“海上丝绸之路”等取得共同实惠。在现有基础上，进一步开展经济合作，尤其是通过海上丝绸之路建设，扩大地区市场，提升共同发展经济速度，促进东南亚各国改变经济不发达的状况，同时进一步增强中国的经济实力。五是军事不对抗，最大限度避免军事冲突。世界上没有不发展军事的国家，但发展军事而不搞军事对抗是一种很高的境界。中国与南海周边有关国家应保持良好的军事合作关系，为政治解决矛盾提供重要动力。一旦发生军事危机，能够有效化解危机，避免军事冲突甚至战争。

四、塑造南海及其周边应坚持的指导方针

综合南海形势的分析判断，应考虑确立“积极合作、善用策略、综合控制、维护权益”基本指导方针。

积极合作。以大国的气魄和风范，通过广泛的合作，增进战略互信，维护共同利益，开展战略预置，提升战略影响力，为国家发展创造有利的海上安全环境。一是坚持重点经略周边。对与中国存在海洋争端的国家以双边谈判展示诚意，以经济和非传统安全领域合作形成利益捆绑，主动预防危机，构筑和平稳固的周边战略环境。二是强化双边合作基础。依托传

统友好国家，把双边合作做深、做实，形成“铁杆”朋友；主动拓展多边合作，扩大发言权，筹划建立多边海上安全合作机制，争取中国在南海海洋事务上的主导权，推动建立公平合理的南海秩序；三是积极开展“全域合作”。协调推进传统安全与非传统安全领域合作，扩大海上安全合作的范围，逐步形成有重点、多层次、全方位的南海安全合作体系。

善用策略。坚决贯彻党中央战略决策和部署，从世界和地区格局视野出发，以全局性战略带动政治、外交、经济手段的运用，引导南海形势发展，稳定南海大局，维护我战略机遇期。一是有区别地对待声索国。南海各声索国与中方虽有矛盾，但并非铁板一块。有的国家比较张扬，有的则比较收敛。中方应坚定地实施摁住张扬的国家，同时，争取收敛的国家。二是争取东盟多数国家。东盟成员国多数与中方关系密切，并不愿被南海问题绑架。中方应积极做好相关工作。三是全力阻止域外势力介入。

综合控制。要有大棋局、大战略、大政策。一是在政治外交上，应充分发挥中国作为地区大国和联合国安理会常任理事国的优势，纵横捭阖地开展外交，赢得发言权、发挥影响力。二是在经济上，应加快南海以及海洋资源开发和海洋经济发展，推进南海以及海洋事业的繁荣与发展。三是在军事上，应用好用足海上军事力量，努力塑造环境，保持适度压力，与海上执法力量相互支撑、有效配合。

维护权益。就是坚定地、持续地发展海上安全实力，坚决维护中方主权和海洋权益。应着重统筹加强海上军事实力、海上执法实力以及海洋运输、海洋生产开发、海洋科技、造船与修船、港口吞吐等实力的建设。一是坚持建设一支强大的人民海军。这支海军应真正与中国的国家地位相称，具备强大的近海综合作战能力、远海机动作战能力、海基核威慑能力和两栖作战能力，把建设强大海军作为国家由大而强的重要标志和国家实现复兴的重要象征。二是深化执法力量整合。前一个时期的改革表明，把海监、渔政、海事、海警、海关缉私警等海上执法力量整合起来，有利于海洋执法维护权益。在此基础上，应深化改革，进一步优化调整，理顺内外关系，逐步建成世界一流的执法力量。三是构建海上战略支援体系。建设包括商船、人才、信息在内的国家支援力量，形成坚实、快速、高效的海上战略支援能力。

最后需要强调的是，美国也是中国塑造南海必须认真对待的因素。我坚决反对美国的无端干预，必须采取措施有效应对。在南海，只要周边国家与我们在一艘风雨同舟的航船上，美国就将缺失干预的根本性借口，菲律宾政策的转变就是一个证明。所以，塑造南海，我们的重点应该放在发展与周边关系上，域内才是关键的关键。

后南海仲裁案时代的南海局势走向及影响

许利平　刘　畅

【内容提要】南海仲裁案结果公布后，中国有力回击，南海局势保持稳定。11月以来，美、日、澳再次示强，东盟国家则普遍较为克制。今后南海局势将回归到大国间政治军事斗争的常态，大国间将在低烈度对抗和低水平合作之间摇摆，误测误判成为未来南海局势的最大风险之一。各方应遵守《南海各方行为宣言》，尽快洽签《南海各方行为准则》，落实有关早期收获成果，以期更有效地管控南海局势。

【关键词】南海　南海仲裁案　低烈度对抗　低水平合作《南海各方行为宣言》《南海各方行为准则》　中美关系

【作者简介】许利平：中国社会科学院亚太与全球战略研究院研究员。刘畅：中国国际问题研究院亚太研究所研究实习员，中国社会科学院研究生院亚太研究系博士研究生。

南海仲裁案是南海问题发展的重要拐点。由菲律宾阿基诺三世政府单方面提起的南海仲裁案，罔顾国际司法公平正义，破坏争端解决共识。中方倡导的谈判解决方式仍是国际社会的主流意见。在此趋势下，中国与东盟大部分国家关系并未出现重大波动，南海各声索国维护南海和平稳定的意愿不降反升。反观美、日、澳等域外国家，仍坚持政治威吓与武力威慑并举的强硬路线，酝酿制造新事端，挑动南海局势“再敏感化”。

未来，大国直接对抗将成为南海问题的主要矛盾，政治军事斗争将取代法律斗争成为主要矛盾的表现形式，大国政治中相互猜忌、难以形成互信的因素上升，将使南海局势的复杂性和危险性剧增，误判误测的危害性趋于显著。南海有关直接当事方应共同努力妥善处理好南海问题各类矛盾，提高管控局势的能力。

一、各方在南海仲裁案后的走向

2016年7月12日仲裁结果公布后，在中方积极工作的基础上，南海仲裁案的负面影响并未发酵，东盟国家都不同程度地表示了维护南海和平稳定的愿望，中国东盟关系发展未受重大冲击。2016年11月以来，美、日、澳等域外国家重启“攻势”，政治威吓与武力威慑并举，为其下一步强硬动作预作铺垫。

（一）中国

中国对南海仲裁案始终以“不接受、不承认、不参与、不执行”为基本方针，以庭外斗争为斗争方式。临时仲裁庭公布仲裁结果前，中国就已经开始多方面地反击南海仲裁案。仲裁结果公布后，中国的反击力度逐步加强。

首先是就仲裁结果本身进行积极回击。7月12日，中国连续发表两个声明，重申了中方立场。7月13日，中国发布了《中国坚持通过谈判解决中与菲律宾在南海的有关争议》白皮书。在白皮书发布会上，外交部副部长刘振民称，中国将依据受威胁的程度，保留在南海划设防空识别区的权力。中国集中调动外交资源，积极开展“朋友圈”外交，截至2016年7月11日，有70多个国家明确表态支持中国南海问题立场。截至12日，有90多个国家的230个政党和政治组织公开支持中国南海问题立场。仲裁结果本身的谬误，尤其是临时仲裁庭以“法官造法”的方式处理岛礁地位问题受到广泛的质疑和批评。

其次是积极发展与南海直接当事国的关系。菲律宾政府换届后，新总统杜特尔特对华示好，中方积极回应。10月20日，杜特尔特访问中国，双方同意把握好中国—东盟关系发展大方向，推动双方合作不断向前发展。中菲双方签订了160亿美元经贸合作协议。10月31日，马来西亚总理纳吉布访华。9—10月，越南总理阮春福、越共中央书记处常务书记丁世兄先后访华，多次表示珍视中越友谊，欢迎中国企业来越南投资。11月，全国人大常委会委员长张德江访问越南。

最后是中国的南海主张在东盟层面上获得理解。在仲裁案结束后不久召开的第49届东盟外长会议上，外交部长王毅与参会多国外长密集会晤，继续大力倡导“双轨思路”谈判解决南海问题。外长会议主席声明中，没有提及南海仲裁案。在中国—东盟外长会议（“10+1”会议）上，各方发表了《关于全面有效落实〈南海各方行为宣言〉的联合声明》，重申了解决南海问题的工作方针和方向。

总的来看，中方在仲裁结果甫一公布就启动了反击措施，态度坚决，在多边场合开展了卓有成效的工作，使得中方立场渐趋上风，随后菲律宾、马来西亚和越南的国家领导人纷纷访华，与中国达成了维护南海和平稳定的共识，标志着南海仲裁案的负面影响已得到有效管控。

（二）美国

在南海仲裁案审理期间，美国就以实施“航行自由行动”、公布否定“九段线”的文件[①]、诱导台湾当局松动立场[②]、对菲律宾开展海洋安全援助[③]等方式积极介入南海仲裁案。“航行自由行动”更是在关键时间节点上直接配合南海仲裁案的审理进度，美国企图以此对中国进一步开展战略压迫。

仲裁结果公布当日，美国国务院随即发表媒体声明称，仲裁裁决对于实现南海问题的和平解决具有重要意义。要求中国和菲律宾履行公约所规定的义务。[④]但美方显然低估了中方反击的力度和决心。在南海仲裁案收场后不久召开的第49届东盟外长会议上，美方立场出现松动。据王毅外长透露，他在与克里国务卿会谈时，克里表示，“美国对菲律宾单方面提出的仲裁案的内容不持立场，明确支持菲律宾跟中国恢复对话，通过

---

① Office of Ocean and Polar Affairs, Bureau of Oceans and International Environmental and Scientific Affairs, U.S. Department of State, “Limits in the Seas No. 143—China: Maritime Claims inthe South China Sea”, December 5, 2014, http://www.state.gov/documents/organization/234936.pdf.

② Lynn Kuok, “Tides of change: Taiwan's evolving position in the South China Sea”, May 7, 2015, https://www.brookings.edu/research/tides-of-change-taiwans-evolving-position-in-the-south-china-sea/.

③ Conor Cronin, “The Overlooked Gap in the Southeast Asia Maritime Security Initiative”, *CSIS Southeast Asia from Scott Circle*, 12(9), 2016.

④ John Kirby, “Decision in the Philippines-China Arbitration”, http://www.state.gov/r/pa/prs/ps/2016/07/259587.htm.

双边对话协商来解决目前存在的问题。”① 此后几个月的时间里，南海仲裁案未再成为中美关系的重大矛盾。

客观理性地看，美方立场暂时松动的主要原因有五点。第一，中方反击力度前所未有，美国在南海仲裁案上与中国“撞球式”对抗已无收益；第二，在多边场合如一味在南海仲裁案上大做文章，会扰乱既定议程，失区域各国人心；第三，南海仲裁案利用价值已尽，美国以南海仲裁案介入亚洲海洋安全问题的目的已经达成，进一步加深对华战略压迫需寻找其他议题；第四，菲律宾、马来西亚、越南等地区重要盟友或伙伴对华改善关系，继续申述南海仲裁案已失去战略依托；第五，美国转入大选季，国内问题暂时取代国际事务成为美国关注的焦点。

但是，美国并未放弃在南海问题上继续开展对华战略压迫的企图。特朗普当选后，对华转趋强硬姿态，在台湾问题上挑动“一个中国”原则底线，在经贸问题上攻击中国是“汇率操纵国”，在南海问题上也开始示强。12月4日，特朗普在推特发文称：“（中国）在南海中部修建大规模军事设施——如果问我们这样到底可不可以？我认为不可以！”

受此鼓舞，美国国内强硬派人士接连在南海问题上对华发难。12月14日，美军太平洋总部司令哈里·哈里斯在澳大利亚出席罗伊研究所举办的活动上声称，“如果中国继续在南海采取破坏地区稳定的行动，美方已做好准备在南海对抗中国。”美国智库战略与国际问题研究中心（CSIS）也配合发声，11月30日，该中心高级研究员葛来仪团队撰写的报告鼓吹美国海军应该继续开展“航行自由行动”（FONOP），不断挑战中国“过

---

① 《克里：美国对菲律宾单方面提出的仲裁案的内容不持立场》，http://world.huanqiu.com/exclusive/2016-07/9225438.html.

度”的海洋主张，建议特朗普除了在南沙对美济礁开展行动外，也应考虑在西沙采取更有力的行动。[①] 附属于CSIS的亚洲海洋透明度倡议（AMTI）则在12月中旬发表报告和卫星图片指责中国在岛礁建设中进行军事化措施，引起了有关国家的误解。

与普遍期望相反，竞选季过后，美政军学三界对于南海问题的关注不降反升，继续利用南海问题加剧地区紧张态势，对华实施战略压迫的愿望更为急切。

（三）日本和澳大亚

作为美国在亚太地区的重要盟友，日本和澳大利亚以南海问题战略压迫中国的心态比美国更为昭彰。南海仲裁案结果公布后，两国在追随美国立场之余，加深介入南海问题，企图借南海仲裁案制造局势混乱。

日本妄图在与东盟首脑会议主席声明中加入有关南海仲裁案的内容，为了使2016年东盟主席国老挝支持日方立场，日本多次主动提出向老挝援助，引诱其放弃既有立场。但因东盟各国均表反对，企图未能得逞，日方深感失望。[②]

经此挫折，日本转向军事压迫。9月，防卫大臣稻田朋美在访美期间出席CSIS活动时公开表示，“日本将积极介入更多的南海事务，包含会与美国海军进行联合巡逻、与区域国家的海军举行双边及多边军事演习，并对一些国家提供协助、加强能力建设。”12月，日本与印尼举办“日本—印尼海洋论坛”，

---

① Bonnie S. Glaser, Zack Cooper, Peter Dutton, “Mischief Reef: President Trump’s First FONOP?”, https://www.csis.org/analysis/mischief-reef-president-trumps-first-fonop.

② 《日本与东盟首脑会议主席声明未提南海仲裁结果》，http://china.kyodonews.jp/news/2016/09/127433.html.

其中大部分议题都贯彻了稻田朋美谈话中的后两点。

澳大利亚对南海问题也一直保持着强硬姿态。11月1日，澳大利亚外交部长毕晓普发表谈话说，澳大利亚正在考虑和印尼共同在南海进行联合海军巡逻，同时也加强了和日本的海军合作。

可以说，美、日、澳三方在对华战略压迫这一点上具有中长期的共同利益，南海问题是三方均认可的对华战略压迫的重要抓手之一，南海问题将逐渐演变为中国和以美国为首的美、日、澳联合阵线的博弈。

（四）东盟

东盟大部分国家在仲裁案结果公布后，反应普遍较为克制，仅有越南和菲律宾对仲裁结果表示“欢迎”。越南外交部发言人在终裁结果公布后不久就发表谈话，称“越南对国际仲裁法庭做出最终判决表示欢迎。越南将就裁决的内容发表声明”，但越方此后没有继续就仲裁结果发表声明。菲方虽称“菲律宾尊重这个里程碑式的裁决”，但后续也没有发表任何公开声明。这显示两国在南海仲裁案问题上已转趋理性。南海仲裁案在中短期时间内不会成为双边关系的阻碍因素。

东盟其他国家的表态较为克制。马来西亚对南海仲裁案采取“冷处理”的态度，表态较为中立。南海另一声索国文莱则一直保持沉默。印尼在仲裁结果公布后，仅以外交部长向媒体发表四点谈话的形式，对外表达了印尼政府对南海仲裁案的立场，态度较为平缓，没有脱离印尼一贯的南海政策。此前，印尼内部以卢胡特、苏西为代表的强硬派借纳土纳问题炒作南海仲裁案，导致中国和印尼关系一度趋于紧张。仲裁结果公布前，佐科总统对内要求统一口径，以外交部长表态为唯一政府立场，有效引导了印尼国内舆论。泰国、老挝、缅甸等国的表态没有超出东盟以往的立场，较为克制。

新加坡对南海仲裁案的表态总体较为理性。但此后媒体上关于新加坡在第77届不结盟运动大会上提交涉及南海问题议案一事的辩论，令新加坡在南海问题上是否仍然坚持中立立场受到一些质疑。

总体而言，东盟国家对南海仲裁案反应在中国的积极引导和整体亚太格局深度调整的背景下，理性克制的意见占据着绝对主流。东盟国家求稳求利的心态仍将继续主导其今后在南海的政策和行为。

二、南海仲裁案后南海局势的特点

南海仲裁案后，南海局势“回归常态”，主要呈现以下三个特点。

第一，政治军事斗争重新成为主要斗争形式。南海仲裁案开场后，南海问题的主要斗争形式出现了变化，即南海各方逐渐以南海仲裁案为中心展开工作，政治军事斗争围绕着国际司法斗争展开。

当前，南海仲裁案的负面影响已渐趋消退，法律斗争暂告一个段落，南海局势将重新回到以政治军事斗争为主的状态。在这一阶段，围绕法律问题、历史问题和经济问题的斗争将再次从属于政治军事斗争。

第二，大国之间的矛盾成为南海局势的主要矛盾。虽然此前美国、日本和澳大利亚以南海问题为抓手对华施行战略压迫，介入亚洲海洋问题，形成大国之间的矛盾。但南海声索国与中国之间、南海声索国之间甚至是中国与东盟之间的关系都受到南海问题的挑战，尤其是南海仲裁案期间这些关系中合作的一面曾让位于斗争的一面，一度其尖锐程度不逊色于大国之间的矛盾。但随着中国对南海仲裁案的有效管控，与东盟国家特别是南海声索国积极发展关系，今后一段时间，这类矛盾将降为次要矛盾，大国间矛盾会升为主要矛盾。

南海甚至有成为塑造新时期大国格局前哨的可能性。围绕南海问题，中国和美日澳之间合作与冲突、制衡与反制衡的关系将趋于紧张。尤其是特朗普当选后，美国内对华强硬派抬头，积极鼓吹压迫中国，拓展美国在亚太地区全方位影响力的声音得到响应。相对于台湾问题和中美经贸问题，南海问题具有更强的国际性和“公共产品属性”，可以将中美双边关系与地区问题紧密捆绑，在亚太地区制造更为混乱的局面。因此，南海问题会成为美国强硬派“偏爱”的议题，也会是他们对华实施战略压迫的优先方向。

第三，今后误测误判成为南海问题的主要风险。随着大国政治军事矛盾在南海问题上占据主要位置，各国对局势的判断和把握程度成为决定今后南海形势走向的关键因素。如在某些问题上出现了误测误判，则会给南海问题带来重大风险。

首先，临时仲裁庭几乎全部支持了菲律宾的诉求，虽然菲律宾声称为了维持对中国的关系不愿再提及南海仲裁案，但仲裁结果毕竟对中国不利，菲律宾等国利用南海仲裁案支持本方主张的可能性仍然存在。一旦有关国家误判局势，重拾投机心态，将南海仲裁案的结果列为谈判协商的前置条件或者共识基础，那么无疑会触发中国的一系列反制措施，造成局势趋于紧张。

其次，从客观效果观察，南海仲裁案为有关各方创造了政策调整空歇期，各方将利用这段时间重新评估态势。考虑到南海仲裁案对中国的冲击远比想象中的小，为了延续对华战略压迫的走势，美、日、澳等国或产生小集团迷思（Group Think），更倾向于接受能够体现所谓中国在南海趋强的信息，相互暗示，产生脱离事实的判断。

最后，特朗普的外交政策极不成熟，缺乏和现有美国外交政策的平滑衔接。东盟国家忧虑特朗普会“抛弃”东南亚。日本、澳大利亚等美国盟友对于特朗普的同盟政策具体内容和行动方案仍在谨慎观察。2017年年初特朗普上台后，各方将开始新一轮的互动和试探。如果特朗普“推特外交”的外交工作作风难以改变，那么它所带来的信息扭曲和不确定性增强的问题将会导致南海问题的误判误测增多，加大地区安全风险。

三、未来南海局势发展方向猜测

基于上述分析，未来南海局势的发展方向可能会在中国与美日澳之间低烈度对抗和低水平合作之间摇摆。

中国和美国在南海出现高烈度对抗甚至是大规模武装冲突的可能性仍然很低，双方围绕南海问题发动战争的意愿较小。例如，2016年12月20日，中国和美国在南海海域顺利完成无人潜航器移交，证明短期内中美之间无意对常规性摩擦进行放大，更不会上升到冲突的层次。但这件事情反过来也说明，中美之间仍会保持低烈度对抗。

这种低烈度对抗的核心是中国和美国作为两个处于不同发展阶段的国家对于海洋权益和《联合国海洋法公约》（UNCLOS）的认知分歧，更本质的则是两国对于维护自身利益和全球利益的矛盾。从宏观上来讲，这种对抗从属于中美总矛盾，是中美总矛盾在区域和海洋问题上的一个方面，其发展态势也受制于中美总矛盾的发展态势。

同理可知，中国和美国也不会形成高水平合作。两国间不具备高水平合作所需的较高的高层次政治互信。但双方仍然可以基于较高的低层次政治互信维持低水平合作。例如，2014年年底中美双方签署了《中美关于海空相遇安全行为准则谅解备忘录》。[①]2015年2月1日至6日，中国海军首次大规模派出一线指挥员赴美国海军交流，代表团中方成员称“美方对此访的确非常看重”。[②]这些情况表明，双方愿意为避免冲突增强互信，甚至愿意就海上底线问题建章立制，相互约束对方行为。

低烈度对抗和低水平合作作为矛盾的两个方面也会相互作用。在对抗面上升时，中美之间累加式的斗争方式会使南海的紧张程度呈螺旋形上升。但同时双方的合作面也会发挥作用，在“一报还一报”的策略假定下，双方的低烈度对抗会在重复博弈中得到纾解。在合作面上升时，中美之间低层次的互信，只是战术层次的改进，并不直接针对南海整体格局，更不会针对国际战略格局，脆弱性明显。任何一方面从合作中逃逸的成本极低，极易重新引致对抗。

今后南海问题有较大概率维持在低烈度对抗和低水平合作之间。据此可知南海局势仍基本可控。但如出现误测误判或特朗普延续其超常规外交作风，那么局势则会呈现不稳定的态势。

---

① 《中美关于海空相遇安全行为准则谅解备忘录》，http://www.mod.gov.cn/affair/2014-12/06/content_4555927.htm。

② 《中美海军探讨意外相遇：美舰长喜欢制造小麻烦》，http://www.chinanews.com/mil/2015/04-14/7205795.shtml。

四、有效管控南海局势的可能途径

管控南海局势，维护南海的和平与稳定是当前绝大多数南海直接当事国的共同愿望，也是南海合作的基础和前提。为了在新形势下推动建立稳定可控的南海秩序，各方应共同努力，就下列问题积极行动，早日达成共识。

（一）巩固“DOC”成果、加快签署“COC”

签署于2002年《南海各方行为宣言》（DOC）是南海各国管控南海格局，推动南海局势有序发展的宝贵尝试。然而令人遗憾的是，越南、菲律宾等南海声索国在实践中没有尊重并遵守《南海各方行为宣言》。如《南海各方行为宣言》第四条明确规定，“由直接有关的主权国家通过友好磋商和谈判……解决它们的领土和管辖权争议”。而菲律宾单方面提起南海仲裁案以及在南海仲裁案中提出的绝大多数诉求就明显违背了这一条。又如《南海各方行为宣言》第五条规定，“各方承诺保持自我克制，不采取使争议复杂化、扩大化和影响和平与稳定的行动”，但2010年至今越南和菲律宾不断进行岛礁建设，颁布诸多优惠政策吸引移民，甚至在岛礁上建立佛寺、医院等各类基础设施，致使《南海各方行为宣言》的效力大打折扣。

从猎鹿博弈的角度来看，本来，南海有关国家在《南海各方行为宣言》上明确约定维护南海的现状和稳定（共同猎鹿），但是以越南和菲律宾等国却在单纯自利的基础加大力度进行岛礁建设和移民（独自猎兔），得兔失鹿，因小失大，各方只好选择获利最小的纳什均衡。[①]

今后，为南海局势的和平与稳定着想，各方应回归到《南海各方行为宣言》的本初意图上，避免使局势失控。7月25日，中国与东盟国家外交部长签署的《关于全面有效落实〈南海各方行为宣言〉的联合声明》实质上是对《南海各方行为宣言》的再保证和再宣誓。希望有关国家以此为起点，按照《南海各方行为宣言》第八条的精神切实履行和落实好《南海各方行为宣言》。

同时，按照《南海各方行为宣言》的规定，有关各方还应在协商一致的基础上朝着《南海各方行为准则》（COC）的最终目标而努力。早在2014年10月，各方就对《南海各方行为准则》早期收获内容初步达成一致，包括设立中国—东盟国家技术部门之间的“海上联合搜救热线平台”，中国与东盟国家外交部之间的“应对海上紧急事态高官热线”，举行中国—东盟国家海上联合搜救沙盘推演，推广卫星系统在南海导航和搜救中的应用等。[②] 但据2016年6月中国与东盟十国外长玉溪会议上透露的消息，“海上联合搜救热线平台”连建设的指导方针都还没有。

为此，有关各方应以落实《南海各方行为准则》早期收获内容为切入点，展现诚意和维护南海和平稳定的意愿，早日完成《南海各方行为准则》的谈判。

---

① ［美］布赖恩·斯科姆斯：《猎鹿与社会结构的进化》，薛峰译，上海人民出版社，2011年。

② 徐方清：《距离“南海行为准则”有多远？》，http://www.chinanews.com/gn/2014/12-02/6837544.shtml.

（二）推动海上执法的相互沟通

各国在南海执法管辖区的相互重叠，导致近年来各国在“九段线”内公务船只执法纠纷呈上升态势。究其原因，是各国海洋执法力量尚在初创整合阶段，内部问题还没有理顺，对于执法中应该注意的问题缺乏明确共识，公务船只的海上国际合作更处于初级阶段。

这种情况在客观上增加了有关各方在海上对抗甚至是海上冲突的风险。同时，渔民在海上的人道主义待遇也无法保障。已有多国在海上渔业执法中采取了较为粗暴和不符合国际惯例的方式。因此，不论是从南海局势稳定还是从维护人民福祉的角度考虑，加强海上执法的相互沟通都具有较强的紧迫性。

同时，加强海上合作执法还可以成为加强落实DOC的具体步骤之一，也是各方之间增进政治互信的重要途径。各方应对这一层的意思有更为宏观的认识。

有关各方应在《南海各方行为宣言》的框架下，高度重视海上执法国际合作的重要性，从速开展相关各国海上执法部门的对话和合作，尽快填补在这一领域国际规范和规则的空白。

（三）建立海上紧急事态应急机制

“应对海上紧急事态高官热线”是《南海各方行为准则》磋商早期收获之一，有关各方应遵循此路径，拓展应对海上紧急事态的方法和规则，将高官热线作为建立应急机制的前导，各国应在这方面继续加强沟通和对话，建立体制完备、响应迅速、处置公允的海上紧急事态应急机制。

建立应急机制应注意两个问题。首先，应急机制参与方之间应形成机制化的磋商机制，确保应急机制保持其应有的效力以及在争议解决过程中的地位，保持其外交能见度。其次，应急机制应当有制度化的保障渠道，确保其不受双边或者多边关系波动的影响，保持其长在地位和有效性，这对确立该机制的信誉至关重要。

综上所述，后仲裁时代的南海局势总体可控，风险增大。大国之间政治军事矛盾的上升：一方面，南海局势“回归常态”，今后主要国家将在低烈度对抗和低水平合作之间长期拉锯；另一方面，南海局势之于大国格局的重要性无形之中上升，南海问题失控的危险显著增加。南海有关直接当事方要积极有为，延续南海仲裁案后的合作势头，从具体的实务性合作抓起，提升区域内的政治互信，对冲来自域外国家的不确定性，共同努力维护南海局势的和平和稳定。

中国在全球能源治理中的大国作为

王海运　高焓迅

【内容提要】全球能源治理是全球治理的重要组成部分。新时期全球能源治理任务复杂艰巨，要求国际社会特别是各大国将能源治理作为全球治理的重大课题，作出共同努力。中国在全球能源治理中已经作出负责任大国的突出贡献，成为全球能源治理不可或缺的重要“玩家”。在新时期全球能源治理中，中国应当发挥更加突出的负责任大国作用，既为中华民族的伟大复兴又为世界的稳定与发展作出大国贡献。

【关键词】全球能源治理　大国作为　国际能源秩序　绿色发展

【作者简介】王海运：中国国际战略学会高级顾问。高焓迅：中国社会科学院博士研究生。

能源是人类赖以生存的物质基础，能源关系是国家关系的重要领域。新时期的国际能源关系错综复杂，维护能源安全的任务异常艰巨。国际社会普遍期望将能源治理作为全球治理的重要组成部分加大治理力度，期望中国在全球能源治理中展现出更多的大国作为。近年来，中国在全球能源治理中作出了大国贡献，在新的历史时期应当有更多的大国作为。

一、新时期全球能源治理任务艰巨复杂

传统化石能源的粗放开发与利用，导致开发难度日益增大、环境污染日益严重。虽然“石油峰值”理论有失偏颇，特别是未能充分考虑技术进步因素，但是无疑对人类能源安全发出了严重警示。[①] 发达国家巨大的历史性温室气体排放，发展中国家在实现工业化过程中高耗能、高污染产能的不断扩张，导致全球温室气体排放不断积聚，气候变暖成为人类必须紧急应对的严重挑战，土壤、水体污染更是直接威胁到人类的健康及子孙后代的生存环境。尽快解决传统化石能源的过度消耗和清洁利用问题、加快可再生清洁能源的开发利用，不仅关系到人类能源和生态环境的永续安全，更是新时期全球能源治理的重大课题。

现行国际能源秩序主要是发达国家营造和主导的，发展中国家特别是新兴国家的权益得不到应有的体现。发达国家及其所主导的能源组织在能源标准、贸易规则、定价机制、结算体系等方面拥有主要话语权，广大发展中国家的正当诉求遭到严重忽视。主要优质油气区块大多为发达国家的能源巨头所掌控，全球能源资源利用存在着事实上的不平等。美国控制着世界主要油气运输通道和战略枢纽部，对他国首先是被其视为战略对手的新兴大国构成严重制约。世界多数国家特别是为世界经济增长作出主要贡献的新兴国家，强烈呼吁改变这种不公

① 王海运、许勤华：《能源外交概论》，社会科学文献出版社，2012年。

正、不合理的国际能源秩序。如何构建体现广大发展中国家权益的新型国际能源秩序，成为全球能源治理的突出问题。

国际油价过山车式地忽而畸高忽而畸低，不论对于油气生产国还是对于油气消费国都是严峻挑战。石油天然气作为当代主导性能源，供需基本面不时失衡，再加上地缘政治事件的冲击、金融资本的逐利炒作，引起国际油价的大幅波动，严重影响到世界多国的能源生产与供给安全。新一轮能源产能过剩与世界经济低迷相互作用，导致最近两三年供需基本面严重失衡、国际油价持续低迷。而欧佩克成员国和独立能源生产国，或基于国际油气市场份额的争夺，或迫于经济社会稳定的需要，直至12月初才在限产保价问题上达成一些共识，但是能否消化高油价时期形成的过剩产能、达到提振油价的目的仍然有待观察。如果国际油价持续低迷，一段时间之后，世界油气产能增长可能陷入停顿，供需基本面可能出现反转，国际油价可能重返高位。如果地缘政治事件顺势刺激、投机资本借机炒作，国际油价很可能出现新一轮急剧攀升。如何保持国际油气市场的基本稳定，成为世界各国在全球能源治理中必须共同面对的重大课题。

金融资本的逐利炒作、美元在油气交易中的霸权地位，严重扭曲了国际能源市场。作为大宗商品的能源，其价格本应由供给和需求基本面决定，但是追逐暴利的金融资本往往利用供需基本面的一时失衡，或是借助霸权国家自导自演的地缘政治事件，制造恐慌、买空卖空，倒手加价、牟取暴利，致使国际能源市场变成为无序投机的大赌场。活跃在能源期货市场的投机资本大多为发达国家所拥有，2008年金融危机发生后发达国家曾经承诺采取措施制止金融投机扰乱国际油气市场，但是迄今未见实质性行动。国际能源交易基本上为美元所独霸，也是造成定价结算体系不公正、国际油价不时波动的重要原因。如何解决背离市场规律的价格操纵、平抑石油美元霸权，成为全球能源治理中的棘手课题。

世界主要油气产区安全形势持续动荡，给全球能源供给安全笼上浓浓的阴影。美国为了维护“百年全球领导权”，西方大国为了推行“普世价值观”，大搞“新干涉主义”，推行“西方文明优越论”和“西方价值观普世论”，在世界油气主要产区中东海湾策动名曰“阿拉伯之春”的“颜色革命”，致使地区多国陷入战乱不已、民不聊生的深渊，并且推倒了伊斯兰极端势力扩张的“防火墙”，引起伊斯兰世界的集体焦虑。伊斯兰极端势力趁机泛起，其所制造的恐怖暴袭事件频频发生，严重威胁到世界的能源供给安全。考虑到“伊斯兰国”向比邻的环里海油气产区扩张的现实危险，全球能源安全面临的挑战更为严峻。联手制止新干涉主义的肆虐、打击伊斯兰极端势力、维护世界油气主产地的安全稳定，成为全球能源治理面临的紧迫任务。

能源安全的挑战和国际社会的努力正在催生新一轮能源革命，国际能源合作与竞争呈现出新的态势。

全球能源变革周期时间越来越短，能源热值效率越来越高，低碳绿色发展越来越可持续，能源科技水平越来越高。[①]围绕传统化石能源的清洁利用、可再生清洁能源的开发提速以及能源互联网、智能电网、大容量高效储能技术的研发，新的一轮能源革命蓬勃兴起。人类历史上每次能源革命都会引发新的产业革命，此次能源革命也不会例外。谁在新的能源革命中

① 孙贤胜：《顺应时代大势，推动能源变革》，《油气经纬》，2016年12月2日。

作出历史性贡献，谁就能在新的产业革命中走在世界的前列，占据世界经济发展的制高点。在新能源革命的引领下，国际能源合作与竞争必然出现新的态势，从而赋予全球能源治理以更加丰富的内涵、更加艰巨的任务。

概言之，新时期全球能源安全形势更加严峻，全球能源治理任务更加艰巨，要求国际社会特别是各大国将能源治理作为全球治理的重大课题，着眼于人类共同能源安全作出协调一致的努力。

二、中国在全球能源治理中已经作出“负责任大国”的贡献

改革开放以来，中国经济发展取得了举世瞩目的成就，一跃而成为世界第二大经济体。与此同时，经济规模的迅速扩张、发展方式的相对粗放带来能源消费的大幅增长、环境污染的不断加剧。中国不仅成为全球能源生产大国，而且成为全球能源消费大国、温室气体排放大国。能源禀赋与能源消费需求、经济发展与生态环境的不协调，成为制约经济社会可持续发展的突出矛盾。

针对上述情况，习近平主席提出，“我们既要金山银山，也要绿水青山”。党的“十八大”以来，中国加快了经济结构的转型升级，大力倡导节能减排、推动传统能源的清洁利用，并且在新能源开发、“绿色发展”中取得了令人瞩目的进展。在《“十三五”规划纲要》《“十三五”控制温室气体排放工作方案》等多个发展纲要与多项产业政策中，新能源开发利用成为重点着力方向，开发进展不断提速、消费占比不断扩大。2015年，

在中国能源消费中传统化石能源仅仅增长1.5%，增速不到过去十年的1/3，为1998年以来的最低。① 国际能源署2016年10月25日发布报告称，2015年中国在全球可再生能源发电增加总量中占到了40%，成为这一领域“无可争议的全球领导者”。② 另据《法兰克福评论报》报道，2015年中国可再生能源投资占到了全球可再生能源投资的36%，风能和水电新增装机容量占到了世界的50%以上，中国已成为“新的绿色电力的冠军”。该报还引用国际能源署的报告称，2015年中国平均每1小时安装2台风力发电机，全球平均每天新增的50万块太阳能电池板大部分在中国。③ 上述情况表明，中国作为快速崛起的新兴大国，正在以自身的能源改革和“绿色发展”为全球能源治理做出“负责任大国”的贡献。

中国越来越广泛地以大国姿态参与全球能源治理，为落实《联合国2030年可持续发展议程》、实现全球绿色发展和气候变化治理贡献“中国智慧”“中国方案”，提供顶层设计。针对世界能源安全新形势、全球能源治理新要求，中国提出了以“互利合作、多元发展、协同保障”为核心的新能源安全观、④ 以

① 《BP世界能源统计年鉴. 2016版》，http://www.bp.com/zh_cn/china/reports-and-publications/bp_2016.html.

② 《中国可再生能源领跑全球》，http://news.163.com/16/1107/07/C58K9C92000187V8.html.

③ 《外媒：中国超越德国成“绿色电力”冠军》，《参考消息》，2016年11月4日，第5版。

④ 《胡锦涛在八国峰会上提出新能源安全观》，2006年7月18日，http://env.people.com.cn/GB/4600672.html.

“创新、协调、绿色、开放、共享”为宗旨的新能源发展观，[①] 着力构建“绿色低碳的全球能源治理格局”，[②] 打造人类“利益共同体、命运共同体、责任共同体”，受到了国际社会的广泛赞誉，强化了中国在全球能源治理中的引领地位。

中国高度重视发挥二十国集团在全球能源治理中的协调作用。习近平主席在二十国集团澳大利亚布里斯班峰会上强调，二十国集团必须从完善全球经济治理的战略高度，建设能源合作伙伴关系，培育自由开放、竞争有序、监管有效的全球能源大市场，共同维护能源价格和市场稳定，提高能效，制定和完善全球能源治理原则，形成消费国、生产国、过境国平等协商、共同发展的合作新格局。[③] 中国同时承诺，2030年左右达到碳排放峰值，非化石能源占一次能源消费比重提高到20%。

在2016年的二十国集团杭州峰会上，习近平主席更加深入地阐述了中国的全球经济治理观，突出强调“共同构建绿色低碳的全球能源治理格局，推动全球绿色发展合作”。在中国的主导下，《二十国集团领导人杭州峰会公报》提出：“构建运转良好、开放、竞争、高效、稳定和透明的能源市场，建设能够更好地反映世界能源版图变化、更有效、更包容的全球能源治

① 《中共中央关于制定国民经济和社会发展第十三个五年规划的建议（全文）》，http://news.cnr.cn/native/gd/20151103/t20151103_520379989.shtml。

② 《习近平主席在二十国集团领导人杭州峰会上的开幕词》，http://news.xinhuanet.com/world/2016-09/04/c_129268987.htm.

③ 范必：《中国如何应对全球能源治理变局》，http://blog.sina.com.cn/s/blog_5937caf80102xcot.html.

理架构。”[①]

在中国等国的大力推动下，2016年11月气候变化《巴黎协定》正式生效，“标志着合作共赢、公正合理的全球气候治理体系正在形成”，开启了全球合作应对气候变化新阶段。这既是中国倡导“绿色经济”、践行“绿色发展”理念的重大举措，也是中国为全人类作出的历史性贡献。联合国秘书长潘基文在于杭州举办的气候变化《巴黎协定》批准文书交存仪式上盛赞“习近平主席高瞻远瞩”。德国《地球系统科学数据》杂志发布报告称，中国的减排努力对全球碳排放连续三年持平起到了重要作用，“中国无疑成为应对气候变化的主导力量”。随着二十国集团从危机应对机制向世界长效治理机制的转变，中国在未来全球能源治理格局中有望扮演更加关键性的角色。[②]

中国积极推动能源领域的双边、多边共赢合作，倡导建立能源上中下游共同参与的新型能源合作组织。中国企业“走出去”进行能源合作的势头强劲，足迹遍布各大洲，成为全球能源开发投资的主要力量。中国不仅在上合组织框架内积极推动多边能源合作机制的建立，而且加强了与国际能源署、欧佩克、能源宪章等既有国际和地区能源合作组织的关系，发起建立了“亚洲能源安全论坛”。“一带一路”是新时期中国进一步融入世界经济、推动经济的转型升级，实现与沿途国家共同发展、共同繁荣的宏大战略倡议，能源合作是“一带一路”建设的“重头戏”。中国高度重视“一带一路”建设中的能源合作，

---

① 《二十国集团领导人杭州峰会公报》，http://news.xinhuanet.com/world/2016-09/06/c_1119515149.htm.

② 杨驿昉、王韬：《全球能源治理：G20“中国方案”领导顶层设计》，http://business.sohu.com/20160913/n468342486.shtml.

在“共商、共建、共享”新型合作理念的指引下，大力投资能源基础设施建设，特别是油气管道、区域输电网络、能源互联网建设以及太阳能、风能等清洁能源开发，协助能源资源国加快能源产业的现代化发展。

有充分理由认为，中国在全球能源治理中已经展现出“负责任大国”的作为，成为全球能源治理不可或缺的重要“玩家”。

三、中国在新时期全球能源治理中应当拥有更多的大国作为

全球能源治理是全球治理的重要组成部分，全球能源秩序之于中国的崛起有着十分重大的影响。中国要在全球治理中发挥大国作用，必须在全球能源治理中、在新型国际能源秩序构建中有更多的大国作为。

一是积极倡导新能源安全观、发展观及新型能源合作理念。中国提出的以“互利合作、多元发展、协同保障”为核心的新能源安全观、以“创新、协调、绿色、开放、共享”为核心的新能源发展观、以“合作共赢”为核心的新型能源合作理念，是对全球能源共同安全的真诚追求，是建立公正合理的国际能源秩序、实现能源的可持续发展的必由之路。国际社会只有真正认识到全球能源安全的不可分割性，共同践行这种新的观念与理念，加强能源领域的互利合作和多边共治，全球能源治理才有望取得事半功倍的成效。

在新的历史时期，面对复杂严峻的能源安全形势，中国应当更加积极主动地倡导这种新能源安全观、新能源发展观及新

型能源合作理念，不断丰富其内涵，使之成为全球能源治理的核心观念和核心理念。为此，一方面要增强国际话语权和规则制定权，另一方面要通过身体力行增强感召力、带动力。

在同中小国家的能源合作中，还应真诚地践行习近平主席提出的“多予少取、先予后取”的新型义利观，真正造福于合作对象国的社会和民众，进而消除某些敌对势力散布的“能源资源附庸论”“能源新殖民主义论”的恶劣影响，增强中国在国际能源合作中的软实力。

中国参与国际能源合作的企业必须树立“文明诚信”的企业形象，在实现企业利益的同时，服务于合作对象国的经济发展，并且为其就业扩大、社会稳定做出积极的贡献。

在“一带一路”建设能源合作中，特别要强化“共商、共建、共享”理念，推动沿途国家在能源领域建立平等协商、互利共赢的新型能源合作关系，在协助沿途国家实现能源产业的现代化、加强能源基础设施建设方面做出扎扎实实的努力。参与“一带一路”能源合作的企业还必须强化“绿色发展”理念，加大绿色能源发展的投资力度，切实践行节能减排、环境保护等“绿色发展”要求。“一带一路”能源合作应当而且有条件成为全球能源治理的“模范工程”。

二是积极推动新型能源合作机制建设。大力倡导能源全链条多边合作机制，是推动全球能源关系走向和谐、确保全球能源可持续发展的重要途径。这种合作机制不同于欧佩克全部成员均为能源资源国，也不同于国际能源署全部成员都是发达国家中的能源消费国，而是由能源上、中、下游不同类型的国家共同参与的新型能源合作机制。只有能源资源国、能源消费国、能源过境国在共同能源安全理念的指引下加强互利合作，才能确保供给侧和消费侧的利益平衡，才能改变国际油气市场的不稳定、不正常状态，才能实现世界各国的共同能源安全。

当前值得付出重大努力的是推动上合组织多边能源机制的建设，并且使之成为推展新型能源合作理念的“基础性平台”。上合组织成员国中既有能源生产国，也有能源消费国和能源过境国，拥有构建能源全链条新型合作机制的有利条件。上合组织自2006年提出建立“能源俱乐部”迄今已经十年有余，现在到了下决心建立这一多边合作机制的时候了。正在酝酿建立的“欧亚全面伙伴关系”以及金砖国家合作，也应将新型能源合作机制建设置于重要位置。

与此同时，还要进一步发展与既有国际能源组织以及区域经济合作组织的能源合作关系，在相互平等、相互尊重的基础上共同推动全球能源多边共治取得新的进展。要充分利用联合国所设立的各种能源机制，共同推动能源可持续发展，合作应对气候变化。要加紧构建二十国集团框架下的能源治理机制，强化其协调和引领作用。二十国集团近年来特别是在杭州峰会上的突出表现，预示着这一合作机制完全有希望成为全球能源治理的主导性平台。

三是联手推动国际能源市场走向稳定。国际油价忽而畸高忽而畸低，是全球能源治理的“顽症”。国际社会必须就抑制国际能源市场的剧烈波动达成共识，采取坚决有力的针对性措施。

要尽力保证油气供需基本面的平衡。在当前油价低迷情况下，特别要强调前瞻性，确保勘探开发投入和产能稳定。为此，必须促使能源生产国停止相互间的“零合游戏”、制止霸权国家利用低油价打压他国的地缘政治企图。

要切实加强金融监管，制止金融炒家对国际油价的炒作。国际社会有必要尽快制定约束机制，发达国家尤其是美国必须承担起对本国金融资本的监管责任。

中国应充分利用能源领域“战略买家”的独特地位，联合各新兴大国，推动本币结算，减少美元霸权对国际油价的消极影响。这对于稳定国际油气市场具有重要意义。

四是努力促进世界油气主产地的安全稳定。世界主要油气产地中东海湾地区形势动荡、伊斯兰极端势力泛起，严重威胁到该地区的油气生产和运输安全。中东海湾地区的伊斯兰极端势力正在加紧向与其比邻的环里海油气产区扩张，如其得逞，对全球能源安全的挑战必然进一步增大。

国际社会必须从治本高度解决世界两大油气产区的安全稳定问题。有必要推动国际社会联手建立反对新干涉主义、反对宗教极端主义、反对国际恐怖主义、反对反恐问题上双重标准的“四反”统一战线，共同抑制新干涉主义肆虐，打击伊斯兰极端主义势力，防范其所制造的恐怖暴力活动。还要努力应对“西方文明优越论”“西方价值观普世论”所引发的文明冲突，在推动不同文明相互尊重和包容互鉴问题上、在抑制任何宗教走向极端化和暴力化问题上采取积极行动。

要充分发挥上合组织、集体安全条约组织等地区合作组织在打击伊斯兰极端势力中的积极作用，展开协调一致的联合行动。还要广泛团结世俗伊斯兰国家和温和伊斯兰国际组织，没有他们的积极参与，国际社会打击伊斯兰极端势力、稳定世界油气主要产区安全形势的努力将难以取得实质性进展。在“一带一路”能源合作中，特别应当增强防范伊斯兰极端势力恐怖袭击的能力，为此应当制定相应的预警机制、组建必要的安保力量。

五是争取在新能源革命中走在世界各国的前列。在世界蓬勃兴起的以“绿色发展”为中心的新一轮能源革命中，中国能否走在世界各国的前列，既关系到国家能源的可持续安全，又关系到中华民族能否立于世界强国之林。

经过几十年的快速发展，有着“集中力量办大事”制度优势的中国，在新一轮能源革命中完全有条件走在世界各国的前列，既为中国的快速崛起提供强有力的支撑，又为人类社会的可持续发展作出大国贡献。为此，中国不仅要贡献新型发展理念，而且要贡献新型发展模式，成为全球能源治理的引领者。

必须下决心调整产业结构，加快能源低碳转型，淘汰高污染、低能效产能，大力发展智能电网、能源互联网、分布式能源，努力提高能源利用的效率，特别要在可再生清洁能源开发和传统化石能源清洁利用领域争取率先取得突破。

必须将“绿色发展”视为应对人类生存危机、确保经济社会可持续发展的“重中之重”，大力强化全社会的“绿色发展”意识，并且将其贯彻到经济发展、国际合作的各个领域，使之成为所有行为体的共同行动指南。

必须综合考量中国社会经济发展阶段、自然资源禀赋以及政治体制、文化传统等多种因素，确立符合中国国情的“绿色发展”路径，并且从政策支持、政治保障、法律法规建设、产业布局、市场环境、研发投入等方面引导全社会致力于“绿色发展”。中国的“绿色发展”，不能仅仅关注减少温室气体排放，还应切实加大水体、土壤污染的治理力度，为子孙后代留下“绿水青山”。

必须大力倡导“绿色生活方式”，通过宣传教育、典型示范、强制规定，强化全民的“绿色消费意识”，形成人人热爱“绿色生活方式”的社会氛围。要正确理解拉动消费与勤俭节约的关系，不能在此问题上陷入误区。拉动消费的实质是通过提高消费能力改善生活质量、促进经济增长，而不是鼓励奢侈浪费。奢侈浪费与“绿色生活方式”完全相悖，与中华民族的优秀传统更是格格不入。

中国已经发展成为拥有广泛国际影响力的世界大国。中国应当拥有更加强大的自信心、更加强烈的进取心。中国一定能够在新时期全球能源治理中拥有更多的大国作为，既为中华民族的伟大复兴又为世界的稳定与发展作出大国贡献。

图书在版编目（CIP）数据

国际问题研究报告. 2016～2017 / 刘古昌，沈国放主编. —北京：世界知识出版社，2017.2

ISBN 978-7-5012-5424-8

Ⅰ. ①国… Ⅱ. ①刘…②沈… Ⅲ. ①国际问题—研究报告—2016～2017 Ⅳ. ①D815

中国版本图书馆 CIP 数据核字（2017）第 043506 号

书　　名	**国际问题研究报告 2016—2017** Guoji Wenti Yanjiu Baogao 2016—2017
主　　编	刘古昌
执行主编	沈国放
副 主 编	郭崇立
责任编辑	柏　英
责任出版	赵　玥
责任校对	张　琨
出版发行	世界知识出版社
地址邮编	北京市东城区干面胡同 51 号（100010）
电　　话	010-65265923（发行）　010-85119023（邮购）
网　　址	www.ishizhi.com
经　　销	新华书店
印　　刷	北京京华虎彩印刷有限公司
开本印张	720×1020 毫米　1/16　27¾ 印张
字　　数	336 千字
版次印次	2017 年 3 月第一版　2017 年 3 月第一次印刷
标准书号	ISBN 978-7-5012-5424-8
定　　价	66.80 元